城市流动人口获得感研究

基于上海及长三角其他城市的对比分析

梁土坤 著

格致出版社　上海人民出版社

本书受上海市高水平地方高校建设项目资助

序
促进能力为本的流动人口高质量发展

  流动人口问题是我国改革开放几十年以来的一个老问题，也是中国式现代化新征程上的一个新问题。从 20 世纪 80 年代中期起，大量的农村人口进入城市，为中国经济社会发展注入了强大的活力。可以说，没有宏大的流动人口大军，中国就不可能取得过去几十年经济社会发展的辉煌成就。但是，流动人口在进入城市的过程中也遇到了许多问题和困难，最初是在城市中难以就业和居住，后来是遭遇拖欠工资和缺乏社会保障，以及子女教育难和城市社会融入难等问题。围绕着流动人口的这些问题，党和政府先后出台了许多政策，从最初的保障流动人口就业和居住权利，到积极解决流动人口工资被拖欠问题，推动流动人口在流入地参加社会保障和保障其子女获得受教育权利，并且在 2015 年发布了《居住证暂行条例》，明确了流动人口在流入地应该享受的各项权利和便利服务。近年来，各地政府不断加强和优化对流动人口的管理与服务，不断夯实流动人口权利保障，大力推动流动人口在流入地的社会融入。

  在过去几十年里我国学术界也高度关注流动人口问题，各相关学科在此领域开展了大量的研究：从最初关于流动人口在流入地的就业、居住和生存状况的研究，到后来关于流动人口在流入地参与社会保障、获得子女受教育权利及其他公共服务和权利的研究，再到流动人口在流入地社会融入问题的研究，等等。学术界的研究一方面广泛涉及了流动人口面临的方方面面问题，深入地分析了导致这些问题的原因，并提出了解决问题的方案，给各级党委政府提供了较为充分的政策建议；另一方面也将许多潜在的问题揭示了出来，让公众更多地了解这些问题及其原因，从而有助于公众更加支持和配合政府解决问题的公共行动。

尽管流动人口过去遇到的许多问题已经得到较好的解决，但"流动人口问题"并没有终结。相反，随着经济社会发展和人民群众生活水平的逐步提高，许多流动人口又面临着一些新的问题。首先，高质量发展是中国式现代化的本质要求，随着新质生产力对高质量发展的推动，我国正在经历着一场巨大及深远的经济转型。这场转型将对许多流动人口带来很大的冲击，尤其是许多受教育程度不高、从事劳动密集型制造业的流动人口，将不可避免地面临新的失业风险。如何在高质量发展过程中提升自身在由新质生产力引领的经济中的就业和发展能力，是他们当中许多人面临的一大难题。其次，目前许多在城市中非正规就业的流动人口还存在着就业不稳定和参与社会保障不足的问题，尤其是许多在"新业态"中就业的流动人口还没有被纳入社会保险的覆盖范围，这使他们许多人的生活面临很大风险。再次，随着经济社会发展和人民群众生活水平的普遍提高，流动人口与其他城市居民一样对高质量生活的要求越来越高。他们不仅仅要求有一份稳定的就业和收入，而且要求更好的家庭生活、更好的居住条件、更多的文化娱乐活动、更高质量的健康服务，以及子女能够得到更好的教育。所有这一切汇聚在一起，就是要求更多的获得感和满足感，而这是比维持简单就业和生活更加难以达到的目标。最后，也是最重要的一点，随着流动人口政策在我国的多年发展，目前阻碍流动人口在城市中社会融入、获得平等就业机会和提高生活水平的最大因素，已经转化为因能力差距而导致的机会不平等，也就是说，流动人口自身能力不足的问题成为阻碍他们平等高质量发展的首要因素。并且，能力差距导致的不平等比制度性和文化性不平等更难以解决。为此，需要学术界对流动人口新问题投入更多的研究。具有敏锐问题探索能力的研究者们已经发现了流动人口问题的转型，并开始将其研究的"触角"伸向这些新的问题。本书作者梁土坤副教授就是其中之一。

梁土坤副教授长期从事流动人口的相关研究，在此领域有大量的著述，涉及流动人口的就业、居住、婚恋等方面的问题，是国内在流动人口研究领域思维敏锐、探索深入、成果突出的青年学者之一。他的这本专著《城市流动人口获得感研究——基于上海及长三角其他城市的对比分析》是他长期从事流动人口研究的成果，也代表着他在这一领域的最新研究进展。在这部著作中，作者聚焦流动人口获得感的议题，以此来全面反映新时期流动人口问题的最新发展变化。同时，作者从"可行能力"的视角出发，将能力提升作为获得感的重要基础，很好地把握了在新时期高质量发展中解决流动人口问题及推动流动人口发展的新目标和新要求。

在这部著作中作者在吸取相关获得感研究经验的基础上，结合流动人口群体的具体特征，从经济获得感、社会获得感、政治获得感等多个维度来测量获得感，并且，在各个维度上又分为总体获得感、纵向获得感和预期获得感等多个方面。这拓展了流动人口获得感的测量维度。作者立足可行能力理论，从人力资本、经济条件、社会融入、制度适应四个维度来测量可行能力，尝试并建构了可行能力、社会地位、流动人口获得感之间的理论框架。并且，基于上海市和长三角其他城市流动人口问卷调查数据，作者建构相关实证模型，对城市流动人口获得感的具体影响机制进行了实证分析，揭示了人力资本、经济条件、社会融入、制度适应等可行能力对城市流动人口获得感的具体作用机制及其现实效应。这不仅充实了流动人口研究的内容，也拓展了流动人口获得感影响机制的理论框架。而且，本书综合运用均值分析、频数分析、交叉表分析、卡方检验、有序多分类 logistic 回归模型等方法，对流动人口获得感的主要特征和影响机制进行实证分析，并运用可行能力理论对实证结果进行理论解释。多种研究方法的综合运用使得研究的深度和广度大为拓展。

总而言之，这部新著的出版不仅代表作者本人学术研究中的又一个重要成果，而且代表了我国学术界对流动人口问题研究的又一个新的发展。我希望此书的出版能够引起学术界的反响，并带动对流动人口新问题研究的热情；也希望能够引起相关部门和机构的重视，并对相关社会政策的制定、实施与改进提供实质性的帮助；同时还希望看到此书的出版能够引起社会各界对流动人口新问题的广泛关注，大家共同努力，帮助流动人口不断提升能力和扩大机会，通过流动人口高质量发展而最终实现包括流动人口在内的全体人民的共同富裕。

关信平

2024 年 7 月 18 日

前　言

　　改革开放四十多年来，中国人口、经济、社会等方面发生了巨大变化。随着中国特色社会主义市场经济体制的逐步建立，我国城镇化进程不断加速。城镇化是在工业化发展的过程中，非农产业在城镇集聚、农村人口向城镇集中的自然历史过程；是人类社会发展的客观趋势；是国家现代化的重要标志。在此过程中，大量流动人口涌入城市。我国流动人口呈现规模大幅度增加和增长速度飞速上升的"二维增长"的发展趋势。根据第七次全国人口普查数据，2022 年，我国人户分离人口为 49 276 万人，其中，市辖区内人户分离人口为 11 694 万人，流动人口为 37 582 万人，流动人口中，跨省流动人口为 12 484 万人。与 2010 年相比，人户分离人口增长 88.52%，市辖区内人户分离人口增长 192.66%，流动人口增长 69.73%。未来，我国仍将处于快速城镇化的发展阶段，流动人口仍然是我国最庞大的社会群体之一。

　　进入 21 世纪以来，流动人口相关议题受到了党和国家的高度关注。《国家新型城镇化规划（2014—2020 年）》指出，在城镇化快速发展过程中，存在大量流动人口难以融入城市社会和市民化进程滞后等问题。大量流动人口及其随迁家属，未能在流入地城市享有与当地居民同等的教育、就业、医疗、养老、保障性住房等基本公共服务，城镇内部出现新的二元矛盾，给经济社会发展带来诸多风险隐患，因此，必须坚持"以人为本"的新型城镇化发展战略，持续提升我国新型城镇化发展质量。而中共二十届三中全会通过的《中共中央关于进一步全面深化改革　推进中国式现代化的决定》强调，推行由常住户口登记地提供基本公共服务制度，推动符合条件的农业转移人口在社会保险、住房保障、随迁子女义务教育等方面享有同迁入地户籍人口同等权利，健全推进新型城镇化体制机制。2024 年 7 月 31 日，国务院发布《深入实施以人为本的新型城镇化战略五年行动计划》，明确指出，深入实施以人为本的新型城镇化战略，坚持以人民为中心的发展思想，把推进农业转移人口等流动人口市民化作为新型城镇化首要任务，坚持人民城市人民建、人民城市为人民，使全体居民共享现代化发展成果。可见，促进流动人口享有各项基本公共服务、提升流动人口福祉水平、增进流动人口共享发展成果，以提高流动人口获得感、幸福感、安全感，不仅是提高我国新型城镇化发展质量的重要任务，也是中国式现代化高质量发展的必然要求。

近年来，国内外学者对流动人口定居意愿、居住质量、社会保障、公共服务获得、社会融入、城市适应、生育意愿、幸福感等议题进行了多元化的深入研究，其研究范式既有规范的定量研究，也有基于案例的深入质性分析，为我们深入了解流动人口议题提供了重要的参考。本人自博士生阶段开始，在导师关信平教授的指导下，通过教育部重大攻关项目"流动人口管理服务和服务对策研究"开始了解、学习和研究流动人口议题。似水流年，转眼之间，人生最美好的十年已经献给了这个议题，在此期间，本人发表了流动人口议题相关论文 20 余篇。然而，本人发现，尽管学术界关于流动人口议题的研究较多，但是，关于流动人口获得感的文献却寥寥无几，流动人口研究存在"获得感研究缺位"的问题；同时，众多学者对获得感的内涵定义、测量指标体系、影响因素及低收入人口获得感等议题进行了较为多样化的研究，但是，聚焦流动人口获得感议题的文献同样寥寥无几，获得感研究存在研究对象的"流动人口缺位"的问题。于是，本人于 2018 年以"特大城市流动人口获得感"为议题申报了上海市哲学社会科学规划项目，并顺利得以立项。自此，流动人口获得感研究成为本人的重要研究任务和主要议题。

为了对流动人口获得感进行深入研究并完成项目，本人于 2020 年下半年和 2021 年上半年期间，联合了华南师范大学的孙中伟教授、华东理工大学的汪华教授和吴开泽副教授等学界好友，开展了一次流动人口服务及状况调查，收集了流动人口相关数据，为流动人口获得感研究铺垫了坚实的实践基础，在此感谢所有参与调查的朋友和学生。本书正是基于该次流动人口调查的长三角地区数据而撰写的。定量研究是本书所采用的主要研究方法。本书主要内容包括以下五个方面。一是对获得感相关文献进行系统的梳理、归纳、总结和分析，在此基础上提出分析框架。二是立足可行能力理论及相关研究，建构可行能力、社会地位、代际结构与流动人口获得感的影响机制的理论框架。三是通过对国内外幸福感、获得感相关文献进行分析，厘定获得感的测量维度，具体从经济获得感、社会获得感、政治获得感三个维度选取指标来测量流动人口获得感；基于问卷调查数据，运用频数分析、交叉表分析、均值分析、卡方检验分析等描述性统计分析相关方法，对流动人口获得感的总体特征、代际差异、个体分化等课题进行全面分析；并将上海市流动人口获得感的特征与长三角其他城市进行对比分析，从而全方位地揭示流动人口获得感的主要特征。四是基于可行能力的理论框架，从人力资本、经济状况、社会融入、制度适应四个维度来测量流动人口可行能力。同时，运用有序多分类 logistic 回归模型等分析方法，建立城市流动人口获得感影响机制实证分析的相关模型，并分别分析经济获得感、社会获得感、政治获得感的影响机制及其主要差异。同时，分析上海市流动人口获得感影响机制与长三角其他城市流动人口获得感影响机制的异同，从而全面地呈现流动人口获得感的影响机制。而且，对流动人口获得感影响机制及其效应的代际差异进行了较为深入的比较分析。五是立足实证研究结论和已有关于提升获得感对策的文献经验，并充分考虑目前中国式现代化发展新阶段的新特征，提出提升流动人口获得感的对策建议。

一定程度而言，本书丰富了流动人口获得感的测量维度，建构了流动人口获得感影响机制的可行能力理论框架，并进行了实证检验，拓展了流动人口获得感影响机制的分析框架，具有一定的理论价值和政策参考价值。期待本书能够为探讨和研究流动人口相关议题的学者和学生提供参考。然而，由于受本人学术水平和研究经验所限，本书仍然存在获得感测量维度有待拓展和影响机制分析框架相对单一等问题，不足之处在所难免，也期待未来能够有更多学者对流动人口及其获得感议题进行更加深入的研究，为保障流动人口权益、提升流动人口获得感、提高新型城镇化发展质量而添砖加瓦。

科研路漫漫，本书既是本人流动人口研究的一个总结，也是本人未来研究的一个新起点。回望来时路，本书的每一章、每一节、每一段、每一个字都凝聚了本人的不少心血。本书得以出版，也得益于众多师友的帮助与鼓励。他们如同夜空中闪烁的星辰，指引了我前行的道路，感激之情，难以言表。我深知，本人关于流动人口等人口社会学和社会政策研究的道路仍然漫长，未来本人将一如既往地继续对相关议题进行研究，期待在下一本书与大家再相聚。同时，也要感谢即将翻开这本小书的你，感谢你给予我的支持、信任与肯定。愿这本书能够为你提供一些研究经验支持和范式借鉴。

目　录

第一章　绪论

提高流动人口获得感不仅是促进流动人口市民化的重要内容，也是中国特色社会主义民生建设的应有之义。本章作为研究开篇，将对研究背景和研究意义进行简要概述，并对获得感及相关文献进行综述，在此基础上，提出研究的基本框架。然后，对研究目标、主要内容、研究方法与技术路线等进行简要描述，以期为后续研究的展开铺垫基础。

第一节　研究背景和研究意义

一、研究背景

2017 年 10 月 18 日，习近平总书记在中国共产党第十九次全国代表大会上作报告，明确指出中国特色社会主义进入了新时代，必须不断满足人民日益增长的美好生活需要，使人民获得感更加充实、更有保障、更可持续。[①]提升人民获得感不仅成为新时代我国保障和改善民生工作的重要内容，也是测量民生建设成效和社会政策效应的重要方面。流动人口作为我国新型城镇化快速发展阶段最庞大的社会群体，提升其获得感既是促进流动人口市民化和社会融入的重要内容，也是提高新型城镇化发展质量不可或缺的方面，更是提升我国民生建设水平的应有之义。

自改革开放后，我国流动人口规模及增幅均呈现快速的"双维增长"发展态势。1982 年，我国流动人口规模仅仅为 657 万人，只占全国人口总量的0.66%；1990 年，其规模增长至 2 135 万人，其占全国人口总量的比例提高到1.89%；2000 年，我国流动人口规模为 1.02 亿人，突破 1 亿大关，其占比达

---

① 习近平：《决胜全面建成小康社会　夺取新时代中国特色社会主义伟大胜利》，载《人民日报》2017 年 10 月 28 日第 1 版。

到 7.9%；① 到了 2010 年，流动人口规模大幅度增加至 2.21 亿人，十年间翻了一番，在全国人口总量中的占比超过了 15%，达到 16.5%。②2020 年，我国流动人口总量为 3.76 亿人，占全国人口总量的 26.6%，超过四分之一，十年间流动人口规模增加了 69.7%。③ 可见，随着我国改革开放进程的持续推进和新型城镇化的不断发展，我国流动人口规模仍将在较长时间内不断增长。因而，提升流动人口获得感不但对个体具有重要意义，而且对流入地城市的人口结构、经济发展、社会治理、城市可持续发展等方面具有重要的现实意义。

尽管国内学者对获得感议题进行了较多研究，也已经有学者关注到了流动人口获得感议题，并指出获得感是检视流动人口共享发展成果、满足生活需求与否的重要标尺和关键依据④，获得感也是衡量少数民族流动人口城市融入和社会参与的重要现实标尺⑤。但是，到目前为止，对于流动人口获得感议题研究的文献仍然寥寥无几，尚缺乏流动人口获得感的主要特征及影响机制的深层次定量研究及理论分析。基于此，本研究将基于可行能力理论，对城市流动人口获得感进行具体测量，并对上海市及长三角地区其他城市的流动人口获得感议题进行问卷调查，在此基础上，建构流动人口获得感影响机制的理论框架并进行实证检验，以期为提升流动人口获得感、提高新型城镇化发展质量、完善相关政策和推进民生建设等提供一定参考。

二、研究意义

对城市流动人口获得感的主要特征及影响机制进行深入的实证研究和理论分析，具有重要的理论意义和现实意义。主要体现在两个方面。

① 段成荣、杨舸、张斐、卢雪和：《改革开放以来我国流动人口变动的九大趋势》，载《人口研究》2008 年第 6 期，第 30—43 页。
② 段成荣、吕利丹、邹湘江：《当前我国流动人口面临的主要问题和对策——基于 2010 年第六次全国人口普查数据的分析》，载《人口研究》2013 年第 2 期，第 17—24 页。
③ 李婕：《人口流向了哪里？》，载《人民日报海外版》2021 年 5 月 18 日第 11 版。
④ 王毅杰、丁百仁：《流动人口的社会融入、相对剥夺与获得感研究》，载《社会建设》2019 年第 1 期，第 16—29 页。
⑤ 冀慧珍：《获得感：少数民族流动人口城市融入的标尺》，载《西南民族大学学报（人文社会科学版）》2021 年第 2 期，第 40—47 页。

一方面，具有拓展流动人口研究内容和充实居民具体群体获得感研究内容的重要理论意义。学者对流动人口就业、社会保障、定居意愿、社会融入、生育意愿等方面内容进行了较多研究，但是，对流动人口获得感相关议题的研究仍然较为匮乏。对城市流动人口获得感议题展开深入研究，能够进一步拓展流动人口研究的内容体系和充实流动人口研究的知识体系。这也为其他相关群体获得感研究提供了范式借鉴和框架参考，进一步丰富了获得感研究的群体对象并拓展了获得感研究的内容框架，具有重要的理论价值。

另一方面，具有为完善相关政策提供参考的重要现实意义。流动人口获得感研究项目立足上海市及长三角地区其他城市流动人口调查，全面呈现流动人口在大城市获得的各种政策支持，并就合同保障、社会保险、住房公积金、居住证等各项政策支持对流动人口获得感的影响机制及效应进行实证研究，从而全面揭示新型城镇化进程中流动人口相关政策可及性及其现实效应，这就能够为完善新型城镇化发展政策和各项相关民生建设保障政策等提供参考，具有重要的政策制定和参考的现实意义。

第二节　获得感研究的文献述评

下面，将从获得感研究的文献数量、内涵定义、测量维度、影响因素、提升对策等方面对相关文献进行归纳和综述，在此基础上，简要分析获得感研究的不足及未来方向，为研究铺垫经验基础。

一、获得感研究文献的数量变化趋势

2015 年 2 月 27 日，习近平总书记在中央全面深化改革领导小组第十次会议上指出，要推出一批叫得响、立得住、群众认可的硬招实招，把改革方案的含金量充分展示出来，让人民群众有更多获得感。[①] 自此"获得感"一

---

① 《习近平主持召开中央全面深化改革领导小组第十次会议李克强等出席》，中央政府网：https://www.gov.cn/xinwen/2015-02/27/content_2822649.htm。

词开始进入人们的视野，并成为 2015 年的"十大流行词"之一。① 众多学者对获得感相关议题展开了研究，其主要特征如下。

从可获得文献来看②，自 2015 年开始，获得感相关研究文献呈现数量激增并逐步稳步增长的发展态势。2015 年，获得感研究文献只有 35 篇；2016年，其数量增加至 124 篇；2017 年高达 261 篇，为 2016 年的 2 倍有余。2018年，获得感研究文献继续增加至 297 篇。随后，获得感研究文献呈现小幅度逐年增加的发展趋势。2020 年获得感研究文献数量达到历年最高峰，为313 篇。2021 年，获得感研究文献的数量略有减少，为 299 篇，但仍然高于2018 年。从"获得感"一词出现至今，在 2015—2021 年的 7 年间，研究文献总量高达 1 637 篇，年均文献数量为 234 篇。同时，从中文社会科学引文索引（CSSCI）来源期刊文献情况看，2015 年，获得感研究文献只有 1 篇；2016 年增加到 9 篇；2017 年大幅度增加至 45 篇；2018 年达到了最大值，为59 篇。此后，获得感研究的 CSSCI 来源期刊文献数量略有回落，但仍处于相对较高的水平，2021 年有 46 篇（图 1.1），2022 年有 40 篇。可见，尽管获得感相关研究发展时间较短，但广受学者重视，其文献数量呈现大幅度激增然后逐年稳步增长的发展态势，尽管 2021 年的文献数量略有回落，但是，获得感议题未来仍将是社会科学研究的重要领域。

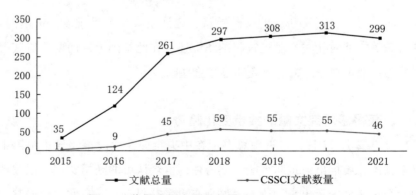

图 1.1   获得感研究文献数量（2015—2021 年）

① 中学语文编辑部：《2015 年十大流行语》，载《中学语文》2016 年第 4 期，第 11 页。
② 用"获得感"作为篇名在中国知网进行高级搜索，并删除报道性文章等非学术研究文献，搜索时间为 2022 年 11 月 2 日 23 时 49 分。

二、获得感的概念及内涵剖析

获得感是中国特色社会主义现实场域特有的概念，厘清其定义及内涵是获得感研究的核心方面，也是获得感测量及相关定量研究的基本前提。部分学者对获得感的概念内涵进行了较为深入的分析，主要包括以下几个方面。

第一，获得感的现实基础及其生成条件研究。客观获得，以人民群众需求的满足为出发点和落脚点，是获得感生成和提升的基础。[1] 客观获得，既涉及物质层面的享受，也包括精神层面的满足。客观获得源于我国基本公共服务供给、社会保障体系建设、社会分配体制改革、脱贫攻坚事业等各个领域，不仅表现为收入增加、住有所居、看得起病、养老有保障、接受教育等有形的得到，而且表现为自由平等、公平公正、人格尊严等无形的获得。[2]

换言之，物质层面和精神层面的获得不仅要求让人民群众在改革发展中获得物质利益和经济利益、实现物质生活水平的提高，而且要求确保社会成员享受公平公正的权利，让每个人有追求梦想实现的机会，更有尊严、更体面地生活。[3] 客观获得，包括当下和未来两个维度，确保人民群众的当下获得是基本要求，更高层次的要求是可持续的获得，也即随着时间的推移，在保证当下的获得不会消失的前提下，新的获得数量更多、质量更好，这样才能使人民获得感"更可持续"。[4] 但是，客观获得并不必然形成获得感，客观获得是形成获得感的必要条件而非充分条件。[5] 客观获得与获得感并不等同，

---

[1] 丁元竹：《让居民拥有获得感必须打通最后一公里——新时期社区治理创新的实践路径》，载《国家治理》2016年第2期，第18—23页。

[2] 康来云：《获得感：人民幸福的核心坐标》，载《学习论坛》2016年第12期，第68—71页。

[3] 郑风田、陈思宇：《获得感是社会发展最优衡量标准——兼评其与幸福感、包容性发展的区别与联系》，载《人民论坛·学术前沿》2017年第2期，第6—17页。

[4] 曹现强、李烁：《获得感的时代内涵与国外经验借鉴》，载《人民论坛·学术前沿》2017年第2期，第18—28页。

[5] 吕小康、黄妍：《如何测量"获得感"？——以中国社会状况综合调查（CSS）数据为例》，载《西北师大学报（社会科学版）》2018年第5期，第46—52页。

二者可能不一致、不同步、不协调。① 在现实中，人民有客观获得却没有获得感，或者客观获得多但获得感少的现象，这被称为"获得感钝化"，其原因可能在于个体价值观发生偏差、个体需求层次不断提高、相对公平感缺失以及对未来缺乏确定性等。②

第二，获得感生成的约束条件及路径研究。客观获得不等于获得感，而是否有获得感以及获得感的高低受到主观感受这个约束条件的制约。③ 客观获得和主观感受之间存在因果递进的关系，从客观获得转化为获得感，中间受一系列社会心理活动和个体认知模式的调节。④ 受制于个体特征和社会经济基础的影响，个体的认知模式差异显著，因此，同样的客观获得带给不同个体的获得感可能存在差异。⑤

另外，人民群众的获得感，受到社会比较的影响，这种比较既有横向比较，即自身与他人客观获得的比较，也有纵向比较，即自身当下客观获得与过去的比较、未来客观获得与当下的比较。⑥ 也可能涉及自我期待与现实所得的比较⑦、个人付出与报酬回报的比较⑧、自身价值期望与社会价值能力的比较等⑨。在比较的过程中形成对需求是否得到满足、期待是否得到回应、现

① 梁土坤：《环境因素、政策效应与低收入家庭经济获得感——基于 2016 年全国低收入家庭经济调查数据的实证分析》，载《现代经济探讨》2018 年第 9 期，第 19—30 页。
② 张青卫：《获得感幸福感安全感的科学内涵与实践路径》，载《中国高校社会科学》2021 年第 3 期，第 51—58、158 页。
③ 聂伟：《就业质量、生活控制与农民工的获得感》，载《中国人口科学》2019 年第 2 期，第 27—39、126 页。
④ 项军：《客观"获得"与主观"获得感"——基于地位获得与社会流动的视角》，载《社会发展研究》2019 年第 2 期，第 135—153、245 页。
⑤ 辛秀芹：《民众获得感"钝化"的成因分析——以马斯洛需求层次理论为视角》，载《中共青岛市委党校·青岛行政学院学报》2016 年第 4 期，第 56—59 页。
⑥ 王浦劬、季程远：《新时代国家治理的良政基准与善治标尺——人民获得感的意蕴和量度》，载《中国行政管理》2018 年第 1 期，第 6—12 页。
⑦ 张品：《"获得感"的理论内涵及当代价值》，载《河南理工大学学报（社会科学版）》2016 年第 4 期，第 402—407 页。
⑧ 唐钧：《在参与与共享中让人民有更多获得感》，载《人民论坛·学术前沿》2017 年第 2 期，第 49—53、85 页。
⑨ 姜劲、孙羽馨：《基于德尔菲法的深化医改群众"获得感"评估机制构建研究》，载《卫生软科学》2021 年第 5 期，第 41—44 页。

实是否达到与愿望的平衡等的感受和评判。只有在客观上和比较上都感到获得，人们才会有获得感。获得感的生成得益于人们对客观获得的积极评价，而对获得物和获得过程持续的积极评价是确保获得感可持续的必要主观条件。[①] 获得感的产生还离不开评价主体主观能动性的发挥，个体需求的满足不能仅靠对各种资源的被动接受，还有赖于个体的主观努力和积极行动。[②]

第三，获得感与幸福感、安全感、剥夺感等概念的比较及内涵分析。获得感是幸福感的基础和前提，获得感为幸福感的全面实现提供了可行性路径，幸福感是获得感的归宿和最终诉求。[③] 获得感可以转化为幸福感，是连接社会经济发展改革与幸福感的中间变量，也是经济发展对幸福感发挥影响作用的中介机制。[④] 获得感的形成和提升有助于提高幸福感，幸福感的增强以获得感的提升为前提、有赖于持续获得感的保障。[⑤] 但是，获得感与幸福感并不等同，二者的根本区别在于客观性与主观性的差异。[⑥] 作为一种纯心理感受，幸福感以主观性为主要属性，往往不容易衡量。[⑦] 相比之下，获得感建立在客观获得的基础之上，是客观获得与主观感受的统一体，更强调客观性。获得感更加务实，内容更全面，更贴近人民群众的现实生活。[⑧] 获得感与人的需要和生活情境息息相关，具有"需求关联性"和"情境性"，而

[①] 王思斌：《整合制度体系保障人民可持续的获得感》，载《行政管理改革》2018 年第 3 期，第 28—33 页。

[②] 谭旭运、董洪杰、张跃、王俊秀：《获得感的概念内涵、结构及其对生活满意度的影响》，载《社会学研究》2020 年第 5 期，第 195—217、246 页。

[③] 张品：《"获得感"的理论内涵及当代价值》，载《河南理工大学学报（社会科学版）》2016 年第 4 期，第 402—407 页。

[④] 阳义南：《民生公共服务的国民"获得感"：测量与解析——基于 MIMIC 模型的经验证据》，载《公共行政评论》2018 年第 5 期，第 117—137、189 页。

[⑤] 陈永涌、任梓荣：《中国梦与国民的幸福工程："积极型社会"的建构》，载《青海社会科学》2019 年第 5 期，第 147—151 页。

[⑥] 郑风田、陈思宇：《获得感是社会发展最优衡量标准——兼评其与幸福感、包容性发展的区别与联系》，载《人民论坛·学术前沿》2017 年第 2 期，第 6—17 页。

[⑦] 梁土坤：《农村低收入群体经济获得感的内涵、特征及提升对策》，载《学习与实践》2019 年第 5 期，第 78—87 页。

[⑧] 张品：《"获得感"的理论内涵及当代价值》，载《河南理工大学学报（社会科学版）》2016 年第 4 期，第 402—407 页。

幸福感通常和具体生活事件无关；相比幸福感，获得感的范围更广泛，结构更复杂，具有"结构综合性"。[①] 张青卫指出，安全感、获得感和幸福感分别对应于个体不同层次的生存发展需求：安全感是个人美好生活需要的基本层次，获得感是逐步加深的个人美好生活关键要素，幸福感是个人美好生活追求的最高层次；获得感和幸福感得以形成、提升并维持下去的基础保障是安全感。[②] 获得感是安全感的基础，安全感是幸福感的前提，幸福感集安全感、归属感、成就感等积极情感体验于一体，而获得感"夯实安全感、支撑归属感、增进成就感"，最终助力幸福感的提升。[③] 另一方面，剥夺感或相对剥夺感往往作为获得感的反义词，用作从反面理解和衡量获得感。[④] 剥夺感和获得感都同时具有绝对性和相对性，绝对的拥有或得到可能带来绝对获得感、绝对的缺乏或失去可能引致绝对剥夺感，而相对剥夺感和相对获得感是在比较和对比中产生的，既有与同一时期他人的横向比较，也有与不同时期的自身的纵向比较。[⑤]

第四，基于客观获得的不同内容和主观感受中比较对象的选择的获得感概念界定。孙远太提出，获得感是人们对其获取和占有社会资源状况的主观认同，是对利益获得与否的认知和感受。[⑥] 辛秀芹认为，获得感是在物质、精神、文化等方面有所获得的基础上产生的主观心理感受，是某种需求得到满足后大脑给予个体的愉悦感、满足感等强烈的积极感受；作为一种个性化感受，

---

① 谭旭运：《获得感与美好生活需要的关系研究》，载《江苏社会科学》2021年第3期，第68—77页。
② 张青卫：《获得感幸福感安全感的科学内涵与实践路径》，载《中国高校社会科学》2021年第3期，第51—58、158页。
③ 康来云：《获得感：人民幸福的核心坐标》，载《学习论坛》2016年第12期，第68—71页。
④ 唐钧：《在参与与共享中让人民有更多获得感》，载《人民论坛·学术前沿》2017年第2期，第49—53、85页。
⑤ 王浦劬、季程远：《新时代国家治理的良政基准与善治标尺——人民获得感的意蕴和量度》，载《中国行政管理》2018年第1期，第6—12页。
⑥ 孙远太：《城市居民社会地位对其获得感的影响分析——基于6省市的调查》，载《调研世界》2015年第9期，第18—21页。

获得感具有"主观色彩"和"个体差异性"。① 康来云指出，获得感是个人愿望和现实达到平衡时，个人付出得到合理回报后产生的成功感觉和愉悦心理感受。② 唐钧也强调，获得感是个体付出劳动后收获到与之相当的报酬而产生的愉悦感。③ 王浦劬等人将获得感定义为，多元利益主体在客观的改革发展过程中对自身实际获得，尤其是改革发展前后自身收益得失的主观评价。④ 吕小康等人认为，获得感是当前中国全面深化改革的背景下，从改革发展带来的物质利益和基本权益的普惠性中，民众产生的一种主观体验，并且人民获得感具有"动态变化性"和"时代特征"。⑤ 张沁洁和张开云认为，行动主体置身于某种社会情境中，意识到拥有某种客观获得后产生的主观满足状态即为获得感。⑥ 获得感是"获得"和"感"的组合，是客观获得和主观感受的统一。学者们一致认为，获得感是人民群众对客观获得的主观感受和积极评价，其中人民群众是评价主体，作为评价客体的客观获得尤其强调实实在在的改革发展成果，主观感受是评价标准。⑦ 国内学者对获得感的概念和内涵的深入剖析，为我们全面了解获得感和对其相关议题进行进一步研究提供了重要参考。

三、获得感的测量维度研究

为了加深对获得感内涵的理解，也为了便于考察获得感的水平现状，分

---

① 辛秀芹：《民众获得感"钝化"的成因分析——以马斯洛需求层次理论为视角》，载《中共青岛市委党校·青岛行政学院学报》2016 年第 4 期，第 56—59 页。

② 康来云：《获得感：人民幸福的核心坐标》，载《学习论坛》2016 年第 12 期，第 68—71 页。

③ 唐钧：《在参与与共享中让人民有更多获得感》，载《人民论坛·学术前沿》2017 年第 2 期，第 49—53、85 页。

④ 王浦劬、季程远：《新时代国家治理的良政基准与善治标尺——人民获得感的意蕴和量度》，载《中国行政管理》2018 年第 1 期，第 6—12 页。

⑤ 吕小康：《医患"获得感悖论"及其破局——兼论作为社会心理学议题的医患关系研究》，载《南京师大学报（社会科学版）》2019 年第 1 期，第 76—86 页。

⑥ 张沁洁、张开云：《脱贫成效精准：脱贫户获得感测度及其影响因素》，载《重庆工商大学学报（社会科学版）》2022 年第 4 期，第 115—128 页。

⑦ 蒋永穆、张晓磊：《共享发展与全面建成小康社会》，载《思想理论教育导刊》2016 年第 3 期，第 74—78 页。

析影响获得感的因素，已有研究通常将总体获得感分为几个维度，再把每个维度操作化为一系列可衡量指标，构建获得感的测量指标体系，以此为基础来判断获得感的水平，分析获得感的影响因素及具体作用机制。

根据获得感维度的划分标准，具体而言，获得感的分类包括以下几个方面。

基于获得感的主客观统一性，可以把获得感分为实在获得感和意义获得感[1]；理论获得感、现实获得感和预期获得感[2]；物质层面获得感和精神层面获得感[3]；物质层面获得感和心理层面获得感等[4]。

基于获得感的比较性，学者将获得感细分为时间维度的纵向获得感和空间维度的横向获得感[5]；低保受助者当下获得感和未来获得感[6]；低收入群体纵向经济获得感、横向经济获得感和预期经济获得感[7]；困难家庭相对经济获得感、总体经济获得感和预期经济获得感等[8]。

基于获得感的来源，唐有财和符平认为获得感包括（农民工）政府帮助获得感、社会机构帮助获得感和私人关系帮助获得感[9]；而文宏和刘志鹏将

---

[1] 杨伟荣、张方玉：《"获得感"的价值彰显》，载《重庆社会科学》2016年第11期，第69—74页。

[2] 秦国文：《改革要致力于提高群众获得感》，载《新湘评论》2016年第1期，第12—13页。

[3] 吴怡萍、闵师：《进城务工提升了农民的获得感吗——基于中国家庭追踪调查数据的实证分析》，载《当代财经》2021年第2期，第15—26页。

[4] 徐延辉、刘彦：《社会分层视角下的城市居民获得感研究》，载《社会科学辑刊》2021年第2期，第88—97页。

[5] 王浦劬、季程远：《新时代国家治理的良政基准与善治标尺——人民获得感的意蕴和量度》，载《中国行政管理》2018年第1期，第6—12页。

[6] 侯斌：《就业能提升获得感吗?——基于对城市低保受助者再就业情况的考察》，载《兰州学刊》2019年第4期，第134—149页。

[7] 梁土坤：《环境因素、政策效应与低收入家庭经济获得感——基于2016年全国低收入家庭经济调查数据的实证分析》，载《现代经济探讨》2018年第9期，第19—30页。

[8] 梁土坤：《三维制约：社会政策对困难家庭经济获得感的影响机制研究》，载《华东经济管理》2019年第8期，第95—102页。

[9] 唐有财、符平：《获得感、政治信任与农民工的权益表达倾向》，载《社会科学》2017年第11期，第67—79页。

人民获得感具体分为经济获得感、政治获得感和民生获得感等维度①；李丹等人将获得感分为物质获得感、公平获得感、安全获得感、能力获得感和尊严获得感等多个维度②；项军将获得感分为主观地位获得感、代际向上流动获得感和代内向上流动获得感等维度③；文宏等人将获得感具体分为宏观经济获得感、个人经济获得感和分配公平获得感④；邵雅利将获得感分为政府服务获得感、社会民生获得感、经济发展获得感、城市文化获得感和人居环境获得感⑤；杨金龙和张士海等将获得感分为经济获得感、政治获得感、安全获得感、公共服务获得感和自我实现获得感⑥；徐延辉和李志滨等将获得感分为经济获得感、政治获得感、文化获得感、民生获得感/社会建设获得感和生态获得感等。⑦

　　基于获得感的内容进行分类。蔡思斯将获得感操作化为改革受益程度、生活改善程度和自致成功性评价⑧；吕小康和黄妍等人把获得感具体化为个人发展感、社会安全感、社会公正感和政府工作满意度⑨；周海涛等人将民办高校大学生的学习获得感操作化为认同程度、满足状况、参与机会和成就水平

① 　文宏、刘志鹏：《人民获得感的时序比较——基于中国城乡社会治理数据的实证分析》，载《社会科学》2018 年第 3 期，第 3—20 页。

② 　李丹、杨璐、何泽川：《精准扶贫背景下西南民族地区贫困人口获得感调查研究》，载《四川大学学报（哲学社会科学版）》2018 年第 3 期，第 57—62 页。

③ 　项军：《客观"获得"与主观"获得感"——基于地位获得与社会流动的视角》，载《社会发展研究》2019 年第 2 期，第 135—153、245 页。

④ 　文宏、林彬：《人民获得感：美好生活期待与国民经济绩效间的机理阐释——主客观数据的时序比较分析》，载《学术研究》2021 年第 1 期，第 66—73 页。

⑤ 　邵雅利：《新时代人民主观获得感的指标构建与影响因素分析》，载《新疆社会科学》2019 年第 4 期，第 139—147 页。

⑥ 　杨金龙、张士海：《中国人民获得感的综合社会调查数据的分析》，载《马克思主义研究》2019 年第 3 期，第 102—112、160 页。

⑦ 　徐延辉、李志滨：《社会质量与城市居民的获得感研究》，载《南开学报（哲学社会科学版）》2021 年第 4 期，第 169—181 页。

⑧ 　蔡思斯：《社会经济地位、主观获得感与阶层认同——基于全国六省市调查数据的实证分析》，载《中共福建省委党校学报》2018 年第 3 期，第 96—104 页。

⑨ 　吕小康、黄妍：《如何测量"获得感"？——以中国社会状况综合调查（CSS）数据为例》，载《西北师大学报（社会科学版）》2018 年第 5 期，第 46—52 页。

等四个维度①；聂伟和蔡培鹏把获得感细化为自我阶层定位、阶层流动感知、生活满意度和阶层流动期望。②

基于获得感的结构综合性和生成过程，董洪杰等学者将获得感操作化为获得内容、获得环境、获得途径、获得体验和获得共享。③后来一些学者基于此实证测量了获得感水平。④

由于获得感与人的需求有关，有学者基于马斯洛需求层次理论考察了获得感的不同层次，比如卜禾等学者在分析残疾人的获得感时将获得感操作化为愉悦感、参与感和生命意义三个层次，其中愉悦感是获得感最基本的形式，参与感是对愉悦感的扩展，对人生价值和生命意义的追求是获得感的最高层次。⑤谯欣怡指出，职业技能培训带给贫困人口的获得感包括三个层次，分别是技能获得感、收入获得感和发展获得感，三者是递进关系，前一层次获得感是更高层次获得感产生的基础。⑥

从已有研究对获得感的概念界定和内涵分析来看，获得感是在我国全面深化改革和共建共享发展的背景下，多元利益主体（个体、家庭、组织等）对其享有物质和精神层面改革发展成果的主观感受，以及对所获物质利益和精神权益是否满足其各层次需求、是否回应其美好生活期待的认知和评价。获得感体现了物质层面和精神层面的统一、主观与客观的统一、获得过程与获得结果的统一以及外在支持环境和内在主动性的统一，具有结构综合性、多维性、多层次性、个体差异性、比较性和动态发展性。

---

① 周海涛、张墨涵、罗炜：《我国民办高校学生获得感的调查与分析》，载《高等教育研究》2016 年第 9 期，第 54—59 页。
② 聂伟、蔡培鹏：《让城市对青年发展更友好：社会质量对青年获得感的影响研究》，载《中国青年研究》2021 年第 3 期，第 53—60、119 页。
③ 董洪杰、谭旭运、豆雪姣、王俊秀：《中国人获得感的结构研究》，载《心理学探新》2019 年第 5 期，第 468—473 页。
④ 谭旭运、董洪杰、张跃、王俊秀：《获得感的概念内涵、结构及其对生活满意度的影响》，载《社会学研究》2020 年第 5 期，第 195—217、246 页。
⑤ 卜禾、吴桐、王晔安：《提升残疾人获得感的多阶段小组：一项随机对照试验》，载《社会工作》2021 年第 3 期，第 25—39、107—108 页。
⑥ 谯欣怡：《职业技能培训中贫困人口的获得感提升路径研究——基于广西百色贫困地区的调查》，载《职业教育研究》2021 年第 8 期，第 25—31 页。

四、获得感的影响因素研究

获得感以实实在在的客观获得为前提，因此理论上，各方面的客观获得以及影响客观获得的因素都可能对获得感产生影响，比如物质层面的收入分配、公共服务、社会保障、教育资源等；精神层面的社会公平公正、社会安全感、幸福感体验、自由全面发展、尊严等。而考虑到获得感的个体差异性，同样的客观获得带给不同个体或群体的获得感可能有明显差异，因此个体的客观人口学特征和主观特性也应该被纳入获得感影响因素的考量中。从已有研究成果来看，获得感的影响因素大体可分为以下几个方面。

一是个体因素，包括性别、年龄、受教育程度、婚姻状况、户籍、政治面貌等方面。阳义南等人的研究指出年龄对获得感有显著正向影响，即随着年龄的增长，获得感不断提高。[1] 但徐延辉和李志滨指出，年龄与获得感的关系呈"U"形，即获得感随着年龄的增长先下降后提升。[2] 而聂伟对农民工获得感的研究也证实了这种"U"形关系的存在，获得感增强的年龄拐点是 42 岁。[3] 同时，已有的关于性别如何影响获得感的研究有较大分歧。例如，黄艳敏等学者指出性别对获得感没有显著影响。[4] 然而，也有学者指出低收入家庭的男性获得感高于女性。[5] 而阳义南[6]和徐延辉等人[7]的相关研究都

---

① 阳义南：《民生公共服务的国民"获得感"：测量与解析——基于 MIMIC 模型的经验证据》，载《公共行政评论》2018 年第 5 期，第 117—137、189 页。

② 徐延辉、李志滨：《社会质量与城市居民的获得感研究》，载《南开学报（哲学社会科学版）》2021 年第 4 期，第 169—181 页。

③ 聂伟、蔡培鹏：《让城市对青年发展更友好：社会质量对青年获得感的影响研究》，载《中国青年研究》2021 年第 3 期，第 53—60、119 页。

④ 黄艳敏、张文娟、赵娟霞：《实际获得、公平认知与居民获得感》，载《现代经济探讨》2017 年第 11 期，第 1—10、59 页。

⑤ 梁土坤：《环境因素、政策效应与低收入家庭经济获得感——基于 2016 年全国低收入家庭经济调查数据的实证分析》，载《现代经济探讨》2018 年第 9 期，第 19—30 页。

⑥ 阳义南：《民生公共服务的国民"获得感"：测量与解析——基于 MIMIC 模型的经验证据》，载《公共行政评论》2018 年第 5 期，第 117—137、189 页。

⑦ 徐延辉、李志滨：《社会质量与城市居民的获得感研究》，载《南开学报（哲学社会科学版）》2021 年第 4 期，第 169—181 页。

指出，女性比男性拥有更高水平的获得感。刘宁等人分析了海南省女性流动人口获得感的影响因素，研究表明海南省女性流动人口获得感的重要影响因素有年龄、文化程度、收入、能力发展状况等个人因素；人际关系、对支持的利用度等社会因素；以及流动经历因素中流入居住地的时间。海南省女性流动人口的年龄越大、收入越高、受教育程度越低、能力发展状况越好、人际关系越好、对支持的利用度越高、流入居住地的时间越短，其总体获得感水平越高。[①]

就婚姻和户籍的影响而言，大多数研究发现婚姻状况对获得感有显著影响。相比未婚、离异或丧偶者，已婚人群的获得感更高。[②] 同时，获得感存在户籍差异，吕小康等人指出，获得感存在"城乡倒差"现象。[③] 即相比城市居民，农村居民的获得感更高。[④]

受教育程度对获得感的影响效应也不尽相同。聂伟等人研究发现，受教育程度与获得感呈负相关关系，随着受教育程度的提高，获得感反而下降了。[⑤] 这可能是因为更高学历群体在感知获得感时选择的参照群体更有优势，与之比较后产生相对劣势，从而使获得感受损，这种现象被吕小康和孙思扬等人称为获得感的"教育逆差"。[⑥] 而对低收入群体经济获得感的研究却表明，受教育程度为高中及以上的低收入群体其经济获得感显著高于其他学历群体。[⑦]

---

① 刘宁、徐冉、肖少北、张兴慧、李兴睿、李玲：《海南省女性流动人口获得感的现状及其影响因素分析》，载《中国健康教育》2019 年第 8 期，第 716—721 页。

② 黄艳敏、张文娟、赵娟霞：《实际获得、公平认知与居民获得感》，载《现代经济探讨》2017 年第 11 期，第 1—10、59 页。

③ 吕小康、孙思扬：《获得感的生成机制：个人发展与社会公平的双路径》，载《西北师大学报（社会科学版）》2021 年第 4 期，第 92—99 页。

④ 王恬、谭远发、付晓珊：《我国居民获得感的测量及其影响因素》，载《财经科学》2018 年第 9 期，第 120—132 页。

⑤ 聂伟、蔡培鹏：《让城市对青年发展更友好：社会质量对青年获得感的影响研究》，载《中国青年研究》2021 年第 3 期，第 53—60、119 页。

⑥ 吕小康、孙思扬：《获得感的生成机制：个人发展与社会公平的双路径》，载《西北师大学报（社会科学版）》2021 年第 4 期，第 92—99 页。

⑦ 梁土坤：《三维制约：社会政策对困难家庭经济获得感的影响机制研究》，载《华东经济管理》2019 年第 8 期，第 95—102 页。

二是收入、就业状况、住房等经济因素。文宏等人的实证研究显示，收入或经济状况与获得感显著正相关，收入越高或经济状况越好，获得感越强。[①] 随着收入水平的提高或经济状况的改善，获得感的提升服从边际效应递减规律，[②] 这是获得感钝化或"餍足效应"产生的原因之一。而邹星等人指出，就业性质显著影响农民获得感，从事农资销售的店主获得感最高、农业种植户的获得感次之、当地雇主的获得感最低；农业发展模式也对农民获得感有显著影响，相比农户＋政府＋公司模式和农户模式，农户＋公司模式下农民的相对获得感更高。[③]

马继迁等人关注住房性质、住房面积、家庭因素和区位因素对青年获得感的影响，研究指出住房完全自有的青年比租房青年有着更高的获得感，而政府免费提供住房或单位共有产权住房的青年获得感与租房青年没有显著区别；在自有住房的情况下，住房面积越大，青年获得感越强；同住家庭成员越多，青年获得感越低；区域对青年获得感的影响显著，随着区位由西向东，青年获得感梯度下降。[④] 而聂伟在农民工获得感研究中考察了就业质量和生活控制感的影响，研究表明就业质量对农民工获得感有显著的正向促进效应，其中既有直接影响，也有在生活控制感的中介作用下对获得感的间接影响；生活控制感在就业质量和农民工获得感之间发挥中介作用，生活控制感与农民工获得感存在正相关关系，农民工获得感随着生活控制感的增强而提升。[⑤] 黄艳敏等学者指出，家庭经济档位的提高能显著提升获得感。[⑥] 项

---

① 文宏、刘志鹏：《人民获得感的时序比较——基于中国城乡社会治理数据的实证分析》，载《社会科学》2018 年第 3 期，第 3—20 页。
② 黄艳敏、张文娟、赵娟霞：《实际获得、公平认知与居民获得感》，载《现代经济探讨》2017 年第 11 期，第 1—10、59 页。
③ 邹星、黄晓园、王炳浩、王红崧：《乡村振兴背景下云南弥勒坝区农民获得感的评价》，载《西南林业大学学报（社会科学）》2021 年第 3 期，第 50—56 页。
④ 马继迁、朱玲钰：《住房状况与青年获得感——基于 2016 年中国劳动力动态调查的数据》，载《常州大学学报（社会科学版）》2021 年第 4 期，第 65—73 页。
⑤ 聂伟、蔡培鹏：《让城市对青年发展更友好：社会质量对青年获得感的影响研究》，载《中国青年研究》2021 年第 3 期，第 53—60、119 页。
⑥ 黄艳敏、张文娟、赵娟霞：《实际获得、公平认知与居民获得感》，载《现代经济探讨》2017 年第 11 期，第 1—10、59 页。

军分析了社会经济地位、代际流动和代内流动等客观获得对获得感的影响，发现客观社会经济地位获得对主观地位获得感有显著提升作用，而代际教育流动和代内收入增长未能发挥促进代际和代内社会流动获得感提高的作用，更多的客观获得并不必然带来更高的获得感，相比客观获得更多的群体，客观获得更少的群体反而有着相同甚至更强的获得感等。① 同时，工资水平、职业身份、技能培训和主观职业地位等就业质量因素是影响乡—城流动人口获得感的显著要素，并且，就业质量也会通过生活控制感的中介作用间接影响乡—城流动人口的获得感。②

三是能力、社会交往及心理资本等因素。颜彩媛等人对高校贫困大学生获得感影响因素的分析发现，除家庭经济状况和社会支出外，社交回避、学习力和能力发展也显著影响他们的获得感。③ 苏岚岚等人研究农民创业获得感时，选择将农民创业能力作为影响因素，发现农民创业能力既对农民创业获得感有直接的显著正向影响，也通过创业绩效和创业动机的中介调节效应间接影响农民创业获得感。④ 王毅杰等人关注社会融入和相对剥夺对流动人口获得感的影响，指出社会融入显著促进流动人口获得感的形成和提升，而相对剥夺对流动人口获得感有显著的负向影响，社会融入对流动人口获得感既有直接促进作用，也通过影响相对剥夺而产生间接的正向影响。⑤

四是相关公共服务的影响因素。阳义南对获得感的研究重点关注基本公共服务的影响，发现民生短板越严重、获得感越低，而弥补民生供给缺口有助于提高获得感，对获得感影响最大的民生公共服务是城乡基础设施，其余

① 项军：《客观"获得"与主观"获得感"——基于地位获得与社会流动的视角》，载《社会发展研究》2019 年第 2 期，第 135—153、245 页。

② 聂伟：《就业质量、获得感对农民工入户意愿的影响》，载《农业技术经济》2020 年第 7 期，第 131—142 页。

③ 颜彩媛：《基于共享发展的高校贫困大学生获得感提升路径研究》，载《牡丹江教育学院学报》2019 年第 1 期，第 48—50 页。

④ 苏岚岚、彭艳玲、孔荣：《农民创业能力对创业获得感的影响研究——基于创业绩效中介效应与创业动机调节效应的分析》，载《农业技术经济》2016 年第 12 期，第 63—75 页。

⑤ 王毅杰、丁百仁：《流动人口的社会融入、相对剥夺与获得感研究》，载《社会建设》2019 年第 1 期，第 16—29 页。

依次是社会保障、医疗卫生服务、公共文化和体育服务、基本社会服务和住房保障，影响最小的是公共教育。另外，社会公平对获得感也有显著影响，越是认为社会公平公正、认可不同阶层实现地位上升的机会公平，受访者的获得感越高。① 李玉水等人在医疗卫生服务获得感研究中将医疗卫生供给作为影响因素之一，发现医疗卫生资本投入水平对医疗卫生服务获得感有负向影响，医疗卫生人才供给水平对其有显著的正向影响，省级医疗资源供给水平对医疗卫生服务获得感的影响不显著。② 吕小康和张子睿在医疗获得感研究中发现，医患信任感、三级医院比例、医疗费用支出、社会地位感知和就诊医疗机构等级都是影响医疗获得感的重要因素等。③ 而李东平等人通过对2021 年湖北省 7 个地级市 1 036 份农户问卷调查数据的实证研究表明，基本公共服务可及性能够显著提升农户的获得感。其中，公共教育服务、医疗卫生服务和劳动就业服务等的可及性对农户获得感的提升效应相对更大。基本公共服务可及性可以通过增进农户的生活福祉和公平认知提升其获得感。④

五是就业援助和社会救助等社会政策因素。侯斌等人关注就业及福利状况、社会救助和家庭因素对城市低保受助者获得感（当下获得感、未来获得感）的影响，发现再就业会降低城市低保受助者的当下获得感，就业救助对城市低保受助者的未来获得感有一定的提升作用，社会救助对城市低保受助者未来获得感的影响不显著，但有助于提升其当下获得感；家庭人口数对城市低保受助者的当下获得感和未来获得感都有显著的正影响，家庭医疗支出比对城市低保受助者的当下获得感和未来获得感都有显著的负向影响。⑤ 笔

---

① 阳义南：《民生公共服务的国民"获得感"：测量与解析——基于 MIMIC 模型的经验证据》，载《公共行政评论》2018 年第 5 期，第 117—137、189 页。

② 李玉水、韩雅清、王苑枚：《健康中国建设背景下医疗服务获得感的影响因素——基于福州市居民的问卷调查分析》，载《福建江夏学院学报》2021 年第 1 期，第 8—17 页。

③ 吕小康、张子睿：《中国民众的医疗获得感及其影响因素》，载《西北师大学报（社会科学版）》2020 年第 1 期，第 99—105 页。

④ 李东平、田北海：《基本公共服务可及性如何影响农户获得感——基于湖北省 1 036 个农户样本的实证分析》，载《中国农村观察》2024 年第 1 期，第 22—44 页。

⑤ 侯斌、慈勤英：《社会救助对受助者获得感的影响——基于"完善社会救助制度研究"调查数据的分析》，载《调研世界》2019 年第 7 期，第 23—28 页。

者曾重点关注社会救助、社会保险和扶贫开发等社会政策如何影响困难家庭经济获得感，发现残疾人两项补贴制度、临时救助、低保、医疗救助等社会救助对困难家庭经济获得感的影响有限；相比社会救助，社会保险（养老保险和医疗保险）对困难家庭经济获得感的影响力度更大，主要表现为对总体经济获得感和相对经济获得感的显著正向影响，社会保险对困难家庭的预期经济获得感没有显著影响；扶贫开发生产性补贴和小额贷款这两项扶贫开发政策对困难家庭各维度的经济获得感都有显著的正向促进作用，有助于提高困难家庭的经济获得感。[1]张沁洁等学者的研究发现，享受产业扶贫扶持、接受职业技能培训、享受基本医疗保障等政策对脱贫户获得感有显著促进作用，教育扶贫扶持对其获得感有负向影响；而收入主要来源于低保金或政府扶贫救助金的脱贫户，其获得感相对较低。[2]

六是社会地位等社会分层因素。孙远太分析了社会地位对城市居民获得感的影响，他将社会地位操作化为客观社会地位（客观经济地位、客观阶层地位）和主观社会地位（主观经济地位、主观阶层地位），指出社会地位显著正向影响城市居民获得感，其中（主观和客观）经济地位的影响大于（主观和客观）阶层地位的影响，客观社会地位的影响大于主观社会地位的影响，客观社会地位既对城市居民获得感有直接影响，又通过影响主观社会地位而间接作用于城市居民获得感。[3]而黄艳敏等人的研究表明社会地位流动不仅对获得感有直接的正向影响，而且通过作用于公平认知而间接影响获得感，社会地位向上流动生成获得感，向下流动触发剥夺感；公平认知能够诱导获得感的生成，个体越是认为社会分配环境公平以及把获得归功于自我努力，越容易产生获得感。[4]徐延辉深入分析了社会分层（社会

---

[1] 梁土坤：《三维制约：社会政策对困难家庭经济获得感的影响机制研究》，载《华东经济管理》2019年第8期，第95—102页。

[2] 张沁洁、张开云：《脱贫成效精准：脱贫户获得感测度及其影响因素》，载《重庆工商大学学报（社会科学版）》2022年第4期，第115—128页。

[3] 孙远太：《城市居民社会地位对其获得感的影响分析——基于6省市的调查》，载《调研世界》2015年第9期，第18—21页。

[4] 黄艳敏、张文娟、赵娟霞：《实际获得、公平认知与居民获得感》，载《现代经济探讨》2017年第11期，第1—10、59页。

经济地位、居住空间）对居民获得感的具体影响机制，结果表明客观社会经济地位和主观社会经济地位都对城市居民获得感有显著的促进作用，但客观社会经济地位不能直接影响城市居民获得感，而是通过主观社会经济地位的完全中介作用对城市居民获得感产生间接影响；居住面积越大、居住社区的条件越好、居住地离市中心越远，城市居民的获得感越高，主观社会经济地位是居住面积对城市居民获得感发挥显著正向影响的部分中介变量等。[①]

七是社会质量与社会公平感等相关因素。聂伟等人分析了城市社会质量对青年获得感的影响，他们的研究把城市社会质量操作化为社会经济保障、社会凝聚、社会包容和社会赋权，指出城市社会质量的各个维度都对青年获得感有显著的正向驱动作用，其中城市青年产生获得感的重要物质基础是社会经济保障，社会凝聚、社会包容和社会赋权分别是城市青年获得感生成的关系基础、心理基础和权能基础。社会经济保障的各个指标——家庭经济状况、居住环境和社会保障状况都对城市青年获得感有正向影响，社会经济保障水平的提高有助于城市青年获得感的提升；社会凝聚中的社会融合和社会资本有助于促进城市青年获得感的产生和提升；社会越公平公正、社会宽容度越高，城市青年获得感越强；受教育年限、外在效能感和政府绩效感等社会赋权指标都有助于城市青年获得感的显著提升。[②]徐延辉等人指出，社会质量对城市居民获得感的解释力达到 60%，其中社会经济保障的影响最大，具体来看：社会经济保障中的经济保障、住房保障和就业保障对城市居民获得感有显著的促进作用，但社会保障不会显著影响城市居民获得感；社会信任、社会认同和社会公平这三个社会凝聚指标都能显著提升城市居民获得感；至于社会包容的影响，群体差距越大、感知到的社会歧视越严重，城市居民获得感越低；社会赋权变量下的社团参与和社区参与对城市居民获得感

---

① 徐延辉、刘彦：《社会分层视角下的城市居民获得感研究》，载《社会科学辑刊》2021年第 2 期，第 88—97、2 页。
② 聂伟、蔡培鹏：《让城市对青年发展更友好：社会质量对青年获得感的影响研究》，载《中国青年研究》2021 年第 3 期，第 53—60、119 页。

有显著的正向影响，但职业培训对城市居民获得感没有显著影响。① 同时，关于社会公平感和个人发展感对获得感的影响的研究发现，社会公平感和个人发展感都对获得感有正向影响，其中个人发展感对获得感的积极作用强于社会公平感。② 王喆等人在农村居民获得感研究中关注收入、社会公平感、主观经济地位和社会保障的影响，结果显示社会公平感对农村居民获得感的影响最大，其次分别是主观经济地位和人均月收入；社会公平感对农村居民获得感有显著的直接促进作用，而人均月收入、社会保障和主观经济地位对农村居民获得感同时发挥直接影响和间接效应，主观经济地位和社会保障是人均月收入作用于农村居民获得感的中介变量，社会公平感在人均月收入或主观经济地位对农村居民获得感的影响中发挥中介作用等。③

八是经济发展及相关因素。一项基于贝叶斯方法和全球 229 万受访者的全球面板数据的研究显示，一国人均国内生产总值水平与该国纵向获得感水平存在倒"U"形关系，人均国内生产总值增速对于纵向获得感有正向作用，而失业率和通货膨胀率对纵向获得感具有负向作用。④ 同时，国家宏观经济向好发展对居民获得感具有显著的提升作用。⑤ 而关于中国家庭追踪调查数据的实证研究也表明，数字普惠金融发展对居民获得感具有显著提升作用，而且，数字普惠金融会通过提高居民家庭收入、缩小家庭收入差距、提高家庭消费水平、优化消费结构来提升居民获得感。同时，数字普惠金融对中低收入群体和老年群体居民获得感的正向提升效应相对更大。⑥

① 徐延辉、李志滨：《社会质量与城市居民的获得感研究》，载《南开学报（哲学社会科学版）》2021 年第 4 期，第 169—181 页。
② 吕小康、孙思扬：《获得感的生成机制：个人发展与社会公平的双路径》，载《西北师大学报（社会科学版）》2021 年第 4 期，第 92—99 页。
③ 王喆、管佩霞、刘玉洁、毛倩、乔晓伟、潘庆忠、王素珍：《农村居民获得感影响路径的实证分析——基于山东三地的调查》，载《湖北农业科学》2021 年第 15 期，第 199—203 页。
④ 季程远、胡悦：《经济发展与纵向获得感——基于全球面板数据的分析》，载《公共行政评论》2022 年第 2 期，第 4—21、195 页。
⑤ 文宏、林彬：《人民获得感：美好生活期待与国民经济绩效间的机理阐释——主客观数据的时序比较分析》，载《学术研究》2021 年第 1 期，第 66—73 页。
⑥ 周天芸：《数字普惠金融发展对居民获得感的影响研究》，载《求索》2023 年第 4 期，第 83—95 页。

　　九是流动相关因素及流动人口获得感研究。少数学者对流动人口获得感议题进行了初步探索。例如，吴怡萍考察了进城务工就业对农民获得感的影响，发现进城务工就业能促进农民获得感的提升，主要是提升农民物质层面的当下经济获得感；进城务工农民的精神层面获得感较低，具体表现为他们对收入的主观感受、对生活的满意度和对社会地位的主观感知较低。相比参照组，进城务工对农民群体中女性、青年、高学历者、已婚人士、无子女者、父母健在者获得感的提升作用更大。① 而王毅杰等人基于 2014 年流动人口监测数据的分析发现，流动人口获得感仅仅处于中等略高水平，有待进一步提升，社会融入和相对剥夺感等是影响流动人口获得感的关键要素。此外，包括流动时间、流动城市和流动距离，这些因素对流动人口获得感都具有重要的影响。② 而刘宁等人考察了包括流动方式、流入居住地的时间和到过的打工城市数量在内的流动经历对流动人口获得感的影响，指出流入居住地的时间与流动人口获得感负相关；③ 而基于 2020 年中国社会心态调查数据的研究也显示，青年社会流动感知对其获得感具有正向的显著影响，并且其对自身的流动体验和对子女的流动预期对获得感具有显著的影响；同时，与基于自身实际情况的流动体验和对子女的流动预期相比，基于社会整体环境的流动信念对获得感的预测作用更强。④

　　此外，冀慧珍等人认为，获得感是衡量少数民族流动人口城市融入的重要标尺，需要全面建设积极型、开放型、友好型城市以促进少数民族流动人口经济、社会、文化等方面获得感的提高。⑤

---

① 吴怡萍、闵师：《进城务工提升了农民的获得感吗——基于中国家庭追踪调查数据的实证分析》，载《当代财经》2021 年第 2 期，第 15—26 页。

② 王毅杰、丁百仁：《流动人口的社会融入、相对剥夺与获得感研究》，载《社会建设》2019 年第 1 期，第 16—29 页。

③ 刘宁、徐冉、肖少北、张兴慧、李兴睿、李玲：《海南省女性流动人口获得感的现状及其影响因素分析》，载《中国健康教育》2019 年第 8 期，第 716—721 页。

④ 谭旭运、吕邈：《青年社会流动感知与获得感》，载《青年研究》2023 年第 2 期，第 40—49、95 页。

⑤ 冀慧珍：《获得感：少数民族流动人口城市融入的标尺》，载《西南民族大学学报（人文社会科学版）》2021 年第 2 期，第 40—47 页。

五、获得感对其他变量的影响研究

已有研究除了分析各种主客观因素对获得感的影响，一些学者还将获得感作为解释变量，考察其对改革发展其他侧面的影响。例如，唐有财等人研究了农民工获得感对其权益表达倾向的影响，发现三个维度的农民工获得感对"体制内"权益表达倾向有显著的直接影响，其中政府帮助获得感和社会力量帮助获得感积极推动农民工采取"体制内"权益表达方式，而私人关系网络帮助获得感对"体制内"权益表达倾向有显著的抑制作用；至于获得感对"体制外"权益表达倾向的影响，政府帮助获得感和社会力量帮助获得感对"体制外"权益表达倾向没有显著影响，私人关系网络帮助获得感能直接促进农民工采取"体制外"权益表达方式。[1] 蔡思斯关注获得感对阶层认同的影响，研究表明主观获得感对阶层认同有显著的正向影响，改革获益程度、生活改善程度和自致成功性评价越高，居民阶层认同越高。[2] 谭旭运等学者分析了获得感对生活满意度的影响，结果显示获得内容、获得环境、获得体验、获得途径和获得共享这五个维度的获得感对生活满意度都有显著预测作用，其中获得内容显著地正向影响生活满意度；社会信任水平越高、越能感受到社会公平，生活满意度越高；个体越是靠自己的努力、勇气和勤奋获得成功，生活满意度越高；获得体验和获得共享对生活满意度也有显著的正向促进作用，获得体验越积极、环保意识越强、越是愿意参加环保活动，其生活满意度越高。[3] 同时，谭旭运还考察了五维度获得感对美好生活需要的影响，研究表明获得环境和获得共享对国家社会维度美好生活需要的影响更大，获得途径和获得共享对家庭关系维度美好生活需要的影响更大，而获得环境和获得体验对个人物质维度美好生活需要的影响更大。[4] 而聂伟研究

---

[1] 唐有财、符平：《获得感、政治信任与农民工的权益表达倾向》，载《社会科学》2017年第 11 期，第 67—79 页。

[2] 蔡思斯：《社会经济地位、主观获得感与阶层认同——基于全国六省市调查数据的实证分析》，载《中共福建省委党校学报》2018 年第 3 期，第 96—104 页。

[3] 谭旭运、董洪杰、张跃、王俊秀：《获得感的概念内涵、结构及其对生活满意度的影响》，载《社会学研究》2020 年第 5 期，第 195—217、246 页。

[4] 谭旭运：《获得感与美好生活需要的关系研究》，载《江苏社会科学》2021 年第 3 期，第 68—77 页。

了获得感对农民工入户意愿的影响，发现农民工获得感和其入户意愿显著正相关，即获得感越高，农民工的城市入户意愿越强。[1]

六、获得感的提升对策研究

关于如何提升获得感的已有研究大致包括两方面，一是提出一般意义上的获得感提升策略，二是提出专门针对特定群体或特定领域的获得感提升策略。采用前一种路径的学者们一致认为获得感在我国全面深化改革和转变经济社会发展方式的背景下提出，其提升以改革和发展为前提，持续稳定发展和全面深化改革是维持高水平获得感的关键所在。[2] 为了实现获得感的提升，既要做大发展"蛋糕"，又要分好发展"蛋糕"。从改革发展的角度出发，制定获得感提升策略时应该坚持共享发展和包容性发展理念[3]；以经济、社会、政治、文化和生态这"五位一体"协同发展为重要支撑[4]；以公平公正为出发点和宗旨，不仅要确保社会分配公平，而且要重视城乡统筹发展和区域协调发展；坚持共享发展理念的要求，优化社会收入分配结构，健全社会制度体系，缓解贫富差距加大，扭转社会过度分化的局面。[5]

"五位一体"发展中，经济发展是使人民群众有更多获得感的重要物质基础，这就要求我们大力发展社会生产力，确保经济持续稳定运行，不断增加物质生产资料从而使人民群众获得物质财富。[6]

---

[1] 聂伟：《就业质量、获得感对农民工入户意愿的影响》，载《农业技术经济》2020 年第 7 期，第 131—142 页。

[2] 王浦劬、季程远：《新时代国家治理的良政基准与善治标尺——人民获得感的意蕴和量度》，载《中国行政管理》2018 年第 1 期，第 6—12 页。

[3] 孙远太：《城市居民社会地位对其获得感的影响分析——基于 6 省市的调查》，载《调研世界》2015 年第 9 期，第 18—21 页。

[4] 张航：《浅析"让人民群众有更多的获得感"》，载《渤海大学学报（哲学社会科学版）》2016 年第 2 期，第 34—36 页。

[5] 李利平、王岩：《坚持共享发展：提高全民获得感的对策》，载《人民论坛》2016 年第 30 期，第 96—97 页。

[6] 张品：《"获得感"的理论内涵及当代价值》，载《河南理工大学学报（社会科学版）》2016 年第 4 期，第 402—407 页。

政治发展是人民群众获得感提升的保障，这就要求我们完善人民民主制度，以保障人民群众各类政治权利；建设廉政政府，以增强人民群众的政治信任。① 文化发展是人民群众有更多获得感的精神导向，获得感的增强和可持续要求人民群众精神境界的丰富必须和物质需求的满足并重，精神境界的提高离不开中国特色社会主义文化的发展、公共文化服务设施的健全完善以及社会主义核心价值观的弘扬。② 生态发展是使人民群众获得感得以持续的基础，生态环境是"最普惠的民生福祉"和"最公平的公共产品"，从社区环境到城市环境再到自然生态环境的改善，都有助于人民群众获得感的提升。③

在发展这个大前提下，采用后一种路径的研究者基于不同的研究对象和关注点提出了更具针对性的获得感提升策略。侯斌等人把发展型救助理念和积极就业政策作为提升城市低保受助者获得感的关键策略。一方面，完善就业救助与低保救助的联动机制，合理安排社会救助制度以实现受助者自助，以此为重点提升城市低保受助者中丧失劳动能力者的获得感；另一方面，通过积极就业政策和有针对性的就业服务，使有部分或全部劳动能力的城市低保受助者通过就业获得劳动报酬，从而有效提升其获得感。④ 徐延辉等人提出，为了提升城市居民获得感，要完善收入分配机制，确保分配公平；政府在就业、教育等领域提供更多、更有效的服务，以提升就业质量、拓宽就业渠道、打破阶层壁垒；调控房价，改善居住环境。⑤ 卜禾等人指出，应该将积极心理干预（以改善情绪健康）、幸福疗法（以促进蓬勃发展）和意义疗法（以追寻生命意义）等多种干预策略相结合，以提升残疾人的获得感。⑥

---

① 董瑛：《增强获得感：新时期反腐倡廉新理念》，载《人民论坛·学术前沿》2017年第2期，第40—48页。

② 张青卫：《获得感幸福感安全感的科学内涵与实践路径》，载《中国高校社会科学》2021年第3期，第51—58、158页。

③ 曹现强、李烁：《获得感的时代内涵与国外经验借鉴》，载《人民论坛·学术前沿》2017年第2期，第18—28页。

④ 侯斌、慈勤英：《社会救助对受助者获得感的影响——基于"完善社会救助制度研究"调查数据的分析》，载《调研世界》2019年第7期，第23—28页。

⑤ 徐延辉、刘彦：《社会分层视角下的城市居民获得感研究》，载《社会科学辑刊》2021年第2期，第88—97、2页。

⑥ 卜禾、吴桐、王晔安：《提升残疾人获得感的多阶段小组：一项随机对照试验》，载《社会工作》2021年第3期，第25—39、107—108页。

李燕对"互联网＋政务服务"获得感的研究提出了相应的提升策略，即不断提高"互联网＋政务服务"平台的系统质量和服务质量，降低人们使用在线政务服务的成本，努力满足公众对"互联网＋政务服务"的更高需求等。①

七、获得感研究文献述评及未来方向

综上可知，获得感研究是中国特色社会主义发展的现实需要，也是社会科学研究的重要部分。获得感研究文献数量呈现大幅度增加的趋势，如此看来，获得感仍然是未来的重要研究议题和关键内容。现有文献为我们深入了解获得感的定义、内涵、特征等提供了重要参考。从研究范式来看，众多学者通过理论分析等对获得感内涵、问题、路径等进行了深入分析。不少学者也通过实证研究的方法，从多个角度对获得感的影响因素进行了多维度研究。然而，也可以看到，目前关于流动人口获得感的相关研究仍然寥寥无几。尽管有学者对流动人口获得感议题进行了初步的分析，但其数据相对滞后。同时，关于获得感影响机制的研究尚缺乏相关的理论框架和系统的实证研究。基于此，本书立足于新时代中国特色社会主义和快速城镇化的现实需要，基于可行能力理论，建构流动人口获得感影响机制的可行能力理论框架，并对城市流动人口获得感的测量体系、主要特征、影响机制等内容进行深入分析，以期为相关部门制定政策、促进城镇化发展和质量提升提供参考。

第三节　研究目标及主要内容

一、研究的主要目标

本研究的对象是流动人口的获得感，包括测量指标、主要特征及影响机制等。本研究从经济获得感、社会获得感、政治获得感等多个维度来测量流动人口获得感，拓展测量维度和研究内容；从可行能力理论视角来建构流动人口获得感的影响机制的理论框架和实证模型，并运用可行能力理论对其进行理论解析。

---

① 李燕：《"互联网＋政务服务"公民获得感：理论内涵与测量维度》，载《探索》2021年第4期，第133—145页。

二、研究的内容框架

研究框架遵循"问卷设计—特征分析—影响机制—对策建议"的结构安排。具体而言，研究的主要内容包括以下四部分（如图 1.2 所示）。

（一）《流动人口获得感调查问卷》设计

通过对国内外关于幸福感、相对剥夺感、获得感和可行能力理论的文献梳理和分析，并通过试调查进行修正，本研究将从经济获得感、社会获得感、政治获得感等多个维度选取指标来测度流动人口获得感。并且，基于可行能力理论，从人力资本、经济条件、社会融入、制度适应等多个维度设计获得感影响因素的测量指标体系，从而形成《流动人口获得感调查问卷》。

（二）流动人口获得感的主要特征分析

基于问卷调查数据，运用频数分析、交叉表分析、均值分析、卡方检验分析等相关方法，从经济获得感、社会获得感、政治获得感等多个维度，对城市流动人口获得感的总体特征进行分析。将流动人口分为"X 世代""Y 世代""Z 世代"，分析流动人口获得感的代际差异；并从性别、户籍、婚姻状况、受教育程度等各个方面来分析流动人口获得感的个体分化。同时，将上海市流动人口获得感的特征与长三角其他城市进行对比分析，从而全方位地揭示流动人口获得感的主要特征。

（三）流动人口获得感的影响机制研究

本书尝试从阿马蒂亚·森（Amartya Sen）的可行能力理论来建立流动人口获得感影响机制的理论分析框架，并以理论框架为基础建立实证分析模型。本书基于可行能力的理论框架，从人力资本、经济状况、社会融入、制度适应四个维度来测量流动人口可行能力；并基于问卷调查数据，运用有序多分类 logistic 回归模型等分析方法，建立城市流动人口获得感影响因素的实证分析模型，以探索流动人口获得感的影响机制；并从可行能力理论的视角来对其进行理论解析，分别分析经济获得感、社会获得感、政治获得感的影响机制及其主要差异。同时，分析上海市流动人口获得感影响机制与长三角其他城市流动人口获得感影响机制的异同，从而全面地呈现流动人口获得感的影响机制。

（四）提升流动人口获得感的对策建议

结合上述研究结论，对已有关于提升获得感、幸福感等对策的相关文献进行归纳和分类，并充分考虑目前我国经济社会发展处于新常态和城镇化快速发展阶段的新时代实际国情，提出进一步提升流动人口获得感的对策建议，以期为相关部门制定政策提供参考。

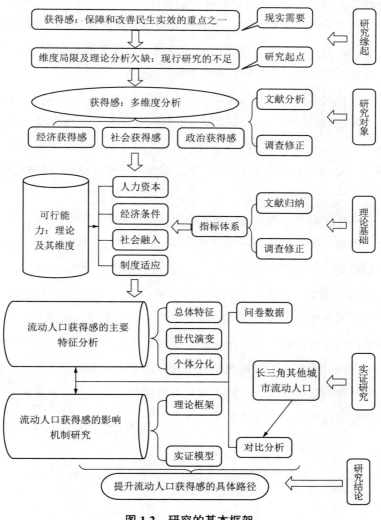

图 1.2　研究的基本框架

三、研究方法及技术路线

本研究主要以定量研究为主，主要方法包括以下三种：

一是文献分析法，通过对获得感相关文献的梳理和归纳，笔者发现关于流动人口获得感的相关研究较少，因而在此基础上提出本研究分析框架。通过对国内外幸福感、获得感相关文献进行分析，从经济获得感、社会获得感、政治获得感三个维度选取相关指标来测量流动人口获得感。通过对可行能力理论及相关研究、获得感、流动人口和农民工获得感等相关研究的文献梳理、归纳、总结、分析，提出流动人口获得感影响因素分析的理论框架，为问卷调查以及后续的定量研究提供理论支持。

二是问卷调查法，根据文献分析的相关结果设计《流动人口获得感调查问卷》，并进行试调查修正，在上海市开展问卷调查，并根据实际情况和研究条件，在长三角其他城市开展一些流动人口问卷调查，以便进行流动人口获得感特征及其影响机制的区域对比分析，为实证研究提供数据和资料支持。

三是定量研究法，采用 SPSS 等统计分析软件进行数据录入、处理、分析，运用均值分析、频数分析、交叉表分析、卡方检验等统计分析方法，对流动人口获得感的主要特征进行分析。运用有序多分类 logistic 回归模型等分析方法尝试建立流动人口获得感影响因素实证分析模型。从人口学特征、人力资本、经济条件、社会融入、制度适应等几个维度对流动人口获得感的影响因素进行实证分析和理论解析，全面揭示影响和制约流动人口获得感进一步提升的相关因素，并呈现流动人口获得感影响因素的总体特征、世代差异、个体分化的具体状况，以期为有针对性地制定提升新生代流动人口获得感的对策建议提供理论支持和实践支持。

第二章　城市流动人口获得感影响机制的可行能力框架

本章立足可行能力理论视角，在归纳、总结、分析可行能力理论的主要内涵与测量维度等各个方面内容的基础上，尝试建立可行能力对城市流动人口获得感影响机制的理论框架，搭建分析框架，提出研究假设，为后续的实证研究铺垫理论基础。

第一节　可行能力理论的主要内容及其应用

本节通过对可行能力理论的内涵、特征、研究路径与不足等进行归纳、总结与分析，为后续城市流动人口获得感影响机制的可行能力理论框架的提出铺垫重要的理论与经验基础。

一、可行能力理论的内涵及研究路径

（一）可行能力理论的内涵及适用

"可行能力"（capability）是由阿马蒂亚·森最早提出的，其代表作《以自由看待发展》将"可行能力"界定为此人有可能实现的、各种可能的功能性活动组合，是"一个人所拥有的享受自己有理由珍视的那种生活的实质自由"。① 其中"功能性活动"是指人类发展所需要的基本功能（即物质需求：营养良好、获得健康、减少疾病等）和复杂功能（即精神需求：尊严、尊重和社交等）。

---

① ［印］阿马蒂亚·森：《以自由看待发展》，任赜、于真译，北京：中国人民大学出版社 2002 年版，第 62 页。

这种对于功能性活动的"可能性"和"实质自由"的追求，是区别于传统福利经济学和功利交换理论的最大特点。这种视角将人类发展目标从追求物质和效率层面拓展至实现能力、精神追求与选择自由层面，让研究者在分析不同个体、不同群体、不同社会背景、不同文化差异、不同社会制度时，更能实事求是、得心应手，具有强大的可操作性。

同时，可行能力视角区别于新古典经济学和发展经济学的另外一个优势是具有强烈的主观能动性。新古典经济学和发展经济学总是将人们的需求作为研究对象，却忽视了人是有追求自由的权利和选择的能力的。可行能力视角则抓住了这一点，将每个人作为具有主观能动性的个体，个体在追求基本需求之外，更想通过自身能力和选择去追求满意的生活。①

正是可行能力视角这种强大优势，包括阿马蒂亚·森在内的很多经济学家、人类学家和社会学家，将其应用到贫困、人类发展、人口流动和福利获得的分析之中，最终形成了可行能力理论（capability approach theory）。

可行能力理论认为，传统经济学研究方法侧重于从物质的经济角度和效率角度分析人类发展过程，忽视个体或者社会的差异，这样就造成个体差异无法凸显，不同人群在发展中的选择性单一（主要出于经济方面的考量），缺乏自由和差异化。可行能力理论则克服了传统经济学研究方法的不足，将不同人群、不同发展过程的可行能力作为衡量人类福利与追求的主要内容。具体表现为：（1）人类的选择具有多样性，这种多样性来源于人类的需求，需求不同则选择不同。而选择的考量因素也并不单纯是效用最大化，因为在人类选择过程中，容易受到个体主观感受差异、获得信息不充分、面临机会不充足等诸多限制；（2）正是人类选择的差异化，造成人与人之间的福利差异，而这种差异又通过个体之间、社会环境之间的差异直接影响人类的功能（即前文所述的基本功能和复杂功能）；（3）选择自由度对人类功能和福利的差异性有重大和直接的影响。②

---

① A. Sen, *Resources Values and Development*, Oxford: Basil Blackwell, 513—514.

② A. Sen, *Inequality Reexamined*, Oxford: Oxford University Press, 1992: 51.

除了可行能力理论自身的优势外，传统主流经济学说的理论分析与现实结果的强烈反差，也促使广大学者更愿意选择可行能力理论。

比如，亚当·斯密曾经得出结论："不是在社会达到绝顶富裕的时候，而是在社会处于进步状态并日益富裕的时候，贫穷劳动者即大多数人民似乎最幸福、最安乐。"① 按照他的断言，作为本书的研究对象，流动人口。当其周边环境正处于经济上升和变化最大的状态时，才是"最幸福、最安乐"的。但是根据我们的直观感受和实际研究经验，却发现这些流动人口往往会困扰于住房、教育、医疗、养老、社会保障、经济和社会融入、文化活动、生态环境等诸多问题，这不能不作为主流经济学说脱离现实生活的一种佐证和说明。

借助可行能力理论这种优势，国内学者在多个领域产生了很多创新研究成果。如周文文深入分析可行能力视角如何实现真正的平等、善和自由②；李正彪用可行能力理论研究我国反贫困和扶贫政策③；陆彬将发展作为研究目标，探讨可行能力视角如何统一政治、经济和社会发展逻辑④；马永华利用可行能力理论研究我国农民工可行能力状态及如何影响城市融入的问题等⑤。

国内外学者都通过自己的研究探索明确了可行能力理论的内涵和适用领域，那么，我们在运用这一理论之前，首先要明确的可行能力理论的主要特征及同其他传统理论的区别和联系，这样才能更好地框定理论的研究边界，为实践研究开展提供理论支撑。

（二）可行能力理论的特征

在分析可行能力理论的特征时，王艳萍认为可行能力理论具有两个特

---

① ［英］亚当·斯密：《国民财富的性质和原因的研究》，王亚南译，北京：商务印书馆1972年版，第74页。
② 周文文：《新的平等：阿马蒂亚·森的"可行能力平等"》，载《理论界》2005年第1期，第87—88页。
③ 李正彪：《简论阿马蒂亚·森理论对中国反贫困的启示》，载《中国青年政治学院学报》2003年第1期，第140—143页。
④ 陆彬：《论可行能力视野中的发展——阿马蒂亚森的发展思想探析》，载《云南行政学院学报》2006年第5期，第12—15页。
⑤ 马永华：《森的可行能力理论及其农民问题》，载《常州大学学报（社会科学版）》2011年第2期，第25—28页。

征：一是将"以人为本"作为人类发展研究的宗旨。可行能力理论充分考虑了人类发展所需要的功能性活动和选择自由性，将人类自己作为发展的中心和最终目的，一切发展成果都是为人类服务。二是将"能力扩展"和"选择自由"作为人类发展的衡量标准。人类发展的本质是"生活"而不是"物品"，经济学家研究人类发展的核心应该是人类的"行为或者能力"，而不是人类"消费的商品"。① 因此我们在研究相关社会问题时，要围绕人群的基本功能、复杂功能和选择自由程度，而不是单纯以经济发展数据去研究人类本身。

马永华认为可行能力理论特征有二：一是关注人的差异性，即关注个人差异、环境差异、社会环境差异、社会氛围差异、家庭分配差异等内容。二是重视人的选择和实现自由度。这是指抛弃传统福利经济学中"唯利是图"的发展观，转而重视为关注人的可行能力和实现的自由程度的发展观。②

文长春则从我国改革发展过程面临的困境出发，总结出可行能力理论的三个重要特点，以此证明可行能力理论与我国发展出路的契合关系。这三个特点是：以人的可行能力拓展指导发展；以人的实质自由看待发展；以人的能力平等看待正义。③ 可行能力及其理论的这三个特点相辅相成、互成递进，既是理论特点，也是研究路径。

胡怀国在比较分析新古典主义的时候，将可行能力理论归纳为三个特征：（1）研究重心的转移。包括新古典主义在内的经济学研究理论，都是将研究重心聚焦在经济增长方面，认为经济增长、人均收入提高与人们生活质量的改善、社会问题的解决有着直接的正相关关系。而阿马蒂亚·森的可行能力理论则打破了这种单一性，认为经济增长只是改善人们生活质量的因

① 王艳萍：《阿马蒂亚·森的"能力方法"在发展经济学中的应用》，载《经济理论与经济管理》2006年第4期，第27—32页。
② 马永华：《森的可行能力理论及其农民问题》，载《常州大学学报（社会科学版）》2011年第2期，第25—28页。
③ 文长春：《基于能力平等的分配正义观——阿马蒂亚·森的正义观》，载《学术交流》2011年第6期，第1—4页。

素之一，如果将研究重心过度集中于此，那么会本末倒置，难以获得对人们主体性地位的认识，故而主张将研究重心转移到生活本身。（2）对中间环节的重视。新古典经济学在考察商品或服务对人们生活质量的影响时，一般遵循"效用—商品—福利"和功利主义的思路。而政治哲学中的自由至上主义更为强调过程，认为某些原则（如自由、平等）和权利（如自由权、财产权等）在社会经济生活中具有绝对优先的地位，不论它们能够产生什么样的实际后果，一个良好的社会都必须无条件地予以尊重和优先考虑。而阿马蒂亚·森的可行能力理论不仅关注后果，同时也对过程给予适度的考虑。它直接关注同人们生活直接相关的"能力"和"功能"。各种物品（商品和服务）只是实现"能力"和"功能"的手段之一；并且，物品要经过漫漫征程才能达到目标终点，其间的每个中间环节都可能对手段（物品）和目的（能力和功能）之间的转化效率产生决定性影响。这些中间环节（权利、环境、社会或政治等）在能力方法中具有比"物品"更为重要的角色和作用。① 因此，应该重点考量这些中间环节作为中间影响因素，构造出基于功能和能力的评价生活标准的方法，即对提高生活质量的主客观方法与实现这一目的之间的转化机制和转化效率进行研究的方法。（3）更为开阔的视野。新古典主义将研究视野、测量指标、影响因素集中于与人们生活质量具有直接关系的物质条件，而可行能力理论则扩展了视野，将物质条件以外的人们的能力、实现的功能等主客观条件均纳入研究视野，大大丰富了测量指标、影响因素等中间变量，同时其分析结果和提出的政策建议也更加贴合实际，符合人们的需求。②

　　当明确了可行能力理论的特征及其与传统福利经济学、新古典主义等理论之间的联系与区别之后，那么可行能力理论框架之下理论研究路径则更为明显地展现在我们面前。

---

① A. Sen, *The Standard of Living*, Cambridge: Cambridge University Press, 1985: 15.
② 胡怀国：《从新古典主义到阿马蒂亚·森的能力方法》，载《经济学动态》2010年第10期，第112—119页。

（三）可行能力理论的研究路径

可行能力理论的研究思路是将物品（商品、经济等）作为出发点，将直接反映人们生活质量状况的能力和功能作为根本目的，通过分析和控制中间变量（物质特性、所处环境、自身权利），来找出物品、中间环节、能力和功能的互动逻辑和发展路径，进而判断不同发展阶段和环境下，人们的生活质量和自由状态。

阿马蒂亚·森在阐述其可行能力理论过程中，曾将人们的生存、身体健康程度、接受教育水平、主观快乐、经济收入、安全环境、选择自由、固定与移居、自尊与受尊重、社会交往等内容作为研究的分析变量，阐述了这些变量是如何影响人们可行能力的获得。此后，克拉森在研究南非家庭可行能力时，选取了就业、居住、教育、经济条件、人际交往、宗教、健康、食物、衣物、精神生活、安全状况等功能性活动作为研究视角。[1] 努斯鲍姆则选取了生命、身体健康、身体和心理完整、独立思考能力、丰富的感情、规划能力、社会交往、良好的环境、娱乐活动、生活控制力等十种可行能力作为研究的视角和分析路径。[2] 国外学者的早期研究的变量和视角，为国内学者选择适合我国国情的研究路径和分析维度提供了重要的经验参考和范式借鉴。

胡怀国在选择研究路径时更为形象和直接，他通过"食品与营养"的具体例子，将新古典经济学的物品、效用、福利三元分析逻辑与可行能力的物品、物质特性、权利、能力、功能、环境、社会、政治、个人特性等多元分析逻辑进行直观比较，认为新古典经济学的分析逻辑偏向于函数计算或者结果的简单叠加，通过对个人效用的进一步加总和比较（通过各种社会福利函数），对社会发展和人们的福利状况及相关的政策措施做出判断。可行能力方法则是通过将与人们发展直接相关的能力和功能作为直接研究目的，其他

---

[1]   S. Klasen, "Measuring Poverty and Deprivation South Africa", *Review of Income and Wealth*, 2000, 46(1): 33—58.

[2]   M.C. Nussbaum, "Capabilities as Fundamental Entitlement: Sen and Social Justice", *Feminist Economics*, 2003, 9(2): 33—59.

新古典经济学所关心的各种物品（商品、经济等）只是实现能力和功能的手段之一。而这个实现过程也是非常漫长的，且受到各类中间变量的影响。通过这种包含各类主客观因素的多元化分析路径，可以判断转化效率、人们的生活质量和主观感受。①

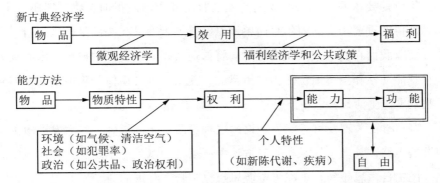

资料来源：胡怀国：《从新古典主义到阿马蒂亚·森的能力方法》，载《经济学动态》2010年第10期，第112—119页。

图 2.1　新古典经济学与可行能力理论研究路径

张人则和于含英则通过分析阿马蒂亚·森和他的代表作《以自由看待发展》，从更高层面向我们展示可行能力理论的理论框架。他们认为该书的主题是"发展"，可行能力理论框架也必然围绕"发展"这一主题展开。在可行能力理论框架中，发展与自由是互为因果、相辅相成的，发展的目的是自由，发展的实现靠自由。这里的"自由"是"实质的自由"，是具有"建构性"和"工具性"的自由。那么如何通过自由实现发展呢？就需要重点对政治自由、经济条件、社会机会、透明性担保和防护性保障这五类最主要的自由进行研究，以此得出自由与发展在不同制度、文化环境下的不同运行逻辑。②

众多学者通过总结阿马蒂亚·森及可行能力理论中自由与发展的这种互

---

① 胡怀国：《从新古典主义到阿马蒂亚·森的能力方法》，载《经济学动态》2010年第10期，第112—119页。

② 张人则、于含英：《发展就是扩展自由——阿马蒂亚·森和他的〈以自由看待发展〉》，载《经济理论与经济管理》2002年第8期，第12—17页。

为因果、相辅相成的关系，将这一理论的核心观点定义为：自由的发展观。因此，如果选用可行能力理论作为研究的理论框架和主要方法，那么我们必须着重对自由与发展进行研究和探索。

邓卫文认为，从评价性和实效性两个方面可以理解自由对于发展的重要性：评价性要求我们在研究人们的发展状况和生活质量时，将"实质自由"作为评价的重要指标，而不是简单地以经济或者商品状态的函数来评价。实效性要求我们在提出政策和措施时，将如何实现人们真正的自由，即确立人们主观能动性和主体地位作为政策目的，使人作为"个体"积极主动参与到自我发展与生活改善之中。①

阿马蒂亚·森及可行能力理论的这种思路，无疑扩展了广大发展中国家的发展思路，其理论体系和研究方法中所蕴含的以人为本思想、主体地位思想、民主自由思想和合理配置资源思想也契合了我国的科学发展观与习近平新时代中国特色社会主义思想，为我们解决当下中国城市化和流动人口问题提供了新的思路和研究路径。

（四）可行能力理论的缺陷与质疑

一种理论不可能是完美无缺和适用于所有领域的，可行能力理论也存在一定的缺陷和质疑。

马永华认为，可行能力理论存在四个方面的问题：（1）哲学基础薄弱。阿马蒂亚·森在解释可行能力理论的来源时，将亚里士多德关于人的活动与功能完善作为哲学基础，肯定了人的思想驱动性和活动的重要性。但是经过比较，可行能力理论并未充分展示这一哲学思想，反而通过"功能性活动"淡化了人们思想的驱动性，抹杀了人的特性，使这一理论落入"拜物教"的窠臼。同时，这一理论又通过强调人们生活的"可行能力"，过分强化了人类个体活动，造成了很多不必要的分析，影响了理论的宏观性、普适性。

（2）可行能力清单的模糊与不完备。可行能力理论具有包容性强、适用

---

① 邓卫文：《可行能力视角中的自由与自由视角下的发展——阿马蒂亚·森的自由发展观及其启示》，载《行政与法》2014 年第 4 期，第 65—68 页。

范围广的重要特点，但这也导致其可行能力清单的模糊与不完备。可行能力分析中，不同的功能性活动对应不同的认识论目的和方法论，甚至不同学者对同一研究目的也会列出不同的可行能力清单，这样就会在理论研究规范化方面出现偏差。

（3）可行能力与主观主义效用标准关系模糊。经济（商品）和效用作为主观主义和主流经济学理论的研究内容，是可行能力理论批评的主要对象。但是可行能力理论在批评的同时，却摆脱不了人这个个体的主观偏好，尤其在分析经济（商品）作为实现功能性活动的手段中，到底发挥多少作用时，偏向于将人们的个体感受和主观描述作为衡量标准，造成了理论主观主义的局限性。

（4）走向个人主义的嫌疑。可行能力理论将人的主观能动性和主体性作为理论的特点，有其科学性和发展性。但是，人作为一个个体，除了受自己的思想驱动以外，还要受到其所处社会的广泛限制，甚至作为个体的思想往往也是一种社会化的产品。因此，可行能力理论只看到了个人如何影响社会，却忽视了人作为社会成员的一部分，如何与社会进行互动的内容。①

二、可行能力测量及其相关实证研究

可行能力理论虽然有一些显著的缺点，但是其理论涵盖了经济发展、人口福利、社会问题等领域②，其范围广度、解释深度和以人为本思想为实证研究提供了先进的解释框架。

马丁内特在对意大利部分人群福利状态进行统计分析时，选择了五种功能性活动作为可行能力研究视角和分析角度，将统计函数与赋权方式与可行能力理论相结合，最后证明了可行能力对人群福利状态影响显著，这种结果与传统研究方法相比，改变了以往单纯以获得物质资源为衡量指标的做法，

---

① 马永华：《论阿马蒂亚·森的可行能力理论及其现实意义》，载《南京航空航天大学学报（社会科学版）》2011 年第 3 期，第 58—63 页。

② M.L. Di Tommaso, "Children Capabilities: A Structural Equation Model for India", *Journal of Socio-Economics*, 2007(3): 436—450.

加入了衡量人群自由度和可行能力的主观因素，更真实地反映了意大利的人群福利状态。①

同马丁内特类似，巴莱斯特里诺与希克洛内和莱利也以可行能力理论为视域，分别选择了意大利和比利时的不同居民功能性活动和福利状态进行实证研究，在确定了具有相关性的可行能力清单后，他们进行了因子分析与数据比较，并以自己的方法确定了不同国家和地区居民的可行能力状态与福利关系。②

李超吉、王冰和张宇在可行能力理论框架下，以世界价值观调查的中国部分数据为基础，以描述性统计分析和回归分析为研究方法，将健康状态、闲暇、收入、经济满意、信任、教育、自由等七种可行能力作为研究变量，发现可行能力的获得情况与中国国民的获得感、幸福感指数具有显著的正相关关系。③这种实证研究充分体现了这一理论框架的可操作性和理论预设的先导性，为我们利用可行能力理论提供了有力的参考。

陈浩、葛亚赛则从可行能力视角出发，以苏南地区 482 户失地农民调查样本为研究内容，实证研究了失地农民在失地前后的可行能力变化与市民化的进程，并通过综合分析，构建了一种对失地农民市民化的可行能力测量指标体系和影响因素 SEM 模型，以数据分析的方法支持可行能力的实证化研究。④这种将可行能力理论与数据模型相结合的形式，既体现了可行能力理论定性与定量相结合的优点，也体现了理论框架与实践相结合的研究趋势。

---

① E. C. A. Martinet, "Multidimensional Assessment of Well-being based on Sen's Functioning Approach", *Rivista Internazionale di Scienze Sociali*, 2000(2): 207—239.

② A. Balestrino & N. Sciclone, "Should We Use Functionings Instead of Income to Measure Wellbeing? Theory and Some Evidence from Italy", *Rivista Internazionale di Scienze Sociale*, 2001(3): 3—22; S. Lelli, "Factor Analysis vs. Fuzzy Sets Theory: Assessing the Influence of Different Techniques on Sen's Functioning Approach", https://core.ac.uk/download/pdf/7087826.pdf, 2001.

③ 李超吉、王冰、张宇：《基于 WVS 的中国国民可行能力实证研究》，载《自然辩证法研究》2012 年第 2 期，第 120—125 页。

④ 陈浩、葛亚赛：《基于可行能力的失地农民市民化测度及其影响因素研究》，载《华中农业大学学报（社会科学版）》2016 年第 6 期，第 17—25、142—143 页。

　　叶静怡和王琼用可行能力理论，对进城务工人员福利水平进行的指标化测量和探索也是一个很好的范例。他们基于北京市进城务工人员福利水平调查数据，纵向分析了 2008 年和 2012 年不同时期的综合福利指数状况，认为随着社会保障体系、心理接受程度、社会资本掌握程度等方面的功能性活动条件逐渐完善成熟，进城务工人员的福利水平指数逐渐提高，可行能力也跟着逐渐扩展。①

　　杨帆和章晓懿将可行能力理论与我国精准扶贫政策进行比较、分析和综合，认为二者之间在理论特征和政策目标方面具有"耦合性"。同时，他们选取了我国和拉美地区贫困人口和扶贫政策等数据进行比较分析，认为我国在实施精准扶贫政策时，可以用可行能力理论作为指导，精确制定贫困人口识别特征、脱贫标准、长效机制等政策，以此全面提升我国精准扶贫效果和水平，是一次理论与国家宏观政策相互结合的良好示范。②

　　可行能力理论在研究流动人口流动前后物质和精神状态方面也展示了其理论特长。

　　郭利华和王飞将可行能力理论作为理论框架，选取居住情况、就业与经济发展、人际关系与社会交往、文化融合与变迁、社会福利保障、转换性因素六个方面作为功能性活动合集和测量指标，收集分析了牧区移民在生态移民前后的可行能力状况，最后认为以上六个方面是提升牧区移民福利状况的关键途径，也是提高牧区移民获得感、满足感的重要途径，因此在制定精准扶贫和生态移民政策时，应该重点考虑。③

　　郭郡郡等也利用可行能力作为分析框架，通过模糊数学法对流动人口收入状况、政治参与、社会福利、社会融入和居住环境五个方面的功能性活动

---

① 叶静怡、王琼：《进城务工人员福利水平的一个评价——基于 Sen 的可行能力理论》，载《经济学（季刊）》2014 年第 4 期，第 1323—1344 页。

② 杨帆、章晓懿：《可行能力方法视阈下的精准扶贫：国际实践及对本土政策的启示》，载《上海交通大学学报（哲学社会科学版）》2016 年第 6 期，第 23—30 页。

③ 郭利华、王飞：《可行能力视阈下牧区生态移民福利变化评价——以内蒙古、青海为例》，载《黑龙江民族丛刊》2017 年第 2 期，第 44—51 页。

指标进行实证分析，以量化形式确定流动人口的居留城市意愿，最后发现可行能力指标水平与流动人口城市居留意愿呈现明显相关关系。[1]

何家军、陈颢若和张峻豪以可行能力理论为视角，选取了三峡库区移民2015年和2019年的监测数据，将移民的家庭条件、收入水平、社区环境、社区服务、主观感受等方面作为功能性活动指标，以模糊评价法进行实证测量，最后得出除收入水平产生显著影响外，其他功能性活动同样关系到库区移民的幸福指数，因此政府在制定库区移民政策时，要将移民教育、技能培训力度、社区参与水平等内容考虑进去。[2]

当然，也有些实证研究在运用可行能力理论时，还存在一些缺点和不足。比如有的研究虽然运用了阿马蒂亚·森的可行能力理论作为评价体系，但仅对研究涉及的功能性活动进行简单罗列和描述，缺乏足够的实证数据支撑，与实证研究结合不紧密，存在理论与实践脱节的问题；有的研究虽然获取了大量的数据基础，却忽略了可行能力理论中功能性活动的类型确认和边界限定，造成指标确定不充分，指标概念模糊不定；还有的研究中，可行能力理论范式与理论构建的现状不相匹配，造成理论认识不透、研究深度不够的问题。

第二节　流动人口获得感影响机制的假设及框架

基于可行能力的理论基础和研究框架，叶战备在研究农民进城问题时，认为农民进城经商务工是他们为获得"有理由珍视的那种生活"的功能性活动的一种，是他们可行能力的一个体现。[3] 作为本书的研究对象，流动人口

---

[1]　郭郡郡、刘玉萍：《可行能力对流动人口城市居留意愿的影响》，载《城市问题》2019年第11期，第95—103页。

[2]　何家军、陈颢若、张峻豪：《可行能力视角下三峡库区农村移民的福利变化研究》，载《湖北科技学院学报》2021年第2期，第12—78页。

[3]　叶战备：《可行能力视阈中的中国农民工问题研究》，载《学习与探索》2009年第1期，第74—77页。

获得感也是可行能力的体现与功能性活动的目的，因此本书选择了可行能力理论作为研究视域。

阿马蒂亚·森曾提出了五种工具性自由来分析和解释人们的发展状态与获得感，这五种工具性自由是：政治自由、经济条件、社会机会、透明性保证和防护性保障。① 但是，如何在不同的研究对象和目的中衡量和测量可行能力？如何确定可行能力机制与流动人口获得感之间的关系？到目前为止并没有统一的答案。当然，阿马蒂亚·森提出的这五种工具性自由并不是一个包含所有的清单，我们还是应该在可行能力理论框架下，根据不同研究对象和样本情况，提出新的切合实际的影响因素分类框架。

一、人力资本的直接影响假设

可行能力理论强调，人力资本是个体能力的重要方面，对其职业发展、收入获得、社会地位等多个方面具有重要的影响。同时，人力资本是城市运行和企业发展的第一资源。亚当·斯密是首位将人力视为资本的经济学家，他提出劳动技艺和劳动力本身能够直接影响经济利益。之后美国经济学家舒尔茨又提出"人力资本投资"概念，贝克尔也从微观经济学视角对"人力资本"概念和内涵进行了解释，他提出人力资本与个体未来发展和收入提高有着直接关系，并将知识、技能、才干、时间、健康和寿命列入了人力资本范畴。② 作为以人力为重要资本的流动人口，通过进城务工从商，逐渐开始了自身的城市化之路，同时也推动城市实现快速发展。

人力资本作为可行能力的重要方面，不仅对个体就业等具有重要影响，也对个体幸福感等主观感受具有重要的现实意义。一项准实验研究针对样本家庭两代人提供了一项人力资本提升计划，该计划为父母提供教育和劳动力培训，同时，也为子女提供教育。研究结果显示，该计划使得父母的就业率高于对照组群体。而且，该计划的父母也体验到了心理上的好处

① A. Sen, *Development as Freedom*, Oxford: Oxford University Press, 1999.

② G. S. Becker, *Human Capital: A Theoretical and Empirical Analysis, with Special Reference to Education*, Chicago: University of Chicago Press, 1964, 1993 (3rd ed).

(psychological benefits)，与对照组相比，他们报告了更高水平的自我效能感（self-efficacy）和乐观情绪（optimism），以及更强的职业认同感（career identity）。值得注意的是，即使这些父母兼顾了学校、家庭和就业的需求，但与对照组相比，他们没有报告更高的物质困难或压力水平。[①] 人力资本系统由经济进步、健康和预期寿命的几个强化反馈回路控制，这使人力资本在增进福祉方面发挥了核心作用。[②] 栾文敬等人通过对国内外流动人口融入状态和心理感受的综合分析，认为人力资本是影响流动人口迁移的重要因素，也是影响流动人口心理感受的主要指标，当劳动者通过提高自身的知识、技能、健康水平、教育培训水平而获得劳动力市场的主动性时，他们的幸福感和生活状态会有很大程度提高。[③]

陈卫等人以北京市流动人口为样本，通过研究人力资本中教育、健康、培训和流迁四个方面的发展程度，得出人力资本的提升对流动人口收入具有积极作用的结论。[④] 徐捷和楚国清根据北京市流动人口的生存状况与未来预期项目数据，分析得出新生代农民工在融入北京市的过程中，受到各类主客观条件的阻碍，其中生活状况、就业状况、找工作容易程度、收入状况、文化程度、职业培训或职业证书等人力资本因素对提高新生代农民工的融入意愿和获得感、幸福感等主观感受具有十分重要的作用。[⑤] 这些微观层面的实证研究，对于我们借助可行能力理论思考人力资本对流动人口获得感的影响具有借鉴作用。

---

① P. L. Chase-Lansdale et al., "Effects of A Two-generation Human Capital Program on Low-Income Parents' Education, Employment, And Psychological Wellbeing", *Journal of Family Psychology*, 2019, 33(4): 433—443.

② E. Sibel & L. Ilmola-Sheppard, "Systems Thinking to Understand National Well-Being from a Human Capital Perspective", *Sustainability*, 2020, 12(5): 1931.

③ 栾文敬、路红红、童玉林等：《社会资本、人力资本与新生代农民工社会融入的研究综述》，载《江西农业大学学报（社会科学版）》2012 年第 2 期，第 48—54 页。

④ 陈卫、郭琳、车士义：《人力资本对流动人口就业收入的影响——北京微观数据的考察》，载《学海》2010 年第 1 期，第 112—117 页。

⑤ 徐捷、楚国清：《北京市新生代农民工城市融入意愿研究》，载《北京青年政治学院学报》2013 年第 3 期，第 44—52 页。

　　袁方和史清华认为，人力资本等方面的可行能力不仅会影响企业发展和社会的和谐稳定，同时也会直接影响农民工的全面发展。于是他们从适应程度、带薪假期、工作稳定、拖欠工资和福利待遇等方面对作为人力资源的农民工满意度进行调查和研究，最后得出结论：作为功能性集合的人力资本，会直接影响流动人口的主观福祉。①

　　因此，从理论和经验研究上来看，人力资本对流动人口获得感具有显著的影响，由此，提出人力资本的直接影响假设。

　　假设1：人力资本对流动人口获得感具有显著影响。

二、经济条件的直接影响假设

　　经济条件作为一种物质基础，直接影响和作用于人们的主观感受，是可行能力的重要方面。英格尔哈特等学者通过研究认为，经济发展、政治民主和社会宽容是提高人的幸福感的主要因素，其中经济的发展提高了人们的收入和物质生活，为主观幸福感、获得感的提高奠定了物质基础，人建立在经济发展之上的幸福是最稳固的幸福。② 德尼·古莱则从发展伦理学角度，论述了经济刺激作为实现幸福目标的主要操作手段，为改善人们生活、促进社会发展、提高人们的幸福指数和获得感提供了物质保障。③

　　在可行能力理论框架下，收入和经济状况并不能完全反映流动人口的生活状态和获得感，但是我们不能否认经济条件的基础性作用。经济状况及其不平等等因素对个体主观感受具有重要的影响。一项研究使用了省级基尼系数以及群体不平等或身份相关不平等（定义为无城市户口身份的移民与城市居民之间的收入差距）的双重指标来衡量收入不平等。省级收入不平等和群体间收入不

---

①　袁方、史清华：《不平等之再检验：可行能力和收入不平等与农民工福利》，载《管理世界》2013 年第 10 期，第 49—61 页。

②　R. Inglehart, R. For, C. Peterson & C. Welzel "Development, Freedomand Rising Happiness: A Global Perspective(1981—2007)", *Perspectiveon Psychological Science*, 2008, 3(4): 264—285.

③　［美］德尼·古莱：《发展伦理学》，高括、温平、李继红译，北京：社会科学文献出版社 1985 年版，第 43—62 页。

平等对主观幸福感都有负面影响。而且，与城市户口居民相比，非城市户口居民所遭受的收入不平等对主观幸福感的影响更大。[1] 同时，关于南非的研究显示，尽管近年来该国国民的幸福感和收入水平都呈现出增长趋势，但收入及幸福不平等的问题仍然较为严重。而收入决定了幸福水平以及个人和总体水平上的幸福不平等。在个人和总体层面上研究结果的相似性表明，在南非，似乎并不存在收入-幸福悖论。收入不平等对幸福水平产生显著负面影响，收入的绝对效应主导了南非国家及其居民的幸福和幸福不平等。[2]

布兰多利尼在研究欧洲不同国家国民福利时提出，收入的作用对于人们实现其所珍视的自由的功能性活动是关键的和不容忽视的。[3] 袁方和史清华在研究农民工福利之时，就将经济状况作为考察农民工福利的重要依据，认为经济状况显著影响着农民工的主观福祉。[4] 李超吉、王冰和张宇在可行能力理论指导下，选择健康状态、闲暇、收入、经济满意、信任、教育、自由七种有代表性的可行能力作为分析方向，重点研究了我国的全国公民价值观调查数据，最后得出结论：以上七种可行能力是影响我国公民幸福感的最重要因素，而经济满意是贡献最大的因素之一，也是基础因素之一。[5] 因此，从理论和经验研究上来看，经济条件对流动人口幸福感、获得感也具有显著的影响，由此，提出经济条件的直接影响假设。

假设 2：经济条件对流动人口获得感具有显著的影响。

---

[1] Z. Quanda & S.A. Churchill, "Income Inequality and Subjective Wellbeing: Panel Data Evidence from China", *China Economic Review*, 2020, 60(C): 1931—1955.

[2] Umakrishnan Kollamparambil, "Happiness, Happiness Inequality and Income Dynamics in South Africa", *Journal of Happiness Studies: An Interdisciplinary Forum on Subjective Well-Being*, 2020, 21(2): 201—222.

[3] A. Brandolini, "On Synthetic Indices of Multidi-mensional Well-being: Health and Income Inequalities in France, Germany, Italy and the United Kingdom", in R. Gotoh & P. Dumouchel(eds.), Against Injustice: The New Eonomics of Amartya Sen, Cambridge: Cambridge University Press, 2009.

[4] 袁方、史清华：《不平等之再检验：可行能力和收入不平等与农民工福利》，载《管理世界》2013 年第 10 期，第 49—61 页。

[5] 李超吉、王冰、张宇：《基于 WVS 的中国国民可行能力实证研究》，载《自然辩证法研究》2012 年第 2 期，第 120—125 页。

三、社会融入的直接影响假设

社会融入是指一种少数人或者群体在真正成为新的社会成员过程中，逐渐放弃原有文化和社会习惯，通过社会习得或者再社会化，掌握新的生活方式和文化习惯，并逐渐成为融入地的一部分。社会融入不是静态和一成不变的，而是发展的和动态的，社会融入的内容也不是单一的，而是包含经济融入、文化融入、心理融入、身份融入等多内容的融合。因此社会融入作为一种功能性活动集合，直接影响着流动人口的获得感，获得感越强，说明流动人口实质自由度越高。

那么，社会融入是流动人口功能性活动的集合和可行能力的重要方面，学者在研究流动人口市民化问题时，认为流动人口的迁移和融入是经济社会发展、城市化进程加快和产业结构调整的必然结果，将流动人口社会融入分为两个过程：一是流动人口迁出的过程，二是流动人口社会融入的过程。其中流动人口迁出过程已经基本实现，但是流动人口社会融入过程却受到主客观条件的制约，造成流动人口市民化问题突出。因此，不解决流动人口社会融入问题，流动人口幸福感、获得感就无从谈起。①

相关研究表明，社会融入确实对流动人口各个方面产生重要的现实影响。李培志将青年农民工的社会融入作为研究对象，认为青年农民工作为当前和未来流动人口市民化的主力，其社会融入程度直接决定了我国城镇化发展进程和社会的和谐稳定，具有十分重要的"战略意义和深远影响"。② 而魏峰在研究新生代农民工城市融入问题时，认为新生代农民工城市融入过程之所以面临着经济、社会、心理等多层面困境，最终原因在于各种可行能力的

---

① 蔡昉：《劳动力迁移的两个过程及其制度障碍》，载《社会学研究》2001年第4期，第44—51页。孙婧芳：《农民工离市民化有多远？基于 Sen 的行为能力理论》，载《劳动经济研究》2018年第5期，第99—120页。

② 李培志：《青年农民工融入城市社区的理论与实践思考》，《社科纵横》2012年第11期，第43—45页。

缺失或者被剥夺，造成的后果就是社会融入不彻底，甚至出现融不进去的问题。[①] 一项针对英国社区生活的调查实证研究（UK Community Life Survey）从与邻居互动的频率（frequency of interaction with one's neighbor）、对邻里和国家的归属感（perceived strength of belonging to one's immediate neighborhood and country）、在邻里的居住时间（length of residence in a neighborhood）以及对邻居的信任（trust in neighbors）等维度来测量社会融入。总体而言，社会融入与更高水平的主观幸福感相关。而具体来看，与邻居互动的频率增加与主观幸福感的增加相关。同样，受访者对其邻里（和国家）归属感的增加与主观幸福感的增加相关。居住时间的增加与主观幸福感的增加相关。[②] 而一项关于居住在巴伦西亚社区的 260 名拉丁美洲移民的研究显示，社会融入确实对移民主观幸福感具有显著的正向效应；更加重要的是，居住区社会混乱程度不仅影响社会融入，也会制约移民的主观幸福感。[③] 而一项对 6 089 名中国社区居民的研究也显示，自发型居民社区参与对其公共服务获得感具有正向影响，而参与效能感和政治信任在其中发挥了重要的调节作用。[④] 这在一定程度上说明，社会融入对流动人口幸福感、获得感也具有显著的影响，由此，提出社会融入的直接影响假设。

假设 3：社会融入对流动人口获得感具有显著的影响。

四、制度适应的直接影响假设

蔡昉认真考察了流动人口在融入城市过程中，因制度与自身预期和融入

---

① 魏峰：《可行能力视角下新生代农民工城市融入问题研究——以重庆市为例》，重庆大学公共管理学院 2016 年博士学位论文，第 31—39 页。

② S. Appau, S. Churchill & L. Farrell, "Social Integration and Subjective Wellbeing", *Applied Economics*, 2019, 51(16): 1748: 1761.

③ Herrero, J. Gracia, E. Fuente, A. & Lila, M., "Social Disorder, Social Integration, and Subjective Well-being among Latin-American Immigrants in Spain", *Anales de Psicología*, 2012, 28(2): 78—92.

④ 谢刚、苗红娜：《社区公共参与何以增促居民的公共服务获得感？》，载《公共行政评论》2023 年第 2 期，第 157—173、199—200 页。

意愿的强大落差而造成幸福感降低，以及融入意愿不强烈的问题。① 马用浩和由彦平考察了"用工荒"问题的原因和对策，认为正是由于对流动的农民工不平等的户籍制度、就业制度和社会保障制度，造成广大农民工获得感不强，经济和社会利益受损，不愿意流动和迁移，更不愿意参与城镇化建设。② 这说明流动人口在适应当前制度过程中，已经感受到制度的缺陷和不公平，而这种缺陷和不公平也限制了他们的功能性活动，进而削弱了流动人口的可行能力。

正是制度的制约引导和流动人口的适应性，决定了广大农民工融入城市的过程和方式的独特性，也决定了广大农民工与城市互动的不同方式。③ 黄锟从城乡二元制度及相关的子制度入手，着重分析研究了农民工在流动和融入城市过程中，受到的户籍制度、土地制度、就业制度和社会保障制度等的影响，这限制了农民工的流动和融入进程，更增加了农民工的流动成本。④ 上述这些决定与被决定的关系，使流动人口在流动方式、利益享受、心理感受等功能性活动方面均受到制度的约束，进而影响流动人口的自由度和获得感。

而叶战备对农民工问题的研究，认为传统经济学对农民工拥有的资源、收入和财富、机会等变量进行的分析，不能全面准确理解掌握农民工的生活状态和生活质量，于是选择用可行能力理论对农民工问题进行全面分析。他认为农民工在流动和融入城市的过程中，需要具备迁徙自由、政治参与能力、

---

① 蔡昉：《劳动力迁移的两个过程及其制度障碍》，载《社会学研究》2001 年第 4 期，第 44—51 页。

② 马用浩、由彦平：《社会转型视野中的"民工荒"现象》，载《求实》2005 年第 7 期，第 41—44 页。

③ 王汉生等：《"浙江村"：中国农民进入城市的一种独特方式》，载《社会学研究》1997 年第 1 期，第 56—67 页。周晓虹：《流动与城市体验对中国农民现代性的影响：北京"浙江村"与温州一个农村社区的考察》，载《社会学研究》1998 年第 5 期，第 58—71 页。周毅：《中国人口流动的现状和对策》，载《社会学研究》1998 年第 3 期，第 83—91 页。黄平、E. 克莱尔：《对农业的促进或冲击：中国农民外出务工的村级研究》，载《社会学研究》1998 年第 3 期，第 71—82 页。

④ 黄锟：《中国农民工市民化制度分析》，武汉大学 2009 年博士学位论文，第 14—208 页。

经济能力、维权能力和适应能力等可行能力，而影响农民工获得这些可行能力的因素分主观因素和客观因素。主观因素如人际交往、文化素质等因素，在农民工可行能力中影响能力有限。客观因素有制度、利益组织、信息活动等因素，是农民工可行能力的决定性因素。其中制度的影响占首位，它包含户籍制度、就业制度、政治参与制度和社保制度。[1] 基于 2019 年中国社会状况综合调查的实证研究表明，城乡居民基本养老保险能够显著提升参保者的经济获得感、政治获得感和社会获得感。[2] 同时，医疗、养老、住房等服务保障对低收入群体获得感均起着显著的促进作用。[3] 而基于 2017 年中国家庭金融调查（CHFS）数据，运用倾向得分匹配法（PSM）等方法的实证研究也显示，城乡居民基本医疗保险显著提升了灵活就业人员的获得感，且其影响呈现一定的城乡异质性。[4] 而且，一项基于无条件分位数回归方法的研究显示，养老金和社会福利待遇等对流动人口幸福感具有重要的影响。[5] 因此，根据学者们的理论研究和实践探索，制度设置和制度适应能力，对流动人口获得感具有直接甚至决定性影响，由此，提出制度适应的直接影响假设。

假设 4：制度适应对流动人口获得感具有显著的影响。

五、社会地位的直接影响假设

社会地位是影响居民幸福感和心理健康的因素之一。[6] 一项采用随机分

---

① 叶战备：《可行能力视阈中的中国农民工问题研究》，载《学习与探索》2009 年第 1 期，第 74—77 页。

② 贾洪波、周心怡：《城乡居民基本养老保险对参保者获得感的影响——基于 CSS2019 数据的准实验研究》，载《北京航空航天大学学报（社会科学版）》2023 年第 3 期，第 106—122 页。

③ 杨金龙：《我国低收入群体获得感的提升机制——基于社会质量视角的分析》，载《吉林大学社会科学学报》2023 年第 4 期，第 64—78、239 页。

④ 刘远风、徐小玉：《医疗保险提高灵活就业人员的获得感了吗？——基于 CHFS2017 数据》，载《湖南农业大学学报（社会科学版）》2022 年第 6 期，第 97—104 页。

⑤ Zheng Fang, Chris Sakellariou, "Social Insurance, Income and Subjective Well-Being of Rural Migrants in China—An Application of Unconditional Quantile Regression", *Journal of Happiness Studies*, 2016, 17(4): 1635—1657.

⑥ H. M. Haught, J. Rose, A. Geers & J.A. Brown, "Subjective Social Status and Well-Being: The Role of Referent Abstraction", *The Journal of Social Psychology*, 2015, 155(4): 356—369.

组试验方法的研究通过将参与者随机分配至低、中或高社会地位等组别，独立评估他们的主观幸福感，发现参与者社会地位越低，他们就越倾向于报告自己的基本心理需求得不到满足，其幸福感也越低；但这种影响在地位较高群体中没有出现。① 较低的社会地位，是流动人口面临诸多阻碍的结果，也是流动人口难以改变现状的原因。较低的社会地位使流动人口在就业与人力资本、经济发展、社会融入、制度适应等方面的可行能力减少，幸福感、获得感难以提高。流动人口在流入地就业之前，就受到社会地位较低这一因素的制约。有学者对流动人口在劳动力市场上就业机会的不平等展开研究，揭示了本地劳动力与外来流动劳动力社会地位上的悬殊，直接导致了工作类型、工资收入、职业发展方面的差异，这种差异被社会地位和制度固化之后，造成流动人口在进入城市工作之前，就面临着就业"门槛"和发展的"隐形天花板"，也就是可行能力降低和劳动力市场上的"不自由"。② 因此，根据学者们的理论研究和实践探索，提出社会地位的影响假设。

假设 5：社会地位对流动人口获得感具有显著的影响。

六、人力资本的间接影响假设

人力资本对流动人口收入和社会地位等方面也具有重要影响，进而影响流动人口的获得感。一些研究表明，人力资本确实是影响居民经济社会地位的重要因素。例如，一项关于印度尼西亚国家纵向调查"年轻女性队列"数据（National Longitudinal Surveys' Young Women Cohort）的研究显示，人力资本对女性经济地位具有重要影响；较高的受教育程度和较丰富的工作经

---

① B. Jackson, L. Richman, L. Smart, L. Onawa, S. Madeleine & J.M. Twenge, "Experimental Evidence That Low Social Status is Most Toxic to Well-being When Internalized", *Self and Identity: The Journal of the International Society for Self and Identity*, 2015, 14(2): 157—172.

② 王美艳：《城市劳动力市场上的就业机会与工资差异——外来劳动力就业与报酬研究》，载《中国社会科学》2005 年第 5 期，第 36—46 页。杨云彦、陈金永：《转型劳动力市场的分层与竞争——结合武汉的实证分析》，载《中国社会科学》2000 年第 5 期，第 28—38 页。R.M. Stolzenberg, "Occupations Labor Markets and the Process of Wage Attainment", *American Sociological Review*, 1975, 40(5): 645—665.

验显著增加了女性人均收入，有利于提高其经济地位。① 同时，白积洋从人力资本与社会资本角度，阐述了人力资本丰富程度与流动人口融合度之间的正相关关系，人力资本丰富程度越高，流动人口融合度也越高。同时他也认为，流动人口的社会地位、资源获取能力状况与流动人口融合度之间存在负相关关系，而流动人口社会地位与资源获取能力低下，会严重影响流动人口人力资本能力的发挥。② 栾文敬等人通过对国内外流动人口融入状态和心理感受研究的综合分析，在得出人力资本有显著影响的结论后，又对流动人口的社会地位间接影响作用进行了分析，他们认为流动人口在进入流入地时，为了弥补流出地与流入地之间的差距，最大限度地发挥人力资本优势，会带着原来自身已有的资源进入流入地。但是由于流动人口与本地居民之间社会地位和劳动力市场地位的悬殊，自身资源不足以弥补差距，不能完全发挥作用，影响了流动人口融入效率和质量，进而影响了流动人口获得感和幸福感的提升。③ 因此，根据学者们的理论研究和实践探索，提出人力资本对流动人口获得感的间接影响假设。

假设 6：人力资本通过社会地位间接影响流动人口获得感。

七、经济条件的间接影响假设

显而易见的是，家庭收入、职业层次和住房等是个体和家庭社会经济地位的核心标志。例如，一项基于 2015 年中国社会综合调查数据的实证研究显示，拥有住房的居民认为自身的社会地位高于没有住房的居民。④ 而

---

① Mauldin Teresa,Nancy M. & Rudd, Stafford Kathryn, "The Effect of Human Capital on the Economic Status of Women Following Marital Disruption", *Home Economics Research Journal*, 1990, 18(3): 202—210.

② 白积洋：《迁移者的空间选择机制分析——基于人力资本和社会资本视角》，载《西南科技大学学报：哲学社会科学版》2009 年第 12 期，第 57、63 页。

③ 栾文敬、路红红、童玉林等：《社会资本、人力资本与新生代农民工社会融入的研究综述》，载《江西农业大学学报（社会科学版）》2012 年第 2 期，第 48—54 页。

④ 唐将伟、寇宏伟、黄燕芬：《住房不平等与居民社会地位认知：理论机制与实证检验——来自中国社会综合调查（CGSS2015）数据的分析》，载《经济问题探索》2019 年第 7 期，第 35—44 页。

李超吉等通过描述性统计分析和回归分析，选取了七种有代表性的可行能力作为分析方向，重点研究了我国公民价值观调查数据。他们认为，经济收入情况越好，人们的幸福感越高，而在经济收入与幸福感之间的中间变量是社会地位，经济状况固化了人们的社会地位，而社会地位又反过来提高或者抑制经济收入，当经济收入增加，社会地位提高，人们的幸福指数也明显提高了很多。[①] 同时，基于 2014 年流动人口调查数据的研究显示，主观社会地位认知是住房状况影响农民工城市身份认同的中间机制之一，住房状况的差距使得流动人口社会地位产生了显著分化，进而导致流动人口城市身份认同存在差异。[②] 从这个角度来看，住房等经济条件因素也可能通过社会地位这一中介，间接对流动人口获得感产生影响。因此，根据理论和实践研究结果，提出经济条件对流动人口获得感的间接影响假设。

假设 7：经济条件通过社会地位间接影响流动人口获得感。

八、社会融入的间接影响假设

在现实中，社会融入情况对流动人口在流入地城市的职业发展和社会地位等方面都会产生重要影响。一项关于美国健康和退休的大规模纵向数据的研究（the US Health and Retirement Study）显示，友谊关系（respondents' friendships）、亲社会行为（prosocial behavior）、社会参与（social engagement）和邻里凝聚力（neighborhood cohesion）等社会资本因素对居民社会地位具有重要的影响；在控制了客观衡量的社会地位这一变量之后，发现自我感知的地位与邻里凝聚力呈正相关，与朋友的负面支持呈负相关。[③] 而流动人口之所以处于弱势社会地位是与他们的社会交往匮乏和社会网络相对较窄等社会资本弱势

[①] 李超吉、王冰、张宇：《基于 WVS 的中国国民可行能力实证研究》，载《自然辩证法研究》2012 年第 2 期，第 120—125 页。

[②] 祝仲坤、冷晨昕：《住房状况、社会地位与农民工的城市身份认同——基于社会融合调查数据的实证分析》，载《中国农村观察》2018 年第 1 期，第 96—110 页。

[③] A. Bucciol, S. Cicognani & L. Zarri, "Social Status Perception and Individual Social Capital: Evidence from the US", *The B.E. Journal of Economic Analysis & Policy*, 2019, 20 (1): 210—220.

密切相关的。① 例如，社会地位在阻碍流动人口社会融入方面表现得更为明显。任远和邬民乐认为，流动人口在社会融入整个过程的每个环节，都受到了社会地位的影响，包括二元城乡结构造成的福利和保障差异，不平等市场地位的就业阻碍，流出与流入地社会文化不同造成的文化排斥……社会地位直接影响了流动人口社会资本的获得，使得流动人口社会融合过程受到阻碍。② 张文宏和雷开春通过分析流动人口文化习得、获得感幸福感指标、身份认同和经济发展四个方面的融合状态，得出流动人口在获得感幸福感等心理方面和身份认同方面融合快，文化习得和经济发展方面融合慢，其影响因素有性别、婚姻状况等家庭情况和移出地情况，其中深层次和重要原因就是社会地位。③ 有学者通过对华人移民的融入过程进行分析，也认为社会地位对社会资本、就业机会和资源获取各方面有基础性作用，如果不能通过系统性和制度性的手段解决地位问题，那么流动人口的社会融入必将举步维艰，也必将影响流动人口功能性活动的获取自由和获得感的提高。④ 由此，提出社会融入对流动人口获得感的间接影响假设。

假设 8：社会融入通过社会地位间接影响流动人口获得感。

九、制度适应的间接影响假设

制度适应也可能是影响流动人口社会地位的重要因素。例如，居住证的办理，有利于流动人口社会地位的提高。⑤ 任远和乔楠通过模型分析，验证

① 朱秋莲：《我国农民工社会地位与社会资本》，载《求索》2012 年第 11 期，第 248—249 页。
② 任远、邬民乐：《城市流动人口的社会融合：文献述评》，载《人口研究》2006 年第 3 期，第 87—94 页。
③ 张文宏、雷开春：《城市新移民社会融合的结构、现状与影响因素分析》，载《社会学研究》2008 年第 5 期，第 1—25 页。
④ 周敏、林闽钢：《族裔资本与美国华人移民社区的转型》，载《社会学研究》2004 年第 3 期，第 36—46 页。赵定东、王奋宇：《关系的魅力与移民的社会适应：中哈移民的一个考察》，载《市场与人口分析》2004 年第 4 期，第 22—28 页。王春光：《温州人在巴黎：一种独特的社会融入模式》，载《中国社会科学》1999 年第 6 期，第 106—119 页。
⑤ 梁土坤：《流动人口生育意愿：居住证的影响及机制》，载《青年研究》2022 年第 2 期，第 26—40、94—95 页。

了流动人口制度适应能力和城市制度安排会通过流动人口社会地位影响融入进程和融入质量。城市作为流动人口主要融入地，社保、医疗、居住、教育、户籍等多项制度安排与流动人口福利和融入意愿息息相关，如果流动人口迁出与迁入地制度安排天差地别，那么流动人口获取的社会资源就会减少，其社会地位就会降低，前后福利与地位差异必定会使流动人口不适应迁入地制度，那么其幸福感也会变差，甚至使其不愿意或者不能很好地融入城市。[①] 因而，制度适应因素会通过社会地位的中介而间接影响流动人口获得感，故提出制度适应对流动人口获得感的间接影响假设。

假设9：制度适应通过社会地位间接影响流动人口获得感。

十、可行能力影响的代际差异假设

个体或者群体可能因代际差异而使其各个方面的特征出现不同，在这样的情况下，可行能力对不同代际流动人口获得感的影响及其机制也可能不同。例如，基本公共服务获得感呈现"逆龄化"分布的现状，青年群体的基本公共服务获得感比中年群体和老年群体低，而劳动就业、住房保障和文体服务对青年群体获得感的提升效应大于中年群体和老年群体。基本公共服务获得感的影响机制存在一定程度的代际差异。[②] 事实上，流动人口的经济条件和社会适应等方面确实存在代际差异，这就会使得，流动人口幸福感、获得感等相关影响因素及其机制存在代际差异。一项关于乡—城流动人口的研究显示，新生代流动人口幸福感影响因素与老一代流动人口的情况完全不同，存在代际转化现象，由经济适应向社会适应、心理适应、制度适应等各个方面转化。家庭人均月收入、就业类型等经济适应因素对年长的流动人口幸福感具有显著的影响，但其对新生代流动人口幸福感的影响不显著。而社区环境、社会交往、亲情维系等社会适应因素、健康自评、流入地城市生活水平评价、定居意愿等心理适应因

---

① 任远、乔楠：《城市流动人口社会融合的过程、测量及影响因素》，载《人口研究》2010年第3期，第11—20页。

② 刘蓉、晋晓姝、李明：《基本公共服务获得感"逆龄化"分布与资源配置优化——基于社会代际关系差异的视角》，载《经济研究参考》2022年第12期，第94—112页。

素，基本公共服务等制度适应因素都对新生代流动人口幸福感具有显著影响，且其影响效应相对较大。流动人口幸福感的影响因素发生了显著的代际转变。[①]同时，关于长三角地区流动人口的实证研究也显示，居住证等制度适应因素对流动人口幸福感的影响效应存在显著的代际差异，居住证的直接效应、间接效应、总效应都随着流动人口"X世代""Y世代""Z世代"的代际演变而呈现不断降低的发展态势，凸显居住证对流动人口幸福感影响效应的世代递减性。[②]而且，基于农民工案例的研究也显示，不同世代的农民工在超时劳动接受意愿与忍耐力、相关利益诉求与表达途径方面都存在较大程度的不同，由此导致其对超时劳动所带来的获得感也存在一定程度的代际差异。[③]由此可以推测，流动人口获得感的影响机制及其效应也可能存在代际差异，基于此，提出可行能力对流动人口获得感影响的代际差异假设。

假设10：可行能力对流动人口获得感的影响存在显著代际差异。

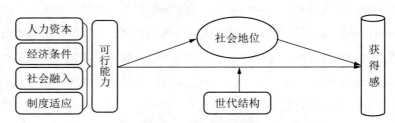

图2.2   流动人口获得感影响机制的可行能力分析框架

综合上述十个研究假设，构成可行能力、社会地位与城市流动人口获得感影响机制的理论框架。下面将根据调查数据，选择指标，建构实证模型对研究假设进行检验，以全面揭示城市流动人口获得感的具体影响路径。

---

① 梁土坤：《代际延续还是适应转化：新生代农民工主观幸福感研究——基于城市适应理论的实证分析》，载《中国青年研究》2018年第2期，第66—74页。

② 梁土坤：《制度融入影响流动人口幸福感的机制及效应》，载《深圳大学学报（人文社会科学版）》2022年第6期，第107—118页。

③ 李磊：《获得感视域下的农民工超时劳动叙事——一项基于代际比较的质性研究》，载《安徽农业大学学报（社会科学版）》2020年第1期，第95—101、120页。

第三章 城市流动人口获得感研究的数据、测量与模型

项目组在上海市和长三角地区其他城市开展了流动人口获得感问卷调查。本章对调查及数据的基本情况进行简要说明和描述，为实证模型的建构提供支持。并且，立足城市流动人口获得感影响机制的可行能力模型，结合数据特征，选取相关指标拟合模型，为后续实证分析提供支持。

第一节 调查方式及样本概况

一、调查方式及说明

项目组具体于 2020 年 11 月至 2021 年 1 月，组织开展了"2020 年长三角地区流动人口状况调查"。调查地区主要为上海市，同时，为了与长三角地区其他城市进行对比分析，也对浙江省杭州市、江苏省苏州市、安徽省合肥市等城市的部分样本进行了调查。受到难以获得流动人口抽样框等各种条件的制约，项目组采取被访者驱动抽样（RDS）方法进行问卷调查。这种抽样方法并非完全随机抽样，但在努力改进和严格执行程序基础上可获得一个渐进无偏的样本，是研究流动人口这类难以获得抽样框的群体的有效替代性方法。[1] 具体而言，项目组组织学生调查员从身边的流动人口群体入手，依照此类方法的标准程序进行问卷调查和数据收集。收回有效样本 1 887 个，其中上海市样本 1 029 个，占样本总量的 54.53%；而长三角其他地区样本为 858 个，占 45.47%。

---

[1] 刘林平、范长煜、王娅：《被访者驱动抽样在农民工调查中的应用：实践与评估》，载《社会学研究》2015 年第 2 期，第 149—173、244—245 页。

二、样本概况及特征

样本的具体概况包括以下几个方面（如表3.1所示）。

就性别而言，受调查的女性流动人口为934人，占样本总量的49.5%；而男性流动人口为953人，占50.5%。上海市受调查的女性流动人口有522人，占上海市样本总量的50.7%；男性流动人口为507人，占49.3%。而长三角其他地区受调查的女性流动人口412人，占长三角其他地区样本总量的48.0%，男性流动人口为446人，占52.0%。

就年龄而言，受调查流动人口的年龄均值为31.12岁，总体而言，受调查流动人口相对年轻，年龄较大的流动人口样本相对少一些；其中上海市受调查流动人口的年龄均值为31.93岁，长三角其他地区受调查流动人口的年龄均值为30.15岁。

从户口性质看，受调查的农业户口的流动人口为1 033人，占样本总量的54.7%；而非农业户口的流动人口为334人，占17.7%；居民户口流动人口为520人，占27.6%。而上海市受调查的农业户口流动人口有578人，占上海市样本总量的56.2%；而非农业户口流动人口为196人，占19.0%；居民户口流动人口为255人，占24.8%。长三角其他地区受调查的农业户口流动人口有455人，占长三角其他地区样本总量的53.0%；非农业户口流动人口为138人，占16.1%；居民户口流动人口为265人，占30.9%。[①]

就婚姻状况而言，受调查的未婚无对象流动人口有646人，占样本总量的34.2%；而未婚有对象流动人口为482人，占25.5%；已婚流动人口有759人，占40.2%。而上海市受调查的未婚无对象流动人口有353人，占上海市样本总量的34.3%；未婚有对象的流动人口有245人，占23.8%；已婚流动人口为431人，占41.9%。长三角其他地区的受调查的未婚无对象流动人口有293人，占长三角其他地区样本总量的34.1%；已婚流动人口为328人，

---

① 虽然国家在2016年出台政策取消农业户口与非农业户口，将二者统一为居民户口，但在调查开展时，由于各地区政策执行进度不一，呈现出农业户口、非农业户口和居民户口并存的状态，为反映这一现实，本研究仍将户口性质纳入考量。

占 38.2%。即相对而言，受调查流动人口中，未婚群体占比相对高一点。

从受教育程度看，受调查的初中及以下流动人口有 308 人，占样本总体的 16.3%；而受教育程度为高中（中专）的流动人口为 430 人，占 22.8%；受教育程度为大学专科的流动人口为 367 人，占 19.4%；受教育程度为大学本科的流动人口为 664 人，占 35.3%；受教育程度为硕士及以上的流动人口为 118 人，占 6.3%。而上海市受调查的初中及以下流动人口有 134 人，占上海市样本总量的 13.0%；而受教育程度为高中（中专）的流动人口为 187 人，占 18.2%；受教育程度为大学专科的流动人口为 213 人，占 20.7%；受教育程度为大学本科的流动人口为 414 人，占 40.2%；受教育程度为硕士及以上的流动人口为 81 人，占 7.9%。长三角其他地区受调查的初中及以下流动人口有 174 人，占长三角其他地区样本总量的 20.3%；而受教育程度为高中（中专）的流动人口为 243 人，占 28.3%；受教育程度为大学专科的流动人口为 154 人，占 17.9%；受教育程度为大学本科的流动人口为 250 人，占 29.1%；受教育程度为硕士及以上的流动人口为 37 人，占 4.3%。即相对而言，受调查流动人口的受教育程度普遍较高，而上海市流动人口受教育水平略高长三角其他地区的流动人口。

表 3.1 样本基本概况

类　　别			上海	其他地区	合计
性别	女	频数	522	412	934
		百分比	50.7	48.0	49.5
	男	频数	507	446	953
		百分比	49.3	52.0	50.5
户口性质	农业户口	频数	578	455	1033
		百分比	56.2	53.0	54.7
	非农户口	频数	196	138	334
		百分比	19.0	16.1	17.7
	居民户口	频数	255	265	520
		百分比	24.8	30.9	27.6

类　　别			上海	其他地区	合计
婚姻	未婚无对象	频数	353	293	646
		百分比	34.3	34.1	34.2
	未婚有对象	频数	245	237	482
		百分比	23.8	27.6	25.5
	已婚	频数	431	328	759
		百分比	41.9	38.2	40.2
受教育程度	初中及以下	频数	134	174	308
		百分比	13.0	20.3	16.3
	高中（中专）	频数	187	243	430
		百分比	18.2	28.3	22.8
	大学专科	频数	213	154	367
		百分比	20.7	17.9	19.4
	大学本科	频数	414	250	664
		百分比	40.2	29.1	35.2
	研究生及以上	频数	81	37	118
		百分比	7.9	4.3	6.3
住房状况	非自有住房	频数	773	637	1410
		百分比	75.1	73.9	74.6
	自有住房	频数	256	225	481
		百分比	24.9	26.1	25.4
年龄（均值）			31.93	30.15	31.12
人均月收入（均值）			4 194.68	3 374.10	3 821.57
总体		频数	1 029	858	1 887
		百分比	100.0	100.0	100.0

　　就家庭人均收入水平而言，受调查流动人口的家庭月平均收入为3 821.57元。总体而言，受调查流动人口的家庭人均月收入相对并不高。其中，上海市受调查流动人口的家庭人均月收入均值为4 194.68元，其他长三角地区受调查流动人口的家庭人均月收入仅仅为3 374.10元，低于上海市流

动人口的平均水平。

从住房情况看，受调查的流动人口中自有住房的为 481 人，占样本总量的 25.4%；而非自有住房流动人口为 1 410 人，占 74.6%。而上海市受调查的拥有自有住房的流动人口有 256 人，占上海市样本量总量的 24.9%；非自有住房流动人口为 773 人，占 75.1%。而长三角其他地区受调查的拥有自有住房的流动人口为 225 人，占长三角地区样本总量的 26.1%，非自有住房流动人口为 637 人，占 73.9%。总体而言，大部分流动人口在流入地城市无自有住房。

第二节　变量设定与模型概述

一、指标选取与变量设定

本研究中被解释变量为获得感，目前国内关于获得感的测量尚无公认的指标体系。本研究将涉及获得感测量指标的文献进行归纳总结。总体来看，关于获得感测量指标体系的构建，学者通常采取两种方式。一是，基于获得感的维度和操作化指标，从已有社会调查项目中筛选出相关题项构建指标体系，用某一个题项的数据直接测量获得感。例如，孙远太以居民对生活改善情况的评价作为获得感的测量指标，其具体测量题项为"最近 3 年您的生活改善程度属于哪一种？"[①] 而王浦劬等用个人在社会变革中的得失、目前与 5 年前家庭经济状况的比较、自己与他人生活水平的比较等三个方面分别测量获得感、纵向获得感与横向获得感。[②] 文宏和刘志鹏等则将人民获得感分为经济获得感、政治获得感、民生获得感三大类。而经济获得感又包括宏观经济获得感、个人经济获得感、分配公平获得感；政治获得感包括正风反腐获得感、政治参与获得感；民生获得感包括生存保障获得感、发展保障获得感等。[③] 吕小康等基于中国社会状况综合调查（CSS）数据，筛选出"个人发

---

① 孙远太：《城市居民社会地位对其获得感的影响分析——基于 6 省市的调查》，载《调研世界》2015 年第 9 期，第 18—21 页。

② 王浦劬、季程远：《新时代国家治理的良政基准与善治标尺——人民获得感的意蕴和量度》，载《中国行政管理》2018 年第 1 期，第 6—12 页。

③ 文宏、刘志鹏：《人民获得感的时序比较——基于中国城乡社会治理数据的实证分析》，载《社会科学》2018 年第 3 期，第 3—20 页。

展感"题项 2 个、"社会安全感"题项 7 个、"社会公正感"题项 9 个和"政府工作满意度"题项 7 个来测量获得感。① 笔者曾以全国六省份低收入群体经济状况调查中的题项"对目前家庭经济状况的评价""家庭经济地位的变化情况""目前的家庭经济地位"和"未来家庭经济状况是否会改善"分别测量总体经济获得感、纵向经济获得感、横向经济获得感和预期经济获得感。② 而徐延辉和刘彦筛选出 2013 年中国综合社会调查（CGSS）中的两个题项——"您认为您的生活比普通人的生活怎样"和"您觉得您的生活是否幸福"，分别用于测量我国城市居民的物质层面获得感和心理层面获得感等。③

表 3.2　已有主要获得感测量的文献汇总

时间	作者	一级指标	二级指标
2021	赵继涛等	可及性	中小学就近入学、医疗卫生服务可及性、公共文化体育服务可及性、社会保险可及性
		公平性	义务教育资源配置公平性、公共医疗卫生资源配置公平性、文体资源配置公平性、社会保险公平性
		满意度	义务教育服务满意度、医疗卫生服务满意度、文体服务满意度、养老服务满意度、社会保障满意度
2021	徐延辉、刘彦	经济获得感	纵向经济获得感、横向经济获得感、家庭经济获得感
		政治获得感	政治参与满意情况等八个题项
		文化获得感	文化设施获得感
		民生获得感	公共服务、医疗、教育、养老、工作获得感
		生态获得感	社区环境获得感、城市环境获得感

① 吕小康、黄妍：《如何测量"获得感"？——以中国社会状况综合调查（CSS）数据为例》，载《西北师大学报（社会科学版）》2018 年第 5 期，第 46—52 页。
② 梁土坤：《农村低收入群体经济获得感的内涵、特征及提升对策》，载《学习与实践》2019 年第 5 期，第 78—87 页。
③ 徐延辉、刘彦：《社会分层视角下的城市居民获得感研究》，载《社会科学辑刊》2021 年第 2 期，第 88—97 页。

续表

时间	作者	一级指标	二级指标
2019	吴克昌、刘志鹏	民生获得感	教育保障获得感 养老保障获得感 就业保障获得感 医疗保障获得感
		宏观经济获得感	宏观经济增长获得感 宏观经济现状获得感
		社会公平获得感	收入分配公平获得感 正风反腐获得感
		个人经济获得感	个人经济相对获得感 个人经济预期获得感
2018	阳义南	公共教育获得感	充足性 均等性 便利性 普惠性
		医疗卫生获得感	
		住房保障获得感	
		劳动就业获得感	
		社会保障获得感	
		社会服务获得感	
		公共文体获得感	
		基础设施获得感	
2018	文宏、刘志鹏	经济获得感	宏观经济获得感 个人经济获得感 分配公平获得感
		政治获得感	正风反腐获得感 政治参与获得感
		民生获得感	生存保障获得感 发展保障获得感
2018	吕小康、黄妍	个人发展感	1. 与 5 年前相比，您的生活水平是? 2. 您认为您本人的社会经济地位在本地大体属于哪个层次?
		社会安全感	财产、人身、交通、医疗、食品、劳动、个人信息与隐私安全
		社会公正感	财富及收入的分配、工作与就业机会、高考制度、公共医疗、实际享有的政治权利、司法与执法、城乡之间的待遇、养老等社会保障待遇、总体上的社会公平状况

续表

时间	作者	一级指标	二级指标
2018	吕小康、黄妍	政府工作满意度	医疗卫生服务、社会保障和求助、义务教育、环境保护、维护社会治安、依法办事、发展经济
		纵向获得感	家庭经济地位的变化情况
		横向获得感	目前家庭的经济地位
		预期获得感	未来家庭经济状况是否会改善
2018	蔡思斯	改革受益程度	中国改革 30 多年，综合考虑各方面，您认为自己是改革的受益者吗？
		生活改善程度	最近两三年，您的生活改善情况属于哪一种？
		自致成功性	您觉得一个人是否有可能通过自己的努力获得更高的社会或经济地位？

另外，通过主成分分析法或因子分析法用多个题项的数据综合生成获得感因子或获得感指数。例如，阳义南采用中国综合社会状况调查数据考察了我国的基本公共服务获得感，从基本公共服务的充足性、普惠性、均等性和便利性这 4 个显变量中提取出潜变量"获得感因子"。[①] 王毅杰和丁百仁筛选出 2014 年全国流动人口动态监测调查的"我的生活在大多数方面都接近于我的理想""迄今为止，我在生活中已经得到我想要得到的重要东西""假如生活可以重新再过一次的话，我基本上不会作任何改变"等三个题项，通过主成分分析法得出获得感指数。[②] 吴克昌等基于 2015 年中国城乡社会治理调查（CSGS）数据构建了由经济获得感、社会获得感和民生获得感组成的获得感评价指标体系等。[③] 徐延辉和李志滨基于 2020 年对深圳市城市居民进行的线上问卷调查，基于多个题项，以因子分析等方法分别形成经济获得感、

---

① 阳义南：《民生公共服务的国民"获得感"：测量与解析——基于 MIMIC 模型的经验证据》，载《公共行政评论》2018 年第 5 期，第 117—137、189 页。

② 王毅杰、丁百仁：《流动人口的社会融入、相对剥夺与获得感研究》，载《社会建设》2019 年第 1 期，第 16—29 页。

③ 吴克昌、刘志鹏：《基于因子分析的人民获得感指标体系评价研究》，载《湘潭大学学报（哲学社会科学版）》2019 年第 3 期，第 13—20 页。

政治获得感、民生获得感、文化获得感、生态获得感等获得感的测量维度和
指标体系等。①

表 3.3　城市流动人口获得感的测量指标

一级指标	二级指标	题　项
经济获得感	经济总体获得感	您对自己的经济状况相当满意
	经济纵向获得感	近 3 年来，您的经济状况大为改善
	经济预期获得感	未来 3 年，相信我的经济状况会大为改善
社会获得感	社会总体获得感	您对自己的社会生活质量相当满意
	社会纵向获得感	近 3 年来，您的社会生活质量大为改善
	社会预期获得感	未来 3 年，相信我的生活质量会大为改善
政治获得感	政治总体获得感	我对自己获得的公共服务和权利保障相当满意
	政治纵向获得感	近 3 年来，获得的公共服务和权利保障大幅度增加了
	政治预期获得感	未来 3 年，相信我获得的公共服务和权利保障大幅度增加

　　这些获得感的测量方法及指标体系为我们对流动人口获得感的研究提供
了重要参考。从内容来看，获得感至少可以分为经济获得感、社会获得感、
政治获得感等多个维度。而从比较和变化的视角来看，获得感既包括对目前
获得状况的主观评价，即总体获得感；也包括对获得状况变化的感受和评
价，即关于现在与过去的比较，可以从纵向获得感来考量；还包括对未来获
得的预期、感受和评价，即预期获得感。基于此，笔者认为，获得感的测量
既要完整包括相关内容，也不宜太过复杂。因此，本研究采用直接询问流动
人口对各个方面的感受和主观评价的方式来测量获得感，把获得感分为经济
获得感、社会获得感、政治获得感等三个维度。经济获得感主要是指流动人
口对自身和家庭经济获得状况的感受和评价。社会获得感主要是指流动人口
对自身和家庭生活质量获得状况的感受和评价。政治获得感主要是指流动人

---

① 徐延辉、李志滨：《社会质量与城市居民的获得感研究》，载《南开学报（哲学社会科
　学版）》2021 年第 4 期，第 169—181 页。

口对政府所提供的各种公共服务和社会权益获得状况的感受和评价。具体各个维度又分为总体获得感、纵向获得感和预期获得感三个方面。由此，由经济总体获得感、经济纵向获得感、经济预期获得感、社会总体获得感、社会纵向获得感、社会预期获得感、政治总体获得感、政治纵向获得感、政治预期获得感等九个指标构成城市流动人口获得感的测量指标体系（如表3.3所示）。上述九个指标，都设为多分类变量，其赋值为：较低（不同意）=1，一般（一般）=2，较高（比较同意）=3，很高（非常同意）=4。

对于解释变量，主要从人力资本、经济条件、社会融入、制度适应四个方面来测量城市流动人口可行能力。人力资本主要从教育人力资本（受教育程度）和健康人力资本（健康状况）两个维度来测量。而经济条件主要从收入、就业、住房等方面来测量。而社会融入主要从流动人口的社会交往程度与社区活动参与情况两个方面来考量。对于制度适应，主要从养老保险、医疗保险、居住证、住房公积金四个维度来测量（如表3.4所示）。

表 3.4　变量概述与赋值

变量	变量类型	指标含义及测度
性别	二分类变量	男性 =1，女性 =2
年龄对数	连续变量	根据出生年计算，以对数形式纳入模型
户口	多分类变量	农业户口 =1，非农业户口 =2，居民户口 =3
婚姻	多分类变量	未婚也无对象 =1，未婚但有对象 =2，已婚 =3
世代结构（出生年段）	多分类变量	X 世代（1979 年及以前出生）=1，Y 世代（1980—1994 年）=2，Z 世代（1995 年及以后）=3
受教育程度	多分类变量	初中及以下 =1，高中 =2，大专 =3，本科 =4，硕士研究生及以上 =5
健康状况	多分类变量	不健康 =1，一般 =2，比较健康 =3，非常健康 =4
人均月收入	连续变量	以对数形式进入模型
就业单位性质	多分类变量	国企事业单位等 =1，外资（合资）企业 =2，私营企业 =3，个体户及其他 =4，灵活就业人员 =5，失业人员等 =6

续表

变量	变量类型	指标含义及测度
住房产权	二分类变量	非自有住房 =1，自有住房 =2
社会交往程度	多分类变量	很少 =1，较少 =2，一般 =3，较多 =4，很多 =5
社会活动参与	多分类变量	很少 =1，较少 =2，一般 =3，较多 =4，很多 =5
职工养老保险	二分类变量	有 =1，没有 =2
职工医疗保险	二分类变量	有 =1，没有 =2
居住证	二分类变量	有 =1，没有 =2
住房公积金	二分类变量	有 =1，没有 =2
社会阶层	多分类变量	从低到高分为 7 个层级，分别赋值为 1、2、3、4、5、6、7

　　需要说明的是，本研究根据国外学者以 15 年为间隔周期的做法进行世代结构划分。一般来说，X 世代来源于道格拉斯·柯普兰（Douglas Coupland）的《X 世代：速成文化的故事》。[1] Y 世代，主要是指出生于 1980—1994 年的一代，又称"千禧一代"。而 Z 世代主要指出生于 1995—2009 年的群体，因其伴随着数字技术和智能手机等互联网技术发展而成长，其生活方式、价值观和文化偏好等与其他世代存在显著差异。[2] 根据这种划分方法对世代结构进行划分并赋值，X 世代（1979 年及以前出生）=1，Y 世代（1980—1994 年出生）=2，Z 世代（1995—2009 年出生）=3。而对于社会地位，通过问卷中的如下题项进行测量："在我们的社会里，有些群体居于顶层，有些群体则处于底层。如果 10 代表最顶层，1 代表最底层，您认为您目前处在第几层？"由于调查数据中，选择 8—10 的人数比例非常少，故根据数据特征，将其重新赋值为 1—7。此外，将户口、年龄、性别、婚姻等作

---

[1]　汪永涛：《Z 世代亚文化消费的逻辑》，载《中国青年研究》2021 年第 11 期，第 88—95 页。

[2]　Turner, A., "Generation Z: Technology and Social Interest", *The Journal of Individual Psychology*, 2015, 71(2): 103—113.

为控制变量纳入模型。

二、模型建构与简要描述

由于获得感各个指标主要取值为 1、2、3、4，社会地位指标主要取值为 1、2、3、4、5、6、7，因此，运用序次 logistic 回归模型建立城市流动人口获得感影响机制和社会地位影响机制的实证模型。假设因变量的取值水平均为 n，于是，建立 $n-1$ 个累积 logit 模型。因变量各个取值的对应概率为 P_1，P_2，P_3，$\cdots$，P_n，拟合 $n-1$ 个模型（如下述公式所示）。

$$\text{logit} \frac{P_1}{1-P_1} = \text{logit} \frac{P_1}{P_2+P_3\cdots+P_n} = -\alpha_1 + \beta_1\chi_1 + \beta_2\chi_2 + \cdots + \beta_i\chi_i \quad (1)$$

$$\text{logit} \frac{P_1+P_2}{1-P_1-P_2} = \text{logit} \frac{P_1+P_2}{P_3+P_4\cdots+P_n} = -\alpha_2 + \beta_1\chi_1 + \beta_2\chi_2 + \cdots + \beta_i\chi_i \quad (2)$$

$$\text{logit} \frac{P_1+P_2+P_3}{1-P_1-P_2-P_3} = \text{logit} \frac{P_1+P_2+P_3}{P_4+P_5\cdots+P_n} = -\alpha_3 + \beta_1\chi_1 + \beta_2\chi_2 + \cdots + \beta_i\chi_i \quad (3)$$

$$\cdots$$

$$\text{logit} \frac{P_1+P_2+\cdots+P_{n-1}}{1-P_1-P_2-\cdots-P_{n-1}} = \text{logit} \frac{P_1+P_2+\cdots+P_{n-1}}{P_n} = -\alpha_4 + \beta_1\chi_1 + \beta_2\chi_2 + \cdots + \beta_i\chi_i \quad (n-1)$$

利用将可行能力、社会地位等相关指标逐步纳入模型的拟合方法，分别将控制变量、人力资本、经济条件、社会融入、制度适应、社会地位等各个指标逐步纳入模型，分别可以得到上海市流动人口经济总体获得感的模型 1、模型 2、模型 3，以及长三角其他地区城市流动人口经济总体获得感影响机制模型 4（如表 5.1 所示）。同理，可以得到上海市流动人口经济纵向获得感的影响机制模型 5—模型 7（表 5.2），经济预期获得感的影响机制模型 9—模型 11（表 5.3），社会总体获得感的影响机制模型 13—模型 15（表 5.4），社会纵向获得感的影响机制模型 17—模型 19（表 5.5），社会预期获得感的影响机制模型 21—模型 23（表 5.6），政治总体获得感的影响机制模型 25—模型 27（表 5.7），政治纵向获得感的影响机制模型 29—模型 31（表 5.8），政治预期获得感的影响机制模型 33—模型 35（表 5.9）。同时，可以得到长三角其他地区城市流动人口经济纵向获得感（模型 8，表 5.2）、经济预期获得感（模型12，表5.3）、社会总体获得感（模型16，表5.4）、社会纵向获得感（模型20，表5.5）、社会预期获得感（模型24，表5.6）、政治总体获得感（模型28，表5.7）、政治纵向获得感（模型32，表5.8）、政治预期获得感（模型36，表5.9）影响机制的各个模型。而且，可以得到上海市流动人口和长三角其他地区城市流动人口社会地位影响机制模型37、模型38（如表5.10所示）。从各检验结果看，各模型都具有统计学上研究意义。

第四章　城市流动人口
获得感的特征分析

本章从经济获得感、社会获得感、政治获得感等维度来测量获得感，通过描述性统计等方法，深入分析城市流动人口获得感的总体特征、世代演变、个体分化等特征，为相关部门全面了解城市流动人口获得感的特征全貌，以及制定相关政策提供参考。

第一节　城市流动人口获得感的总体特征

本书通过与长三角其他地区流动人口获得感情况进行对比，运用均值、交叉表、卡方检验等方法对上海市流动人口经济获得感、社会获得感、政治获得感的总体特征进行简要分析。

一、经济获得感的总体特征

上海市流动人口经济总体获得感、经济纵向获得感、经济预期获得感的均值分别为1.89、2.08、2.31（如表4.1所示），即其呈现沿着经济总体获得感、经济纵向获得感、经济预期获得感的顺序而逐步上升。然而，三者的均值都小于2.5，没有达到平均水平。而且，上海市流动人口经济总体获得感、经济纵向获得感、经济预期获得感的均值水平都低于长三角其他地区流动人口（1.98、2.21、2.38）。因而，从均值的角度看，上海市流动人口经济获得感的水平具有"相对低水平性"的显著特征。

具体从各个选项的比例看，上海市流动人口经济总体获得感、经济纵向获得感、经济预期获得感的水平为"一般"的群体占比最高，分别为

51.9%、53.1%、48.0%。而上海市流动人口经济总体获得感、经济纵向获得感、经济预期获得感的水平为"较低"的群体占比分别为31.0%、21.0%、13.6%，且都高于长三角其他地区流动人口。与之相对应的是，上海市流动人口经济总体获得感、经济纵向获得感、经济预期获得感的水平为"较高"和"很高"的群体占比都呈现依三者顺序逐步上升的显著特征（14.6% < 22.8% < 32.6%，2.5% < 3.1% < 5.8%），并且都低于长三角其他地区流动人口。同时，经济总体获得感、经济纵向获得感、经济预期获得感的区域差异的皮尔森（Pearson）卡方检验值分别为8.577、14.362、7.301，似然比分别为8.613、14.373、7.294，显著性概率分别为0.035、0.002、0.063，这说明上海市流动人口经济总体获得感、经济纵向获得感、经济预期获得感都确实与长三角其他地区存在显著差异。可见，总体而言，上海市流动人口经济获得感仍然处于较低水平，并且都远低于长三角其他地区流动人口，具有"相对低水平性"的重要特征。从这个角度来看，提升上海市流动人口经济获得感仍然任重道远。

表 4.1　流动人口获得感的基本概况

类　　别		选项占比（%）				均值
		较低	一般	较高	很高	
经济总体获得感	上海市	31.0	51.9	14.6	2.5	1.89
	长三角其他地区	25.2	54.8	17.2	2.8	1.98
经济纵向获得感	上海市	21.0	53.1	22.8	3.1	2.08
	长三角其他地区	16.4	50.9	27.5	5.1	2.21
经济预期获得感	上海市	13.6	48.0	32.6	5.8	2.31
	长三角其他地区	13.5	42.7	36.0	7.8	2.38
社会总体获得感	上海市	24.1	53.0	19.3	3.6	2.02
	长三角其他地区	18.9	54.2	22.6	4.3	2.12

续表

类　　别		选项占比（%）				均值
		较低	一般	较高	很高	
社会纵向获得感	上海市	21.3	55.6	20.3	2.8	2.05
	长三角其他地区	16.9	52.2	26.7	4.2	2.18
社会预期获得感	上海市	13.6	47.6	32.9	5.8	2.31
	长三角其他地区	12.6	44.6	34.0	8.7	2.39
政治总体获得感	上海市	17.1	53.9	22.1	6.9	2.19
	长三角其他地区	17.9	47.6	28.1	6.4	2.23
政治纵向获得感	上海市	16.2	52.4	24.7	6.7	2.22
	长三角其他地区	15.2	46.9	30.8	7.2	2.30
政治预期获得感	上海市	12.5	50.0	29.2	8.4	2.33
	长三角其他地区	13.6	43.4	34.8	8.2	2.38

二、社会获得感的总体特征

上海市流动人口社会总体获得感、社会纵向获得感、社会预期获得感的均值分别为 2.02、2.05、2.31（如表 4.1 所示），即其流动人口社会总体获得感和社会纵向获得感的均值大致相等，都远低于社会预期获得感。然而，三者都小于 2.5，没有达到平均水平。而且，上海市流动人口社会总体获得感、社会纵向获得感、社会预期获得感的均值水平都低于长三角其他地区流动人口（2.12 < 2.02，2.05 < 2.18，2.31 < 2.39）。因而，从均值的角度看，上海市流动人口社会总体获得感、社会纵向获得感、社会预期获得感的均值水平相对较低，而且，都低于长三角其他地区流动人口的水平。可见，上海市流动人口社会获得感的水平具有"相对低水平性"的显著特征。

具体从各个选项的比例看，上海市流动人口社会总体获得感、社会纵向获得感、社会预期获得感的水平为"一般"的群体占比最高，分别为 53.0%、55.6%、47.6%。而上海市流动人口社会总体获得感、社会纵向获得感、社会预期获得感的水平为"较低"的群体占比呈现依三者顺序降低的特征（24.1% > 21.3% > 13.6%），且都高于长三角其他地区流动人口。而上海市流动人口社会总体获得感、社会纵向获得感、社会预期获得感的水平为"较高"的群体占比都依三者顺序呈现逐步上升的显著特征（19.3% < 20.3% < 32.9%），但社会总体获得感和社会纵向获得感之间的差距相对较小，且都低于长三角其他地区流动人口。而上海市流动人口社会总体获得感、社会纵向获得感、社会预期获得感的水平为"很高"的群体占比依三者顺序呈现先降低后上升的"V"形特征（3.6% > 2.8% < 5.8%），都小于长三角其他城市流动人口。同时，社会总体获得感、社会纵向获得感、社会预期获得感的区域差异的皮尔森卡方检验值分别为9.017、16.424、6.972，似然比分别为9.063、16.413、6.945，显著性概率分别为0.029、0.001、0.073。这说明上海市流动人口社会总体获得感、社会纵向获得感、社会预期获得感都确实与长三角其他地区存在显著差异。可见，总体而言，上海市流动人口社会获得感仍然处于较低水平，并且都远低于长三角其他地区流动人口，具有"相对低水平性"的重要特征。从这个角度来看，提升城市流动人口社会获得感仍然是提升新型城镇化发展质量和促进流动人口共同富裕的重要内容。

三、政治获得感的总体特征

上海市流动人口政治总体获得感、政治纵向获得感、政治预期获得感的均值分别为2.19、2.22、2.33（如表4.1所示），即上海市流动人口政治总体获得感和政治纵向获得感的均值大致相等，都远低于政治预期获得感。然而，三者的均值都小于2.5，没有达到平均水平。而且，上海市流动人口政治总体获得感、政治纵向获得感、政治预期获得感的均值水平都低于长三角其他地区流动人口（2.19 < 2.23，2.22 < 2.30，2.33 < 2.38）。因而，从均值的角度看，上海市流动人口政治总体获得感、政治纵向获得感、政治预期获得感的均值水平相对较低，而且都低于长三角其他地区流动人口的水平。可见，上海市流动人口政治获得感也具有"相对低水平性"的显著特征。

具体从各个选项的比例看，上海市流动人口政治总体获得感、政治纵向获得感、政治预期获得感的水平为"一般"的群体占比最高，并呈现依三者顺序逐步降低的重要特征（53.9% > 52.4% > 50.0%），并且都大于长三角其他地区流动人口。而上海市流动人口政治总体获得感、政治纵向获得感、政治预期获得感的水平为"较低"的群体占比呈现依顺序降低的特征（17.1% > 16.2% > 12.5%），与长三角其他地区流动人口之间的差距相对较小。相对应的是，上海市流动人口政治总体获得感、政治纵向获得感、政治预期获得感的水平为"较高"的群体占比都呈现逐步上升的显著特征（22.1% < 24.7% < 29.2%），都低于长三角其他地区流动人口。上海市流动人口政治总体获得感和政治纵向获得感水平为"很高"的群体占比相差不大，但都低于政治预期获得感；其各对应群体占比也都与长三角其他城市流动人口之间的差距较小。同时，社会总体获得感、社会纵向获得感、社会预期获得感的区域差异的皮尔森卡方检验值分别为 10.950、9.706、9.589，似然比分别为 10.934、9.688、9.571，显著性概率分别为 0.012、0.021、0.023。这说明上海市流动人口政治总体获得感、政治纵向获得感、政治预期获得感都确实与长三角其他地区存在显著差异。可见，总体而言，上海市流动人口政治获得感仍然处于较低水平，并且都远低于长三角其他地区流动人口，具有"相对低水平性"的重要特征。从这个角度来看，提升上海市流动人口政治获得感仍然是促进新型城镇化可持续发展和民生保障建设的重要议题。

综合以上可知，上海市流动人口经济获得感、社会获得感、政治获得感都处于较低水平，而且都低于长三角其他地区流动人口，具有"相对低水平性"的重要特征，因而继续进一步提高上海市这类大城市的流动人口获得感对于提升新型城镇化发展质量和全面推进共同富裕具有重要的现实意义。此外，从获得感的各个维度来看，上海市流动人口经济总体获得感的水平相对最低；而经济纵向获得感、社会总体获得感、社会预期获得感的相对也不高；政治总体获得感和政治预期获得感的水平相对高一点；经济预期获得感、社会预期获得感、政治预期获得感三者之间的差距很小，并且，相对最高。由此可见，上海市流动人口各个维度的获得感水平也不尽相同。所以，需要根据各个获得感维度的主要特征，采取相应措施以继续提高上海市流动人口经济获得感、社会获得感和政治获得感。

第二节　城市流动人口获得感的世代演变

随着我国新型城镇化进程的不断推进，我国流动人口的规模不断壮大，并且其年龄结构也发生了深刻变化，由此，城市不同世代的流动人口的经济获得感、社会获得感、政治获得感也可能存在不同。因而，全面分析城市流动人口获得感的世代演变特征，也是深入了解我国流动人口获得感全貌特征不可或缺的方面。

一、经济获得感的世代特征

总体而言，城市流动人口经济获得感确实发生了世代变化，以上海市为例，其特征主要体现在以下三个方面。第一，上海市 X 世代流动人口经济总体获得感的均值为 2.02，高于 Y 世代和 Z 世代流动人口；而 Y 世代流动人口经济总体获得感的均值略小于 Z 世代流动人口（1.85 < 1.87），但两者相差较小。具体从各选项比例看，X 世代流动人口经济总体获得感为"较低"的人数比例为 24.9%，该比例远低于 Y 世代和 Z 世代流动人口。相对应的是，X 世代流动人口经济总体获得感为"较高"和"很高"的人数比例分别为 19.5% 和 3.6%，远高于 Y 世代和 Z 世代流动人口。而经济总体获得感的世代差异的皮尔森卡方检验值为 11.641，似然比分别为 11.597，显著性概率分别为 0.070，说明上海市流动人口经济总体获得感确实存在显著的世代差异。相对而言，上海市 X 世代流动人口的经济总体获得感高于 Y 世代和 Z 世代流动人口。

第二，上海市 X 世代、Y 世代和 Z 世代流动人口经济纵向获得感的均值分别为 2.11、2.06、2.09，三者之间的差距相对较小。具体从各选项比例看，X 世代和 Z 世代流动人口经济纵向获得感为"较低""一般""较高""很高"的人数比例的差距都较小。而 Y 世代流动人口经济纵向获得感为"一般"的人数比例 55.1%，略高于 X 世代和 Z 世代流动人口。相应的是，Y 世代流动人口经济纵向获得感为"较高"和"很高"的人数比例分别为 21.0% 和 2.8%，略低于 X 世代和 Z 世代流动人口。经济纵向获得感的世代差异的皮尔森卡方检验值为 2.210，似然比分别为 2.215，显著性概率分别为 0.899，说明上海市流动人口经济纵向获得感并不存在显著的世代差异。

第三，上海市 X 世代、Y 世代和 Z 世代流动人口经济预期获得感的均值呈现小幅度上升的变化趋势（2.25 < 2.28 < 2.35），但三者的差距相对较小。具体从各选项比例看，X 世代流动人口经济预期获得感为"较低"的人数比例为 15.4%，该比例略高于 Y 世代和 Z 世代流动人口，但差距都相对较小。而"Z 世代"流动人口经济预期获得感为"较高"和"很高"的人数比例分别为 34.0% 和 7.4%，这两个比例略高于 X 世代和 Y 世代流动人口，但三者之间的差距也较小。而且，经济预期获得感的世代差异的皮尔森卡方检验值为 5.928，似然比分别为 6.028，显著性概率分别为 0.431，说明上海市流动人口经济预期获得感也不存在显著的代际差异。

总体而言，上海市流动人口经济纵向获得感和经济预期获得感都没有出现显著的代际差异，但经济总体获得感却出现了显著的代际差异，Y 世代和 Z 世代流动人口经济总体获得感却显著低于 X 世代流动人口。整体而言，上海市流动人口经济获得感呈现年轻群体低于年长群体的特征。

二、社会获得感的世代特征

上海市流动人口社会获得感也发生了一定程度的世代变化，其特征主要体现在以下三个方面。首先，上海市 X 世代流动人口社会总体获得感的均值为 2.21，高于 Y 世代和 Z 世代流动人口；而 Y 世代流动人口社会总体获得感的均值略小于 Z 世代流动人口，但两者的差距微乎其微（1.98 < 2.00）。具体从各选项比例看，X 世代流动人口社会总体获得感为"较低"的人数比例为 14.2%，该比例远低于 Y 世代和 Z 世代流动人口。相对应的是，X 世代流动人口社会总体获得感为"一般""较高"和"很高"的人数比例分别为 54.3%、22.5% 和 6.5%，三个比例都高于 Y 世代和 Z 世代流动人口。Y 世代流动人口社会总体获得感为"一般"的人数比例高于 Z 世代流动人口；与之

对应的是，其社会总体获得感为"较高"和"很高"的人数比例都低于 Z 世代流动人口。从这个角度来看，Y 世代流动人口社会总体获得感高于 Z 世代流动人口。而社会总体获得感的世代差异的皮尔森卡方检验值为 17.402，似然比分别为 17.877，显著性概率分别为 0.008，说明上海市流动人口社会总体获得感确实存在显著的代际差异。上海市流动人口社会总体获得感沿着 X 世代、Y 世代、Z 世代的顺序而呈现不断降低的态势，故关注 Z 世代流动人口社会总体获得感等指标对于提升流动人口社会获得感尤为重要。

其次，上海市 X 世代、Y 世代和 Z 世代流动人口社会纵向获得感的均值分别为 2.11、2.02、2.05，X 世代略高于 Y 世代和 Z 世代流动人口，但三者之间的差距相对较小。具体从各选项比例看，X 世代流动人口社会纵向获得感为"较低"的人数比例为 17.8%，低于 Y 世代和 Z 世代流动人口。Y 世代流动人口经济纵向获得感为"一般"的人数比例为 57.1%，略高于 X 世代和 Z 世代流动人口。Y 世代流动人口社会纵向获得感为"较高"的人数比例为 18.4%，略低于 X 世代和 Z 世代流动人口，但三者之间的差距并不大。同时，社会纵向获得感的代际差异的皮尔森卡方检验值为 3.996，似然比分别为 4.012，显著性概率分别为 0.677，说明上海市流动人口社会纵向获得感并不存在显著的代际差异。

最后，上海市 Y 世代和 Z 世代流动人口社会预期获得感的均值都是 2.32，略高于 X 世代流动人口（2.27），但其差距相对较小。具体从各选项比例看，X 世代流动人口社会预期获得感为"较低"和"一般"的人数比例分别为 14.2%、50.3%，略高于 Y 世代和 Z 世代流动人口，但其差距都不是很大。Z 世代流动人口社会预期获得感为"较高"的人数比例为 30.2%，略低于 X 世代和 Z 世代流动人口。Y 世代和 Z 世代流动人口社会预期获得感为"较低""一般""较高""很高"的人数都相差不大。同时，社会预期获得感的世代差异的皮尔森卡方检验值为 1.447，似然比分别为 1.449，显著性概率分别为 0.963，说明上海市流动人口社会预期获得感也并不存在显著的代际差异。综上所述，上海市流动人口社会纵向获得感和社会预期获得感都没有出现显著的世代差异，但社会总体获得感却出现了显著的世代差异，其沿着 X

世代、Y 世代、Z 世代的顺序而呈现不断降低的态势，故从整体上说，上海市流动人口社会获得感也出现了年轻群体低于年长群体的现象。

三、政治获得感的世代特征

上海市流动人口政治获得感也发生了一定程度的世代变化，其特征主要体现在以下三个方面。第一，上海市 X 世代流动人口政治总体获得感的均值为 2.40，高于 Y 世代和 Z 世代流动人口；而 Y 世代流动人口政治总体获得感的均值（2.14）与 Z 世代流动人口（2.15）大致持平。具体从各选项比例看，X 世代流动人口政治总体获得感为"较低""一般"的人数比例分别为 12.4%、50.3%，两个比例都远低于 Y 世代和 Z 世代流动人口。相对应的是，X 世代流动人口政治总体获得感为"很高"的人数比例为 14.8%，远远高于 Y 世代和 Z 世代流动人口。而 Y 世代流动人口政治总体获得感为"一般"的人数比例为 56.0%，高于 Z 世代流动人口，而选择"较高"的人数比例却低于 Z 世代流动人口（20.8% ＜ 23.3%）。从这个角度来看，Y 世代流动人口政治总体获得感低于 Z 世代流动人口。而政治总体获得感的代际差异的皮尔森卡方检验值为 22.392，似然比分别为 19.073，显著性概率分别为 0.001，说明上海市流动人口政治总体获得感确实存在显著的代际差异。上海市流动人口政治总体获得感沿着 X 世代、Y 世代、Z 世代的顺序而呈现先降低后略有回升的态势。因而，关注 Y 世代流动人口政治总体获得感等指标对于提升流动人口政治获得感尤为重要。

第二，上海市 X 世代流动人口政治纵向获得感的均值为 2.42，高于 Y 世代和 Z 世代流动人口；而 Y 世代流动人口政治总体获得感的均值（2.17）与 Z 世代流动人口（2.19）大致持平。具体从各选项比例看，X 世代流动人口政治纵向获得感为"较低""一般"的人数比例分别为 14.2%、43.8%，两个比例都远低于 Y 世代和 Z 世代流动人口。相对应的是，X 世代流动人口政治纵向获得感为"较高""很高"的人数比例分别为 27.8%、14.2%，远远高于 Y 世代和 Z 世代流动人口。而 Y 世代流动人口政治纵向获得感为"较低"的人数比例为 15.1%；低于 Z 世代流动人口；而选择"一般"的人数比例却高于 Z 世代流动人口（56.7% ＜ 51.1%）。从这个角度来看，Y 世代流动人口政治纵向获得感高于 Z 世代流动人口。而政治纵向获得感的代际差异的皮尔森卡方检验值为 25.456，似然比分别为 22.737，显著性概率分别为 0.000，说明上海市流动人口政治纵向获得感确实存在显著的世代差异。上海市流动人口政治纵向获得感沿着 X 世代、Y 世代、Z 世代的顺序而呈现不断降低。因而，上海市流动人口中年轻群体的政治纵向获得感也低于年长群体。

第三，从均值来看，上海市 X 世代流动人口政治预期获得感的均值为 2.53，高于 Y 世代和 Z 世代流动人口；而 Y 世代流动人口政治预期获得感的均值（2.29）与 Z 世代流动人口（2.30）大致持平。具体从各选项比例看，X 世代流动人口政治预期获得感为"较低""一般"的人数比例分别为 11.2%、40.8%，两个比例都远低于 Y 世代和 Z 世代流动人口。相对应的是，X 世代流动人口政治预期获得感为"较高""很高"的人数比例分别为 32.0% 和 16.0%，都高于 Y 世代和 Z 世代流动人口。而 Y 世代流动人口政治预期获得感为"较低""一般""较高""很高"的人数比例与 Z 世代流动人口之间的差距都不大。而政治预期获得感的世代差异的皮尔森卡方检验值为 19.278，似然比分别为 17.234，显著性概率分别为 0.004，说明上海市流动人口政治预期获得感确实存在显著的代际差异。X 世代流动人口政治预期获得感远高于"Y 世代"和"Z 世代"流动人口。一定程度而言，上海市流动人口中年轻群体的政治预期获得感也呈现了低于年长群体的现象。

表 4.2　流动人口获得感的代际差异

类　　别		选项占比（%）				均值
		较低	一般	较高	很高	
经济总体获得感	X 世代	24.9	52.1	19.5	3.6	2.02
	Y 世代	30.6	55.1	12.5	1.8	1.85
	Z 世代	34.0	48.1	14.9	3.0	1.87
经济纵向获得感	X 世代	20.1	52.1	24.3	3.6	2.11
	Y 世代	21.0	55.1	21.0	2.8	2.06
	Z 世代	21.3	51.1	24.3	3.2	2.09

续表

类　别		选项占比（%）				均值
		较低	一般	较高	很高	
经济预期获得感	X 世代	15.4	47.9	33.1	3.6	2.25
	Y 世代	13.1	50.5	31.1	5.3	2.28
	Z 世代	13.4	45.2	34.0	7.4	2.35
社会总体获得感	X 世代	14.2	56.8	22.5	6.5	2.21
	Y 世代	25.6	54.3	16.8	3.3	1.98
	Z 世代	26.6	49.9	20.8	2.7	2.00
社会纵向获得感	X 世代	17.8	56.2	23.7	2.4	2.11
	Y 世代	21.9	57.1	18.4	2.6	2.02
	Z 世代	22.1	53.6	21.1	3.2	2.05
社会预期获得感	X 世代	14.2	50.3	30.2	5.3	2.27
	Y 世代	13.1	47.5	33.9	5.5	2.32
	Z 世代	13.9	46.7	33.0	6.5	2.32
政治总体获得感	X 世代	12.4	50.3	22.5	14.8	2.40
	Y 世代	17.7	56.0	20.8	5.5	2.14
	Z 世代	18.4	53.1	23.3	5.2	2.15
政治纵向获得感	X 世代	14.2	43.8	27.8	14.2	2.42
	Y 世代	15.1	56.7	24.1	4.2	2.17
	Z 世代	18.4	51.1	24.1	6.5	2.19
政治预期获得感	X 世代	11.2	40.8	32.0	16.0	2.53
	Y 世代	12.3	52.5	29.1	6.1	2.29
	Z 世代	13.4	50.9	28.0	7.7	2.30

　　综合以上，可以看到，上海市流动人口获得感确实出现了一定程度的代际差异。但是，上海市流动人口经济纵向获得感、经济预期获得感、社会纵向获得感、社会预期获得感并没有出现显著的代际差异。而只有经济总体获得感、社会总体获得感、政治总体获得感、政治纵向获得感、政治预期获得感出现了显著的代际差异。一定程度而言，上海市流动人口经济总体获得

感、经济社会获得感、政治总体获得感、政治纵向获得感、政治预期获得感都出现了年轻世代的获得感低于年长世代的现象。因此，相对于 X 世代而言，关注 Y 世代和 Z 世代流动人口获得感问题相对更为迫切和更为重要。

第三节　城市流动人口获得感的个体分化

流动人口作为一个庞大的社会群体，其内部存在个体分化现象。这可能会使得城市流动人口获得感存在因个体特征的差异而不同的现象。下面以上海市为例从性别差异、户籍分化、婚姻状况异质性、受教育程度分层四个方面对城市流动人口获得感的个体特征进行简要分析。

一、流动人口获得感的性别差异

上海市流动人口获得感存在一定程度的性别差异，主要体现在以下三个方面。

第一，就经济获得感来看，上海市女性流动人口经济总体获得感（1.87）、经济纵向获得感（2.06）的均值水平都低于男性流动人口（分别为1.90、2.10）。而上海市女性流动人口经济预期获得感的均值（2.31）与男性流动人口基本持平（2.30）。具体从各选项比例来看，女性流动人口经济总体获得感（48.7%）、经济纵向获得感（48.5%）的水平为"一般"的人数比例都高于男性流动人口（分别为 48.7%、48.5%）；相对应的是，女性流动人口经济总体获得感和经济纵向获得感的水平为"较低""较高""很高"的人数比例都低于男性流动人口。而经济预期获得感的各选项比例的性别差异程度相对较小。而且，从经济总体获得感、经济纵向获得感、经济预期获得感的性别差异的皮尔森卡方检验值分别为 7.119、8.746、3.679，似然比分别为7.221、8.760、3.682，显著性概率分别为 0.068、0.033、0.298，这说明上海市流动人口经济总体获得感和经济纵向获得感确实存在显著的性别差异，但经济预期获得感却不存在显著的性别差异。

第二，就社会获得感来看，上海市女性流动人口社会总体获得感

（2.04）、社会纵向获得感（2.01）、社会预期获得感（2.28）的均值水平都略高于男性流动人口（2.00、2.01、2.28）。具体从各选项比例来看，女性流动人口社会总体获得感、社会纵向获得感水平为"较低"和"较高"的人数比例都低于男性流动人口；而其水平为"一般"和"较高"的人数比例都高于男性流动人口。相对而言，社会预期获得感的各选项人数比例的性别差异略大于社会总体获得感。而女性流动人口社会预期获得感的水平为"较低"的人数比例低于男性流动人口，而其"较高"的人数比例高于男性流动人口，但其差异程度相对并不大。而且，社会总体获得感、社会纵向获得感、社会预期获得感的性别差异的皮尔森卡方检验值分别为5.189、8.551、4.159，似然比分别为5.918、8.571、4.164，显著性概率分别为0.159、0.036、0.245，这说明上海市流动人口社会总体获得感和社会预期获得感都不存在显著的性别差异，但社会纵向获得感却存在显著的性别差异。

第三，就政治获得感来看，上海市女性流动人口政治总体获得感、政治纵向获得感、政治预期获得感的均值水平与男性流动人口基本持平。具体从各选项比例来看，女性流动人口政治总体获得感、政治纵向获得感、政治预期获得感"较低""一般""较高""很高"的人数比例与男性流动人口之间的差距也较小。而且，政治总体获得感、政治纵向获得感、政治预期获得感的性别差异的皮尔森卡方检验值分别为0.466、0.214、0.173，似然比分别为0.466、0.214、0.173，显著性概率分别为0.926、0.975、0.982，这说明上海市流动人口政治总体获得感、政治纵向获得感、政治预期获得感都不存在显著的性别差异。

表 4.3　上海市流动人口获得感的性别差异

类　　别		选项占比（%）				均值
		较低	一般	较高	很高	
经济总体获得感	女	29.7%	55.0%	13.8%	1.5%	1.87
	男	32.3%	48.7%	15.4%	3.6%	1.90
经济纵向获得感	女	19.7%	57.5%	20.1%	2.7%	2.06
	男	22.3%	48.5%	25.6%	3.6%	2.10

续表

类　别		选项占比（%）				均值
		较低	一般	较高	很高	
经济预期获得感	女	12.1%	50.2%	32.6%	5.2%	2.31
	男	15.2%	45.8%	32.5%	6.5%	2.30
社会总体获得感	女	21.8%	54.8%	20.5%	2.9%	2.04
	男	26.4%	51.1%	18.1%	4.3%	2.00
社会纵向获得感	女	18.0%	57.9%	21.8%	2.3%	2.08
	男	24.7%	53.3%	18.7%	3.4%	2.01
社会预期获得感	女	11.9%	47.7%	35.1%	5.4%	2.34
	男	15.4%	47.5%	30.8%	6.3%	2.28
政治总体获得感	女	17.0%	53.1%	22.8%	7.1%	2.20
	男	17.2%	54.8%	21.3%	6.7%	2.18
政治纵向获得感	女	16.5%	51.9%	25.1%	6.5%	2.22
	男	16.0%	52.9%	24.3%	6.9%	2.22
政治预期获得感	女	12.5%	50.0%	29.5%	8.0%	2.33
	男	12.6%	49.9%	28.8%	8.7%	2.34

　　由此可见，上海市流动人口获得感确实存在一定程度的性别差异现象，经济总体获得感、经济纵向获得感与社会纵向获得感存在显著的性别差异。但是，经济预期获得感、社会总体获得感、社会预期获得感、政治总体获得感、政治纵向获得感、政治预期获得感都不存在显著的性别差异。

二、流动人口获得感的户籍分化

　　上海市流动人口获得感可能因户籍的差异而不同，其主要特征体现在以下三个方面。

　　首先，农业户口和非农业户口的上海市流动人口经济总体获得感的均值（1.86、1.84）都低于居民户籍流动人口（1.98）。而从各具体选项的人数比例看，农业户口与非农业户口的上海市流动人口经济总体获得感为"较低"（32.4%、32.1%）和"一般"（52.4%、52.6%）的人数比例相差不大，但都远高于居民户口群体（27.1%、50.2%）。与之对应的是，两者的经济总体获得感水平为"较高"的人数比例（11.9%、14.3%）都远低于居民户口流动人口（20.8%）。

同时，经济总体获得感的户籍差异的皮尔森卡方检验值为14.810，似然比分别为14.613，显著性概率分别为0.022，说明上海市流动人口经济总体获得感确实存在显著的户籍分化。相对而言，居民户口流动人口的经济总体获得感高于农业户口和非农业户口群体。然而，农业户口、非农业户口、居民户口的上海市流动人口经济纵向获得感和经济预期获得感的均值都相差无几，其各选项比例人数的差距也比较小。而且，经济纵向获得感和经济预期获得感的户籍差异的皮尔森卡方检验值分别为4.468、3.740，似然比分别为4.360、3.708，显著性概率分别为0.614、0.712，说明上海市流动人口经济纵向获得感和经济预期获得感都不存在显著的户籍分化。

其次，农业户口和非农业户口的上海市流动人口社会总体获得感（2.00、1.97）的均值都低于居民户籍流动人口（2.13）。而从各具体选项的人数比例看，农业户口与非农业户口的上海市流动人口社会总体获得感为"较低"（25.4%、27.6%）的人数比例相差不大，但都远高于居民户口群体（18.4%）。而两者的社会总体获得感水平为"较高"的人数比例（16.8%、20.4%）都远低于居民户口流动人口（24.3%）。同时，社会总体获得感的户籍差异的皮尔森卡方检验值为12.348，似然比分别为12.671，显著性概率分别为0.055，说明上海市流动人口社会总体获得感确实存在显著的户籍分化。相对而言，居民户口流动人口的社会总体获得感高于农业户口和非农业户口群体。

然而，农业户口、非农业户口、居民户口的上海市流动人口社会纵向获得感和社会预期获得感的均值都相差无几，其各选项比例人数的差距也比较小。而且，社会纵向获得感和社会预期获得感的户籍差异的皮尔森卡方检验值分别为3.208、2.102，似然比分别为3.174、2.093，显著性概率分别为0.782、0.910，说明上海市流动人口社会纵向获得感和社会预期获得感都不存在显著的户籍分化。

再次，农业户口、非农业户口、居民户口的上海市流动人口政治总体获得感的均值呈现顺次提高的显著特征（2.12、2.21、2.31）。而从各具体选项的人数比例看，农业户口、非农业户口、居民户口的上海市流动人口政治总体获得感为"较低"的人数比例呈现顺次降低的特征（20.1%、15.3%、11.8%）。而其政治总体获得感水平为"较高"的人数比例却呈现顺次提高的趋势特征（19.0%、24.5%、27.1%）。同时，政治总体获得感的户籍差异的皮尔森卡方检验值为13.951，似然比分别为14.231，显著性概率分别为0.030，说明上海市流动人口政治总体获得感确实存在显著的户籍分化。然而，农业户口、非农业户口、居民户口的上海市流动人口政治纵向获得感的均值都相差无几，其各选项比例人数的差距也比较小。

而且，政治纵向获得感的户籍差异的皮尔森卡方检验值为10.136，似然比为10.120，显著性概率为0.119，说明上海市流动人口政治纵向获得感并不存在显著的户籍分化。与此不同的是，农业户口和非农业户口的上海市流动人口政治预期获得感的均值（2.28、2.32）都低于居民户籍流动人口（2.47）。而从各具体选项的人数比例看，农业户口与非农业户口的上海市流动人口政治预期获得感为"较低"的人数比例（1.31%、15.3%）都远高于居民户口群体（9.0%）。而两者的社会总体获得感水平为"较高"和"很高"的人数比例都远低于居民户口流动人口。而政治预期获得感的户籍差异的皮尔森卡方检验值为15.694，似然比为15.699，显著性概率为0.015，说明上海市流动人口政治预期获得感确实存在显著的户籍差异。

由此可见，上海市流动人口获得感确实存在一定程度的户籍分化现象，其主要体现在经济总体获得感、社会总体获得感、政治总体获得感和政治预期获得感的流动人口户口差异之中。

表4.4　上海市流动人口获得感的户籍分化

类　　别		选项占比（%）				均值
		较低	一般	较高	很高	
经济总体获得感	农业	32.4%	52.4%	11.9%	3.3%	1.86
	非农	32.1%	52.6%	14.3%	1.0%	1.84
	居民	27.1%	50.2%	20.8%	2.0%	1.98

续表

类　别		选项占比（%）				均值
		较低	一般	较高	很高	
经济纵向获得感	农业	21.3%	55.0%	21.1%	2.6%	2.05
	非农	20.4%	51.0%	25.5%	3.1%	2.11
	居民	20.8%	50.2%	24.7%	4.3%	2.13
经济预期获得感	农业	14.0%	47.6%	33.2%	5.2%	2.30
	非农	15.3%	47.4%	29.6%	7.7%	2.30
	居民	11.4%	49.4%	33.3%	5.9%	2.34
社会总体获得感	农业	25.4%	53.6%	16.8%	4.2%	2.00
	非农	27.6%	50.0%	20.4%	2.0%	1.97
	居民	18.4%	53.7%	24.3%	3.5%	2.13
社会纵向获得感	农业	22.0%	55.0%	20.4%	2.6%	2.04
	非农	23.0%	55.6%	19.4%	2.0%	2.01
	居民	18.4%	56.9%	20.8%	3.9%	2.10
社会预期获得感	农业	13.8%	47.6%	33.4%	5.2%	2.30
	非农	14.8%	47.4%	30.6%	7.1%	2.30
	居民	12.2%	47.8%	33.7%	6.3%	2.34
政治总体获得感	农业	20.1%	54.2%	19.0%	6.7%	2.12
	非农	15.3%	54.1%	24.5%	6.1%	2.21
	居民	11.8%	53.3%	27.1%	7.8%	2.31
政治纵向获得感	农业	18.0%	54.3%	21.3%	6.4%	2.16
	非农	14.8%	50.0%	28.1%	7.1%	2.28
	居民	13.3%	49.8%	29.8%	7.1%	2.31
政治预期获得感	农业	13.1%	53.6%	25.6%	7.6%	2.28
	非农	15.3%	45.4%	31.6%	7.7%	2.32
	居民	9.0%	45.1%	35.3%	10.6%	2.47

三、流动人口获得感的婚姻状况异质性

上海市流动人口获得感存在显著的婚姻状况异质性现象，体现在经济获得感、社会获得感、政治获得感等各个方面。

第一，上海市流动人口经济总体获得感、经济纵向获得感和经济预期获得感的情况都因婚姻状况差异而不相同。上海市流动人口经济总体获得感的均值沿着"未婚无对象""未婚有对象""已婚"的顺序而不断提高（1.82＜1.90＜1.94）。具体从各选项人数比例看，"已婚"群体的经济总体获得感水平为"较低"的人数比例最低，而其"较高"和"很高"的人数比例与"未婚有对象"群体大致持平。而且，经济总体获得感的婚姻状况差异的皮尔森卡方检验值为16.782，似然比为17.971，显著性概率为0.010，说明上海市流动人口经济总体获得感确实存在显著的婚姻状况差异。相对而言，"未婚无对象"群体的经济总体获得感状况相对较差。

从经济纵向获得感看，"未婚无对象"群体的经济纵向获得感均值为2.01，低于"未婚有对象"和"已婚"群体。而"未婚无对象"群体的经济纵向获得感水平为"较高"和"很高"的人数比例都低于"未婚有对象"和"已婚"群体；而其"一般"的人数比例都高于"未婚有对象"和"已婚"群体。而且，经济纵向获得感的婚姻状况差异的皮尔森卡方检验值为16.474，似然比为16.825，显著性概率为0.011，说明上海市流动人口经济纵向获得感确实存在显著的婚姻状况差异。

而就经济预期获得感而言，"未婚有对象"群体的均值（2.39）高于"未婚无对象"和"已婚"群体。从各选项具体人数比例看，"未婚有对象"群体的经济纵向获得感水平为"一般"的人数比例远低于"未婚无对象"和"已婚"群体；相应的是，其经济预期获得感水平为"较高"和"很高"的人数比例都远高于"未婚无对象"和"已婚"群体。而且，经济预期获得感的婚姻状况差异的皮尔森卡方检验值为12.046，似然比为12.080，显著性概率为0.061，说明上海市流动人口经济预期获得感确实存在显著的世代差异。因此，上海市流动人口经济总体获得感、经济纵向获得感、经济预期获得感

都存在显著的婚姻状况差异，其婚姻异质性较为明显。

第二，上海市流动人口社会获得感也存在显著的婚姻状况异质性。从社会总体获得感来看，"未婚无对象""未婚有对象""已婚"流动人口的均值呈现依顺序增加的现象（1.95、2.01、2.10）。从各选项人数比例看，"已婚"流动人口社会总体获得感为"较低"的人数比例最低，为19.7%，远低于"未婚无对象"和"未婚有对象"群体。而"未婚有对象"群体社会总体获得感为"一般"的人数比例最低；其"较高"的人数比例相对最高。而且，社会总体获得感的婚姻状况差异的皮尔森卡方检验值为20.215，似然比为21.573，显著性概率为0.003，说明上海市流动人口社会总体获得感确实存在显著的婚姻状况差异。

而"未婚有对象"流动人口社会纵向获得感的均值为2.10，高于"未婚无对象"和"已婚"群体。从各选择人数比例看，"未婚有对象"流动人口社会纵向获得感水平为"一般"的人数比例为50.6%，低于"未婚无对象"和"已婚"群体；而其社会纵向获得感水平为"较高"和"很高"的人数比例分别为21.2%、5.7%，也都高于"未婚无对象"和"已婚"群体。而且，社会纵向获得感的婚姻状况差异的皮尔森卡方检验值为12.734，似然比为11.664，显著性概率为0.047，说明上海市流动人口社会纵向获得感确实存在显著的婚姻状况差异。

就社会预期获得感来看，"未婚有对象"流动人口社会预期获得感的均值为2.43，远远高于"未婚无对象"（2.26）和"已婚"群体（2.29）。从各选择人数比例看，"未婚有对象"流动人口社会预期获得感水平为"一般"的人数比例为39.6%，远远低于"未婚无对象"和"已婚"群体；而其社会纵向获得感水平为"较高"和"很高"的人数比例分别为38.8%、8.6%，也都高于"未婚无对象"和"已婚"群体。而社会预期获得感的婚姻状况差异的皮尔森卡方检验值为12.665，似然比分别为12.447，显著性概率分别为0.049，说明上海市流动人口社会预期获得感确实存在显著的婚姻状况差异。

第三，上海市流动人口政治获得感也存在婚姻状况异质性。就政治总体获得感来看，"未婚无对象"流动人口的均值（2.08）远低于"未婚有对象"和"已婚"群体（2.24）。从各选项人数比例看，"未婚无对象"流动人口政治总体获得感水平为"一般"的人数比例远高于"未婚有对象"和"已婚"群体；而其"较高"和"很高"的人数比例都低于"未婚有对象"和"已婚"群体。而且，政治总体获得感的婚姻状况差异的皮尔森卡方检验值为25.086，似然比为25.747，显著性概率为0.000，说明上海市流动人口政治总体获得感确实存在显著的婚姻状况差异。

就政治纵向获得感来看，"未婚无对象"流动人口的均值（2.12）远低于"未婚有对象"和"已婚"群体（2.26、2.28）。从各选项人数比例看，"未婚无对象"流动人口政治纵向获得感水平为"一般"的人数比例（60.1%）远高于"未婚有对象"和"已婚"群体（47.3%、49.0%）；而其"较高"和"很高"的人数比例都低于"未婚有对象"和"已婚"群体。而且，政治纵向获得感的婚姻状况差异的皮尔森卡方检验值为19.878，似然比为21.131，显著性概率为0.003，说明上海市流动人口政治纵向获得感确实存在显著的婚姻状况差异。

从政治预期获得感看，"未婚无对象"流动人口的均值（2.24）远低于"未婚有对象"和"已婚"群体（2.40、2.38）。从各选项人数比例看，"未婚无对象"流动人口政治预期获得感水平为"一般"的人数比例（58.1%）远高于"未婚有对象"和"已婚"群体（42.9%、47.3%）；而选择"较高"和"很高"的人数比例都低于"未婚有对象"和"已婚"群体。而且，政治预期获得感的婚姻状况差异的皮尔森卡方检验值为23.021，似然比分别为24.036，显著性概率分别为0.001，说明上海市流动人口政治预期获得感确实存在显著的婚姻状况差异。由此可见，上海市流动人口政治获得感存在显著的婚姻状况差异，核心体现为"未婚无对象"流动人口的政治总体获得感、政治纵向获得感、政治预期获得感都低于"未婚有对象"和"已婚"流动人口群体。

表 4.5   上海市流动人口获得感的婚姻状况异质性

类　　别		选项占比（%）				均值
		较低	一般	较高	很高	
经济总体获得感	未婚无对象	32.0%	55.2%	11.9%	0.8%	1.82
	未婚有对象	35.1%	43.7%	17.1%	4.1%	1.90
	已婚	27.8%	53.8%	15.3%	3.0%	1.94
经济纵向获得感	未婚无对象	22.1%	56.4%	20.1%	1.4%	2.01
	未婚有对象	24.5%	44.9%	25.3%	5.3%	2.11
	已婚	18.1%	55.0%	23.7%	3.2%	2.12
经济预期获得感	未婚无对象	14.4%	51.0%	29.2%	5.4%	2.25
	未婚有对象	14.7%	39.2%	38.4%	7.8%	2.39
	已婚	12.3%	50.6%	32.0%	5.1%	2.30
社会总体获得感	未婚无对象	25.5%	55.5%	17.6%	1.4%	1.95
	未婚有对象	29.8%	44.1%	21.6%	4.5%	2.01
	已婚	19.7%	55.9%	19.5%	4.9%	2.10
社会纵向获得感	未婚无对象	22.4%	56.9%	19.3%	1.4%	2.00
	未婚有对象	22.4%	50.6%	21.2%	5.7%	2.10
	已婚	19.7%	57.3%	20.6%	2.3%	2.06
社会预期获得感	未婚无对象	13.6%	51.3%	30.9%	4.2%	2.26
	未婚有对象	13.1%	39.6%	38.8%	8.6%	2.43
	已婚	13.9%	49.2%	31.3%	5.6%	2.29
政治总体获得感	未婚无对象	17.3%	60.1%	19.5%	3.1%	2.08
	未婚有对象	17.6%	47.3%	28.6%	6.5%	2.24
	已婚	16.7%	52.7%	20.4%	10.2%	2.24
政治纵向获得感	未婚无对象	15.6%	60.1%	21.2%	3.1%	2.12
	未婚有对象	17.1%	47.3%	27.8%	7.8%	2.26
	已婚	16.2%	49.0%	25.8%	9.0%	2.28
政治预期获得感	未婚无对象	11.3%	58.1%	26.3%	4.2%	2.24
	未婚有对象	13.5%	42.9%	34.3%	9.4%	2.40
	已婚	13.0%	47.3%	28.5%	11.1%	2.38

四、流动人口获得感的受教育程度分层

上海市流动人口的受教育程度存在较大差异，这也可能使得其获得感存在一定程度的受教育程度差异，主要体现在以下两个方面。

一方面，就经济获得感来看，受教育程度不同的流动人口，其经济总体获得感、经济纵向获得感、经济预期获得感的均值尽管略有差异，但其差异程度都较小。与此相同都是，经济总体获得感、经济纵向获得感、经济预期获得感的各选项人数比例也因受教育程度不同而略有差异，但是，总体来看，其差异程度也相对较小。而且，经济总体获得感、经济纵向获得感、经济预期获得感的受教育程度差异的皮尔森卡方检验值分别为 14.277、13.643、10.660，似然比分别为 13.844、13.749、11.078，显著性概率分别为 0.283、0.324、0.556，说明上海市流动人口经济总体获得感、经济纵向获得感、经济预期获得感都不会因受教育程度差异而表现出显著不同。

与经济获得感相类似，上海市流动人口社会总体获得感、社会纵向获得感、社会预期获得感的均值及各选项人数比例因受教育程度不同而略有差异，但其差异程度也相对较小。而且，社会总体获得感、社会纵向获得感、社会预期获得感的受教育程度差异的皮尔森卡方检验值分别为 10.400、13.796、10.362，似然比分别为 9.377、13.768、10.826，显著性概率分别为 0.581、0.314、0.584，说明上海市流动人口社会总体获得感、社会纵向获得感、社会预期获得感确实都不会因受教育程度差异而表现出显著不同。

另一方面，与经济获得感和社会获得感不同的是，上海市流动人口政治获得感会因受教育程度差异存在显著的不同。受教育程度为"硕士及以上"的流动人口，其政治总体获得感的均值为 2.37，远高于其他群体；而受教育程度为"初中及以下""高中（中专）""大专""大学本科"的流动人口政治总体获得感的均值大致持平，不存在较大程度的差异。从各选项人数比例来看，受教育程度为"硕士及以上"的流动人口，其政治总体获得感水平为"较高"人数比例为 30.9%，远高于其他群体；而受教育程度为"大专"的流动人口人数比例却最低。同时，政治总体获得感的受教育程度差

异的皮尔森卡方检验值为40.353，似然比为39.119，显著性概率为0.000，说明上海市流动人口政治总体获得感确实因受教育程度差异存在显著的区别。

就政治纵向获得感看，受教育程度为"硕士及以上"的流动人口，其政治纵向获得感的均值为2.46，远高于其他群体；而受教育程度为"初中及以下""高中（中专）""大专""大学本科"的流动人口政治纵向获得感的均值大致持平，其差异程度较小。从各选项人数比例来看，受教育程度为"硕士及以上"的流动人口，其政治纵向获得感水平为"较高"人数比例为37.0%，远高于其他群体；其政治纵向获得感水平为"较低"的人数比例最低（8.6%）。而受教育程度为"大专"的流动人口，其政治纵向获得感水平为"一般"的人数比例最高（62.0%）；而受教育程度为"本科"的流动人口，其政治纵向获得感为"很高"的人数比例反而最低（4.6%）。同时，政治纵向获得感的受教育程度差异的皮尔森卡方检验值为36.853，似然比分别为35.788，显著性概率分别为0.000，说明上海市流动人口政治纵向获得感确实因受教育程度差异存在显著的差异。

表 4.6　上海市流动人口获得感的受教育程度分层

类　别		选项占比（%）				均值
		较低	一般	较高	很高	
经济总体获得感	初中及以下	26.9%	51.5%	17.9%	3.7%	1.99
	高中（中专）	27.8%	50.8%	16.6%	4.8%	1.98
	大专	34.3%	52.1%	12.2%	1.4%	1.81
	大学本科	32.9%	52.4%	13.3%	1.4%	1.83
	硕士及以上	27.2%	51.9%	17.3%	3.7%	1.98
经济纵向获得感	初中及以下	17.9%	55.2%	22.4%	4.5%	2.13
	高中（中专）	20.3%	50.8%	25.1%	3.7%	2.12
	大专	20.7%	58.7%	17.4%	3.3%	2.03
	大学本科	20.8%	52.9%	24.2%	2.2%	2.08
	硕士及以上	29.6%	40.7%	25.9%	3.7%	2.04

续表

类　　别		选项占比（%）				均值
		较低	一般	较高	很高	
经济预期获得感	初中及以下	11.9%	50.0%	32.1%	6.0%	2.32
	高中（中专）	16.6%	47.6%	28.3%	7.5%	2.27
	大专	12.2%	51.2%	31.5%	5.2%	2.30
	大学本科	14.7%	44.4%	35.0%	5.8%	2.32
	硕士及以上	7.4%	55.6%	33.3%	3.7%	2.33
社会总体获得感	初中及以下	22.4%	53.0%	17.2%	7.5%	2.10
	高中（中专）	24.6%	51.9%	19.3%	4.3%	2.03
	大专	24.4%	54.9%	18.3%	2.3%	1.99
	大学本科	24.9%	52.2%	20.5%	2.4%	2.00
	硕士及以上	21.0%	54.3%	19.8%	4.9%	2.09
社会纵向获得感	初中及以下	20.9%	50.7%	25.4%	3.0%	2.10
	高中（中专）	25.1%	52.9%	17.6%	4.3%	2.01
	大专	15.5%	63.8%	18.8%	1.9%	2.07
	大学本科	22.7%	54.3%	20.5%	2.4%	2.03
	硕士及以上	21.0%	54.3%	21.0%	3.7%	2.07
社会预期获得感	初中及以下	10.4%	48.5%	34.3%	6.7%	2.37
	高中（中专）	16.0%	46.5%	29.9%	7.5%	2.29
	大专	11.7%	50.2%	31.9%	6.1%	2.32
	大学本科	15.7%	45.4%	34.3%	4.6%	2.28
	硕士及以上	7.4%	53.1%	33.3%	6.2%	2.38
政治总体获得感	初中及以下	26.1%	44.0%	17.9%	11.9%	2.16
	高中（中专）	20.3%	49.7%	20.9%	9.1%	2.19
	大专	12.2%	65.3%	16.9%	5.6%	2.16
	大学本科	15.9%	54.8%	24.9%	4.3%	2.18
	硕士及以上	13.6%	45.7%	30.9%	9.9%	2.37

续表

类　　别		选项占比（%）				均值
		较低	一般	较高	很高	
政治纵向获得感	初中及以下	23.9%	45.5%	18.7%	11.9%	2.19
	高中（中专）	19.3%	47.1%	25.1%	8.6%	2.23
	大专	11.7%	62.0%	21.1%	5.2%	2.20
	大学本科	16.2%	53.4%	25.8%	4.6%	2.19
	硕士及以上	8.6%	45.7%	37.0%	8.6%	2.46
政治预期获得感	初中及以下	17.2%	46.3%	22.4%	14.2%	2.34
	高中（中专）	16.0%	43.9%	30.5%	9.6%	2.34
	大专	9.4%	58.7%	25.4%	6.6%	2.29
	大学本科	12.1%	50.5%	30.7%	6.8%	2.32
	硕士及以上	7.4%	44.4%	39.5%	8.6%	2.49

　　从政治预期获得感来看，受教育程度为"硕士及以上"的流动人口，其均值为 2.49，远高于其他群体；而受教育程度为"初中及以下""高中（中专）""大专""大学本科"的流动人口政治预期获得感的均值大致持平，其差异程度较小，但"大专"群体的均值最低。从各项人数比例来看，受教育程度为"硕士及以上"的流动人口，其政治预期获得感水平为"较高"人数比例为 39.5%，远高于其他群体；其政治预期获得感水平为"较低"的人数比例最低（7.4%）。而受教育程度为"大专"的流动人口，其政治预期获得感水平为"一般"的人数比例最高（58.7%），但其"很高"的人数比例却最低。受教育程度为"初中及以下"的流动人口，其政治预期获得感为"很高"的人数比例反而最高（14.2%）。而政治预期获得感的受教育程度差异的皮尔森卡方检验值为 27.552，似然比为 26.649，显著性概率为 0.006，说明上海市流动人口政治预期获得感确实因受教育程度差异表现出显著的不同。

　　所以，上海市流动人口经济获得感和社会获得感并不存在显著的受教育程度分层，但其政治总体获得感、政治纵向获得感、政治预期获得感因受教育程度不同而存在显著差异。其最特出的特征是，受教育程度为"硕士及以上"流动人口群体的政治总体获得感、政治纵向获得感、政治预期获得感都高于其他群体。然而，上海市流动人口政治获得感的受教育影响的情况较为复杂，受教育程度的提升并不必然能够有效提升其政治获得感。

第五章　城市流动人口获得感影响机制的实证分析

本章基于实证模型，全面分析人力资本、经济条件、社会融入、制度适应等方面个体可行能力对流动人口获得感的具体影响机制及现实路径，并运用可行能力理论对影响机制进行理论解释。在此基础上，力图全面呈现可行能力与流动人口获得感之间的内在作用机制，以期为制定提升流动人口获得感的对策铺垫实践基础。

第一节　可行能力对流动人口获得感的直接影响

影响流动人口获得感是多方面的，除了年龄、性别、户口等个体特征因素之外，人力资本、经济条件、社会融入、制度适应等各个方面的可行能力对流动人口获得感具有重要的现实影响，其直接影响的特征主要包括以下四个方面。

一、类型性：人力资本的影响

人力资本不仅是影响居民收入和职业发展等方面的关键要素，也是影响居民获得感的重要因素。然而，尽管人力资本对城市流动人口获得感具有重要影响，但其影响却存在显著的类型分化特征，体现在以下几个方面。

首先，从模型1、模型3、模型4、模型5、模型7、模型8、模型9、模型11、模型12可知，各个模型中的受教育程度和健康状况的系数都为正，且都在0.1显著性水平下显著。这说明教育人力资本（受教育程度）和健康人力资本（健康状况）对上海市的流动人口和长三角其他地区的流动人口的经济总体获得感、经济纵向获得感、经济预期获得感都具有显著的影响。随着教育人力资本和健康人力资本的增加，流动人口经济总体获得感、经济纵向获得感和经济预期获得感将随之显著提高，即人力资本对流动人口经济获得感具有显著的正向影响效应。

然而，不同人力资本对城市流动人口经济获得感的影响效应存在较大差异。从各对应系数值来看，健康人力资本对上海市流动人口经济总体获得感（0.251，模型3）、经济纵向获得感（0.240，模型7）、经济预期获得感（0.258，模型11）的影响效应都远远大于教育人力资本（0.139，模型3；0.157，模型7；0.153，模型11）。因而，健康人力资本对城市流动人口经济获得感具有更为重要的现实意义，凸显人力资本对城市流动人口经济获得感影响的类型分化性。

其次，人力资本对流动人口社会获得感的影响与经济获得感的情况存在较大差异。从模型16、模型20、模型24可以看到，受教育程度和健康状况的各个系数都显著（0.1显著性水平），说明教育人力资本和健康人力资本对长三角其他地区流动人口社会总体获得感、社会纵向获得感、社会预期获得感都具有显著的正向影响。然而，上海市流动人口的情况却与此不同。从模型13、模型15、模型17、模型19、模型21、模型23可知，受教育程度的各个系数尽管都为正，但均不显著（0.1显著性水平）；而健康状况的各个系数也都为正，却都在0.01显著性水平下显著。这说明教育人力资本对上海市流动人口社会总体获得感、社会纵向获得感、社会预期获得感的影响都不显著，但健康人力资本却具有显著的正向影响。健康人力资本越高，上海市流动人口社会获得感也明显越高，凸显人力资本影响的类型分化性和健康人力资本影响的重要性。

同时，健康人力资本对上海市流动人口社会获得感不同维度的影响效应也不同。从系数值看，健康人力资本对上海市流动人口社会获得感的影响效应由大到小依次为社会总体获得感、社会纵向获得感、社会预期获得感（0.331 > 0.247 > 0.156，模型15、模型19、模型23），即健康人力资本对上海市流动人口社会获得感的影响存在维度差异。因而，人力资本对上海市流动人口社会获得感的影响存在类型分化性特征，但只有健康人力资本的影响显著。并且，健康人力资本对上海市流动人口社会总体获得感、社会纵向获得感、社会预期获得感的影响效应顺次降低，凸显其影响的维度差异性。

再次，人力资本对流动人口政治获得感的影响与社会获得感的情况具有相似性。从模型28、模型32、模型36可以看到，受教育程度和健康状况的各个系数都显著（0.1显著性水平），说明教育人力资本和健康人力资本对长三角其他地区流动人口政治总体获得感、政治纵向获得感、政治预期获得感都具有显著的正向影响。而上海市流动人口的情况却与此不同。从模型25、模型27、模型29、模型31、模型33、模型35可知，受教育程度的各个系数均不显著（0.1显著性水平），而健康状况的各个系数都显著为正（0.01显著性水平）。这说明教育人力资本对上海市流动人口政治总体获得感、政治纵向获得感、政治预期获得感的影响都不显著，但健康人力资本却具有显著的正向影响。健康人力资本越高，上海市流动人口政治获得感也明显越高，这也同样凸显了人力资本影响的类型分化性和健康人力资本影响的重要性。

同时，从系数值来看，相对而言，健康人力资本对上海市流动人口政治总体获得感（0.160，模型27）、政治纵向获得感（0.151，模型31）、政治预期获得感（0.157，模型35）的影响效应都略小于长三角其他地区流动人口（0.199、0.193、0.180，模型28、模型32、模型36）。尽管健康人力资本对上海市流动人口政治总体获得感、政治纵向获得感、政治预期获得感的影响效应略有差异，但其差异程度相对较小。健康人力资本对上海市流动人口政治获得感的影响效应不存在显著的维度性差异。因而，人力资本对上海市流动人口政治获得感的影响存在类型分化性特征，但只有健康人力资本的影响显著，故需要重点关注健康人力资本对上海市流动人口政治获得感的现实重要意义。

所以，尽管人力资本对上海市流动人口获得感具有显著的影响，但教育人力资本和健康人力资本的影响却完全不同，凸显人力资本影响的类型分化性。教育人力资本只对上海市流动人口经济获得感产生显著的影响。而健康人力资本却对上海市流动人口经济获得感、社会获得感、政治获得感都具有显著的提升作用，凸显健康人力资本影响的关键性。同时，健康人力资本对不同维度的经济获得感、社会获得感、政治获得感的影响效应也存在一定程度差异，具有一定程度的维度层次性特征。故需要根据人力资本的类型分化性，采取相关措施以有效提升上海市流动人口获得感。

表 5.1　流动人口经济总体获得感的影响机制模型

模　型	模型 1 （上海市）		模型 2 （上海市）		模型 3 （上海市）		模型 4 （其他地区）	
	B	SE	B	SE	B	SE	B	SE
阈值：1	4.344**	2.161	1.224***	0.265	3.823*	2.173	4.213***	1.976
2	7.235***	2.170	2.269***	0.276	6.785***	2.181	4.721***	1.981
3	9.589***	2.183	4.385***	0.332	9.177***	2.194	5.968***	1.989
性别：女	0.011	0.127	−0.060	0.120	−0.052	0.128	−0.350**	0.144
男	0ᵃ	—	0ᵃ	—	0ᵃ	—	0ᵃ	—
户口：农业户口	0.061	0.161	−0.178	0.146	0.124	0.162	0.256	0.163
非农业户口	−0.257	0.192	−0.385**	0.184	−0.250	0.193	−0.171	0.218
居民户口	0ᵃ	—	0ᵃ	—	0ᵃ	—	0ᵃ	—
年龄	0.490	0.623	—	—	0.324	0.627	−0.957*	0.565
婚姻：未婚也无对象	−0.180	0.201	−0.170	0.178	−0.132	0.203	−0.478**	0.230
未婚但有对象	−0.153	0.209	−0.053	0.186	−0.087	0.211	−0.223	0.236
已婚	0ᵃ	—	0ᵃ	—	0ᵃ	—	0ᵃ	—
世代：X 世代	−0.289	0.446	0.243	0.229	−0.229	0.448	−0.121	0.480
Y 世代	−0.059	0.216	−0.123	0.155	−0.052	0.217	−0.050	0.249
Z 世代	0ᵃ	—	0ᵃ	—	0ᵃ	—	0ᵃ	—
受教育程度	0.158**	0.065	—	—	0.139*	0.065	0.138*	0.071
健康状况	0.256***	0.079	—	—	0.251***	0.079	0.172**	0.088
人均收入对数	0.256***	0.066	—	—	0.234***	0.068	0.153*	0.079
住房产权：自有住房	0.469***	0.158	—	—	0.437***	0.159	0.284*	0.167

续表

模　型	模型 1（上海市）		模型 2（上海市）		模型 3（上海市）		模型 4（其他地区）	
	B	**SE**	**B**	**SE**	**B**	**SE**	**B**	**SE**
无自有住房	0[a]	—	—	—	0[a]	—	0[a]	—
单位性质：国企事业单位等	0.464	0.311	—	—	0.494	0.314	0.549	0.353
外资（合资）企业	0.364	0.324	—	—	0.484	0.327	0.155	0.476
私营企业	0.427	0.291	—	—	0.383	0.294	0.212	0.330
个体户及其他	0.341	0.375	—	—	0.376	0.378	0.862**	0.417
灵活就业人员	0.404	0.306	—	—	0.448	0.309	0.448	0.331
失业人员等	0[a]	—	—	—	0[a]	—	0[a]	—
社会交往程度	0.171***	0.060	—	—	0.137**	0.060	0.128*	0.067
社区活动参与	0.877***	0.073	—	—	0.855***	0.074	0.656***	0.082
职工养老保险：有	0.147	0.286	—	—	0.149	0.286	0.463*	0.271
没有	0[a]	—	—	—	0[a]	—	0[a]	—
职工医疗保险：有	0.062	0.295	—	—	0.002	0.296	0.566**	0.266
没有	0[a]	—	—	—	0[a]	—	0[a]	—
居住证：有	0.085	0.140	—	—	0.123	0.141	0.144	0.161
没有	0[a]	—	—	—	0[a]	—	0[a]	—
住房公积金：有	0.260	0.191	—	—	0.238	0.192	0.055	0.204
没有	0[a]	—	—	—	0[a]	—	0[a]	—
社会地位	—	—	0.243***	0.036	0.224***	0.039	0.171***	0.043
Cox 和 Snell	0.226		0.145		0.251		0.292	
Nagelkerke	0.256		0.157		0.284		0.338	
P（Test of Parallel Lines）	0.102		0.103		0.110		0.304	

注：*** 表示 p<0.01，** 表示 p<0.05，* 表示 p<0.1。
a 表示对照组。

表 5.2　流动人口经济纵向获得感的影响机制模型

模　型	模型 5 （上海市）		模型 6 （上海市）		模型 7 （上海市）		模型 8 （其他地区）	
	B	SE	B	SE	B	SE	B	SE
阈值：1	6.718***	2.107	0.835***	0.266	3.906**	2.122	4.994**	1.916
2	7.408***	2.110	1.682***	0.272	4.495***	2.124	5.918***	1.924
3	8.008***	2.119	4.140***	0.320	5.651***	2.133	7.427***	1.933
性别：女	−0.101	0.124	−0.145	0.120	−0.148	0.125	−0.088	0.137
男	0[a]	—	0[a]	—	0[a]	—	0[a]	—
户口：农业户口	0.024	0.157	−0.028	0.146	0.093	0.158	0.302*	0.157
非农业户口	−0.015	0.187	−0.048	0.183	−0.013	0.189	−0.039	0.210
居民户口	0[a]	—	0[a]	—	0[a]	—	0[a]	—
年龄	−0.007	0.609	—	—	−0.159	0.614	−0.040	0.546
婚姻： 未婚也无对象	−0.425**	0.196	−0.381**	0.178	−0.364*	0.198	−0.276	0.220
未婚但有对象	−0.273	0.204	−0.163	0.186	−0.193	0.206	−0.049	0.226
已婚	0[a]	—	0[a]	—	0[a]	—	0[a]	—
世代：X 世代	−0.585	0.437	−0.353	0.229	−0.571	0.440	−0.789*	0.463
Y 世代	−0.219	0.211	−0.354**	0.155	−0.217	0.212	−0.336	0.239
Z 世代	0[a]	—	0[a]	—	0[a]	—	0[a]	—
受教育程度	0.162**	0.063	—	—	0.157**	0.064	0.143*	0.068
健康状况	0.265***	0.077	—	—	0.240***	0.077	0.263***	0.084
人均收入对数	0.028	0.065	—	—	0.042	0.066	0.171**	0.076
住房产权： 自有住房	0.053	0.155	—	—	0.062	0.156	−0.019	0.161
无自有住房	0[a]	—	—	—	0[a]	—	0[a]	—
单位性质： 国企事业单位等	−0.125	0.301	—	—	−0.079	0.303	0.732**	0.339
外资（合资）企业	−0.376	0.314	—	—	−0.245	0.317	−0.309	0.458
私营企业	−0.196	0.281	—	—	−0.142	0.283	0.091	0.316
个体户及其他	−0.436	0.366	—	—	−0.385	0.368	0.029	0.401

续表

模 型	模型 5 （上海市）		模型 6 （上海市）		模型 7 （上海市）		模型 8 （其他地区）	
	B	SE	B	SE	B	SE	B	SE
灵活就业人员	−0.187	0.297	—	—	−0.138	0.299	0.296	0.318
失业人员等	0ᵃ	—	—	—	0ᵃ	—	0ᵃ	—
社会交往程度	0.139**	0.058	—	—	0.106*	0.059	0.129**	0.064
社区活动参与	0.729***	0.071	—	—	0.693***	0.071	0.479***	0.076
职工养老保险：有	0.336	0.279	—	—	0.298	0.281	0.035	0.260
没有	0ᵃ	—	—	—	0ᵃ	—	0ᵃ	—
职工医疗保险：有	0.368	0.289	—	—	0.262	0.290	0.220	0.256
没有	0ᵃ	—	—	—	0ᵃ	—	0ᵃ	—
居住证：有	0.034	0.137	—	—	0.010	0.138	0.061	0.155
没有	0ᵃ	—	—	—	0ᵃ	—	0ᵃ	—
住房公积金：有	0.219	0.187	—	—	0.264	0.188	0.218	0.196
没有	0ᵃ	—	—	—	0ᵃ	—	0ᵃ	—
社会地位	—	—	0.282***	0.036	0.262***	0.038	0.119***	0.041
Cox 和 Snell	0.153		0.175		0.192		0.220	
Nagelkerke	0.172		0.184		0.215		0.245	
P （Test of Parallel Lines）	0.173		0.127		0.175		0.142	

注：*** 表示 $p<0.01$，** 表示 $p<0.05$，* 表示 $p<0.1$。
a 表示对照组。

表 5.3   流动人口经济预期获得感的影响机制模型

模 型	模型 9 （上海市）		模型 10 （上海市）		模型 11 （上海市）		模型 12 （其他地区）	
	B	SE	B	SE	B	SE	B	SE
阈值：1	2.611***	1.066	1.260***	0.267	2.601***	1.078	3.491***	1.084
2	3.362***	1.067	1.173***	0.265	3.349***	1.078	5.140***	1.089
3	4.794***	1.073	3.549***	0.294	4.422***	1.084	6.453***	1.096

续表

模　型	模型 9 （上海市）		模型 10 （上海市）		模型 11 （上海市）		模型 12 （其他地区）	
	B	SE	B	SE	B	SE	B	SE
性别：女	0.063	0.121	−0.011	0.118	0.016	0.122	0.265*	0.135
男	0ᵃ	—	0ᵃ	—	0ᵃ	—	0ᵃ	—
户口：农业户口	−0.013	0.154	0.068	0.144	0.064	0.155	0.208	0.153
非农业户口	−0.132	0.184	−0.088	0.181	−0.116	0.185	0.092	0.205
居民户口	0ᵃ	—	0ᵃ	—	0ᵃ	—	0ᵃ	—
年龄	0.238	0.597	0.255	0.597	0.078	0.601	−0.379	0.538
婚姻：未婚 也无对象	−0.341*	0.192	−0.297*	0.175	−0.278	0.193	0.052	0.214
未婚但有对象	0.003	0.200	0.082	0.183	0.058	0.201	0.403*	0.222
已婚	0ᵃ	—	0ᵃ	—	0ᵃ	—	0ᵃ	—
世代：X 世代	−0.627	0.428	−0.471**	0.226	−0.600	0.430	−0.227	0.453
Y 世代	−0.317	0.207	−0.346**	0.153	−0.318	0.208	−0.060	0.234
Z 世代	0ᵃ	—	0ᵃ	—	0ᵃ	—	0ᵃ	—
受教育程度	0.143*	0.062	—	—	0.135*	0.063	0.149*	0.067
健康状况	0.283***	0.075	—	—	0.258***	0.075	0.175*	0.082
人均收入对数	0.038	0.063	—	—	0.098	0.065	0.230***	0.074
住房产权： 自有住房	0.097	0.152	—	—	0.109	0.153	0.153	0.158
无自有住房	0ᵃ	—	—	—	0ᵃ	—	0ᵃ	—
单位性质： 国企事业单位等	−0.278	0.295	—	—	−0.253	0.297	0.337	0.331
外资（合资）企业	−0.420	0.308	—	—	−0.326	0.310	−1.218***	0.452
私营企业	0.087	0.275	—	—	0.127	0.277	0.088	0.307
个体户及其他	−0.190	0.358	—	—	−0.142	0.360	0.034	0.390
灵活就业人员	−0.417	0.291	—	—	−0.379	0.292	−0.196	0.309
失业人员等	0ᵃ	—	—	—	0ᵃ	—	0ᵃ	—
社会交往程度	0.110*	0.057	—	—	0.102*	0.058	0.056	0.063

续表

模　型	模型 9 （上海市）		模型 10 （上海市）		模型 11 （上海市）		模型 12 （其他地区）	
	B	SE	B	SE	B	SE	B	SE
社区活动参与	0.504***	0.067	—	—	0.469***	0.068	0.337***	0.072
职工养老保险：有	0.276	0.274	—	—	0.268	0.275	0.385	0.256
没有	0ᵃ		—	—	0ᵃ		0ᵃ	
职工医疗保险：有	0.276	0.283	—	—	0.323	0.285	0.645**	0.252
没有	0ᵃ	—	—	—	0ᵃ		0ᵃ	
居住证：有	0.092	0.134	—	—	0.056	0.135	0.269*	0.152
没有	0ᵃ	—	—	—	0ᵃ		0ᵃ	
住房公积金：有	0.144	0.183	—	—	0.162	0.184	0.097	0.191
没有	0ᵃ		—	—	0ᵃ		0ᵃ	
社会地位	—	—	0.256***	0.035	0.237***	0.037	0.125***	0.040
Cox 和 Snell	0.108		0.160		0.124		0.195	
Nagelkerke	0.119		0.168		0.137		0.215	
P（Test of Parallel Lines）	0.172		0.137		0.190		0.101	

注：*** 表示 $p<0.01$，** 表示 $p<0.05$，* 表示 $p<0.1$。
a 表示对照组。

表 5.4　流动人口社会总体获得感的影响机制模型

模　型	模型 13 （上海市）		模型 14 （上海市）		模型 15 （上海市）		模型 16 （其他地区）	
	B	SE	B	SE	B	SE	B	SE
阈值：1	5.557***	2.123	0.739***	0.265	5.159***	2.132	5.089***	1.949
2	6.527***	2.128	1.971***	0.274	6.298***	2.136	6.187***	1.955
3	7.824***	2.138	4.108***	0.315	7.330***	2.146	7.698***	1.964
性别：女	0.215*	0.125	0.111	0.120	0.146	0.126	−0.016	0.140
男	0ᵃ	—	0ᵃ	—	0ᵃ	—	0ᵃ	—
户口：农业户口	0.034	0.158	−0.179	0.146	0.109	0.159	−0.095	0.160

续表

模　型	模型 13 （上海市）		模型 14 （上海市）		模型 15 （上海市）		模型 16 （其他地区）	
	B	SE	B	SE	B	SE	B	SE
非农业户口	−0.414**	0.189	−0.472**	0.184	−0.408	0.190	−0.292	0.214
居民户口	0ᵃ	—	0ᵃ	—	0ᵃ	—	0ᵃ	—
年龄	0.048	0.613	—		−0.143	0.616	−0.729	0.557
婚姻：未婚也无对象	−0.285	0.198	−0.266	0.178	−0.247	0.199	−0.380*	0.226
未婚但有对象	−0.286	0.205	−0.162	0.186	−0.215	0.207	−0.207	0.232
已婚	0ᵃ		0ᵃ		0ᵃ		0ᵃ	—
世代：X 世代	0.135	0.438	0.263	0.228	0.202	0.440	0.362	0.471
Y 世代	−0.079	0.212	−0.243	0.155	−0.067	0.213	−0.280	0.245
Z 世代	0ᵃ		0ᵃ		0ᵃ		0ᵃ	—
受教育程度	0.059	0.063	—		0.021	0.064	0.150*	0.070
健康状况	0.362***	0.078	—		0.331***	0.078	0.288***	0.086
人均收入对数	0.099	0.065	—		0.043	0.066	0.138*	0.078
住房产权：自有住房	0.203	0.155	—		0.205	0.156	0.215	0.165
无自有住房	0ᵃ				0ᵃ		0ᵃ	—
单位性质：国企事业单位等	0.161	0.303	—		0.177	0.305	0.334	0.346
外资（合资）企业	−0.025	0.316	—		0.081	0.318	−0.245	0.469
私营企业	−0.082	0.283	—		−0.057	0.285	0.055	0.323
个体户及其他	0.231	0.368	—		0.279	0.369	0.340	0.409
灵活就业人员	−0.060	0.299	—		−0.039	0.300	0.304	0.324
失业人员等	0ᵃ				0ᵃ		0ᵃ	—
社会交往程度	0.111*	0.059	—		0.108*	0.059	0.078	0.066
社区活动参与	0.741***	0.071	—		0.705***	0.071	0.951***	0.079
职工养老保险：有	0.073	0.281	—		0.087	0.282	0.231	0.265
没有	0ᵃ		—		0ᵃ		0ᵃ	—

续表

模　　型	模型 13（上海市）		模型 14（上海市）		模型 15（上海市）		模型 16（其他地区）	
	B	SE	B	SE	B	SE	B	SE
职工医疗保险：有	0.012	0.291	—	—	−0.054	0.292	0.580**	0.262
没有	0ª	—	—	—	0ª	—	0ª	—
居住证：有	0.103	0.138	—	—	0.147	0.138	0.061	0.158
没有	0ª	—	—	—	0ª	—	0ª	—
住房公积金：有	0.052	0.188	—	—	−0.032	0.189	0.004	0.200
没有	0ª	—	—	—	0ª	—	0ª	—
社会地位	—	—	0.268***	0.036	0.226***	0.038	0.185***	0.042
Cox 和 Snell	0.189		0.149		0.216		0.271	
Nagelkerke	0.211		0.154		0.242		0.303	
P（Test of Parallel Lines）	0.107		0.152		0.114		0.145	

注：*** 表示 p<0.01，** 表示 p<0.05，* 表示 p<0.1。
a 表示对照组。

表 5.5　流动人口社会纵向获得感的影响机制模型

模　　型	模型 17（上海市）		模型 18（上海市）		模型 19（上海市）		模型 20（其他地区）	
	B	SE	B	SE	B	SE	B	SE
阈值：1	5.147***	2.137	1.277***	0.268	5.601***	2.153	2.605***	1.940
2	6.998***	2.146	2.404***	0.281	6.565***	2.161	5.553***	1.949
3	9.529***	2.157	4.805***	0.334	9.145***	2.173	8.200***	1.960
性别：女	0.302	0.126	0.213*	0.122	0.252	0.127	0.076	0.139
男	0ª	—	0ª	—	0ª	—	0ª	—
户口：农业户口	0.130	0.159	0.028	0.148	0.225	0.161	0.353**	0.159
非农业户口	−0.219	0.190	−0.245	0.186	−0.202	0.191	0.406*	0.212
居民户口	0ª	—	0ª	—	0ª	—	0ª	—
年龄	0.875	0.617	—	—	0.689	0.622	−0.104	0.553

续表

模　型	模型 17（上海市）		模型 18（上海市）		模型 19（上海市）		模型 20（其他地区）	
	B	**SE**	**B**	**SE**	**B**	**SE**	**B**	**SE**
婚姻：未婚也无对象	−0.145	0.198	−0.114	0.179	−0.083	0.200	−0.217	0.222
未婚但有对象	−0.009	0.206	0.125	0.188	0.086	0.208	0.060	0.229
已婚	0ᵃ	—	0ᵃ	—	0ᵃ	—	0ᵃ	—
世代：X 世代	−0.599	0.442	0.060	0.231	−0.547	0.445	−0.789*	0.467
Y 世代	−0.235	0.213	−0.217	0.156	−0.227	0.215	−0.430*	0.242
Z 世代	0ᵃ		0ᵃ		0ᵃ		0ᵃ	
受教育程度	0.012	0.064	—		0.058	0.065	0.224***	0.069
健康状况	0.258***	0.078	—		0.247***	0.078	0.297***	0.085
人均收入对数	0.018	0.066	—		0.048	0.067	0.239***	0.076
住房产权：自有住房	0.052	0.156	—		0.037	0.158	0.106	0.163
无自有住房	0ᵃ				0ᵃ		0ᵃ	
单位性质：国企事业单位等	0.081	0.304	—		0.117	0.306	0.569*	0.342
外资（合资）企业	−0.358	0.318	—	—	−0.231	0.320	−0.683	0.466
私营企业	−0.238	0.284	—		−0.203	0.286	−0.056	0.319
个体户及其他	−0.371	0.370	—		−0.337	0.372	0.415	0.404
灵活就业人员	−0.374	0.300	—		−0.334	0.302	0.257	0.320
失业人员等	0ᵃ	—			0ᵃ	—	0ᵃ	—
社会交往程度	0.198***	0.059	—		0.183***	0.060	0.058	0.065
社区活动参与	0.722***	0.071	—		0.682***	0.072	0.798***	0.077
职工养老保险：有	0.111	0.283			0.110	0.284	0.096	0.262
没有	0ᵃ	—			0ᵃ	—	0ᵃ	—
职工医疗保险：有	0.198	0.293			0.278	0.295	0.444*	0.259
没有	0ᵃ	—			0ᵃ	—	0ᵃ	—
居住证：有	0.106	0.138	—		0.154	0.140	0.115	0.157
没有	0ᵃ	—			0ᵃ	—	0ᵃ	—
住房公积金：有	0.232	0.189	—	—	0.276	0.191	0.099	0.197

模　型	模型 17 （上海市）		模型 18 （上海市）		模型 19 （上海市）		模型 20 （其他地区）	
	B	SE	B	SE	B	SE	B	SE
没有	0ᵃ	—	—	—	0ᵃ	—	0ᵃ	—
社会地位	—	—	0.303***	0.037	0.276***	0.039	0.191***	0.041
Cox 和 Snell	0.154		0.176		0.196		0.241	
Nagelkerke	0.175		0.186		0.221		0.270	
P（Test of Parallel Lines）	0.122		0.304		0.112		0.177	

注：*** 表示 $p<0.01$，** 表示 $p<0.05$，* 表示 $p<0.1$。
a 表示对照组。

表 5.6　流动人口社会预期获得感的影响机制模型

模　型	模型 21 （上海市）		模型 22 （上海市）		模型 23 （上海市）		模型 24 （其他地区）	
	B	SE	B	SE	B	SE	B	SE
阈值：1	4.377***	2.069	1.080***	0.264	4.056***	2.081	5.531***	1.886
2	5.058***	2.072	1.637***	0.267	5.215***	2.083	6.178***	1.889
3	6.523***	2.079	4.035***	0.299	6.131***	2.090	7.559***	1.895
性别：女	0.213*	0.122	0.144	0.118	0.173	0.123	−0.098	0.135
男	0ᵃ	—	0ᵃ	—	0ᵃ	—	0ᵃ	—
户口：农业户口	0.022	0.154	0.082	0.144	0.105	0.155	0.283*	0.154
非农业户口	−0.099	0.184	−0.056	0.181	−0.071	0.185	0.285	0.206
居民户口	0ᵃ	—	0ᵃ	—	0ᵃ	—	0ᵃ	—
年龄	0.462	0.598	0.551	0.605	0.283	0.602	−0.608	0.539
婚姻：未婚也无对象	0.036	0.192	−0.011	0.175	0.090	0.193	−0.022	0.216
未婚但有对象	0.393*	0.200	0.408**	0.184	0.461**	0.202	0.265	0.223
已婚	0ᵃ	—	0ᵃ	—	0ᵃ	—	0ᵃ	—
世代：X 世代	−0.463	0.428	—	—	−0.423	0.431	−0.470	0.455
Y 世代	0.008	0.207	—	—	0.017	0.208	−0.294	0.235
Z 世代	0ᵃ	—			0ᵃ	—	0ᵃ	—

续表

模　型	模型 21 (上海市)		模型 22 (上海市)		模型 23 (上海市)		模型 24 (其他地区)	
	B	SE	B	SE	B	SE	B	SE
受教育程度	0.062	0.062	—	—	0.052	0.063	0.142*	0.067
健康状况	0.163**	0.075	—	—	0.156**	0.076	0.149*	0.083
人均收入对数	0.030	0.063			0.028	0.065	0.204***	0.075
住房产权：自有住房	0.007	0.152	—	—	0.020	0.153	0.221	0.159
无自有住房	0ᵃ	—			0ᵃ	—	0ᵃ	—
单位性质：国企事业单位等	−0.395	0.295			−0.367	0.297	0.130	0.332
外资（合资）企业	−0.321	0.308			−0.324	0.310	−0.953**	0.451
私营企业	−0.118	0.275			−0.086	0.277	−0.115	0.309
个体户及其他	−0.199	0.358			−0.178	0.360	−0.037	0.392
灵活就业人员	−0.258	0.291			−0.343	0.293	−0.333	0.311
失业人员等	0ᵃ	—			0ᵃ	—	0ᵃ	—
社会交往程度	0.113*	0.057			0.107*	0.058	0.054	0.063
社区活动参与	0.494***	0.067	—	—	0.462***	0.068	0.640***	0.073
职工养老保险：有	0.120	0.274			0.121	0.275	0.199	0.256
没有	0ᵃ	—	—	—	0ᵃ	—	0ᵃ	—
职工医疗保险：有	0.056	0.283			0.006	0.285	0.239	0.253
没有	0ᵃ	—			0ᵃ	—	0ᵃ	—
居住证：有	0.486***	0.134			0.424***	0.135	0.361**	0.153
没有	0ᵃ	—			0ᵃ	—	0ᵃ	—
住房公积金：有	0.240	0.183			0.272	0.184	0.073	0.192
没有	0ᵃ	—			0ᵃ	—	0ᵃ	—
社会地位	—	—	0.259***	0.035	0.241***	0.037	0.199***	0.040
Cox 和 Snell	0.101		0.148		0.137		0.219	
Nagelkerke	0.112		0.162		0.152		0.241	
P（Test of Parallel Lines）	0.416		0.470		0.485		0.102	

注：*** 表示 p<0.01，** 表示 p<0.05，* 表示 p<0.1。

a 表示对照组。

表 5.7　流动人口政治总体获得感的影响机制模型

模　型	模型 25（上海市）		模型 26（上海市）		模型 27（上海市）		模型 28（其他地区）	
	B	SE	B	SE	B	SE	B	SE
阈值：1	4.311***	2.145	1.130***	0.268	4.776***	2.150	4.889***	1.929
2	6.095***	2.152	1.441***	0.269	5.871***	2.156	5.296***	1.938
3	8.204***	2.160	3.192***	0.290	7.989***	2.163	7.874***	1.947
性别：女	0.164	0.126	0.055	0.120	0.141	0.127	0.030	0.138
男	0ª	—	0ª	—	0ª	—	0ª	—
户口：农业户口	−0.110	0.159	−0.321**	0.146	−0.076	0.160	0.065	0.158
非农业户口	−0.266	0.190	−0.226	0.183	−0.259	0.190	0.058	0.210
居民户口	0ª	—	0ª	—	0ª	—	0ª	—
年龄	0.248	0.620	0.341	0.621	0.174	0.621	−0.459	0.551
婚姻：未婚也无对象	−0.083	0.200	−0.131	0.178	−0.062	0.200	−0.141	0.221
未婚但有对象	0.140	0.207	0.239	0.186	0.164	0.208	−0.105	0.228
已婚	0ª		0ª		0ª		0ª	
世代：X 世代	0.189	0.442	0.438**	0.218	0.223	0.443	−0.220	0.465
Y 世代	−0.148	0.214	−0.095	0.154	−0.135	0.215	−0.034	0.241
Z 世代	0ª		0ª		0ª		0ª	
受教育程度	0.093	0.064	—		0.071	0.065	0.141*	0.069
健康状况	0.175*	0.078	—		0.160*	0.078	0.199*	0.085
人均收入对数	0.008	0.066	—		0.036	0.067	0.168*	0.076
住房产权：自有住房	0.212	0.157	—		0.214	0.157	0.054	0.162
无自有住房	0ª	—	—		0ª	—	0ª	—
单位性质：国企事业单位等	0.184	0.308	—		0.210	0.308	0.644**	0.325
外资（合资）企业	0.078	0.320	—		0.140	0.322	0.675*	0.463
私营企业	0.186	0.288	—		0.221	0.288	0.580*	0.322
个体户及其他	−0.049	0.374	—		−0.012	0.375	0.721*	0.406
灵活就业人员	−0.187	0.304	—		−0.160	0.304	0.605**	0.324

续表

模　型	模型 25（上海市）		模型 26（上海市）		模型 27（上海市）		模型 28（其他地区）	
	B	SE	B	SE	B	SE	B	SE
失业人员等	0[a]	—	—	—	0[a]	—	0[a]	—
社会交往程度	0.116*	0.059	—	—	0.111*	0.060	0.140**	0.065
社区活动参与	1.117***	0.076	—	—	1.012***	0.076	1.224***	0.083
职工养老保险：有	0.283***	0.084	—	—	0.244***	0.084	0.536***	0.063
没有	0[a]	—	—	—	0[a]	—	0[a]	—
职工医疗保险：有	0.324***	0.095	—	—	0.289***	0.095	0.261***	0.058
没有	0[a]	—	—	—	0[a]	—	0[a]	—
居住证：有	0.573***	0.139	—	—	0.553***	0.139	0.354**	0.156
没有	0[a]	—	—	—	0[a]	—	0[a]	—
住房公积金：有	0.281*	0.160	—	—	0.304*	0.161	0.270*	0.156
没有	0[a]	—	—	—	0[a]	—	0[a]	—
社会地位	—	—	0.178***	0.035	0.109***	0.038	0.061	0.041
Cox 和 Snell	0.266		0.149		0.271		0.332	
Nagelkerke	0.296		0.154		0.301		0.366	
P（Test of Parallel Lines）	0.101		0.152		0.109		0.144	

注：*** 表示 $p<0.01$，** 表示 $p<0.05$，* 表示 $p<0.1$。
a 表示对照组。

表 5.8　流动人口政治纵向获得感的影响机制模型

模　型	模型 29（上海市）		模型 30（上海市）		模型 31（上海市）		模型 32（其他地区）	
	B	SE	B	SE	B	SE	B	SE
阈值：1	5.035***	2.120	1.050***	0.266	3.920**	2.127	3.944***	1.915
2	5.967***	2.125	1.479***	0.269	4.680***	2.131	5.809***	1.924
3	7.198***	2.132	3.392***	0.292	6.925***	2.138	8.342***	1.934
性别：女	0.093	0.125	−0.017	0.119	0.052	0.125	−0.033	0.137

续表

模　型	模型 29 （上海市）		模型 30 （上海市）		模型 31 （上海市）		模型 32 （其他地区）	
	B	SE	B	SE	B	SE	B	SE
男	0[a]	—	0[a]	—	0[a]	—	0[a]	—
户口：农业户口	0.017	0.158	−0.213	0.145	0.065	0.158	0.178	0.157
非农业户口	−0.078	0.188	−0.087	0.182	−0.057	0.188	0.043	0.209
居民户口	0[a]	—	0[a]	—	0[a]	—	0[a]	—
年龄	0.117	0.613	0.119	0.612	0.018	0.615	0.044	0.546
婚姻：未婚 也无对象	−0.055	0.198	−0.156	0.177	−0.019	0.198	−0.042	0.220
未婚但有对象	0.102	0.205	0.160	0.185	0.149	0.206	−0.055	0.227
已婚	0[a]	—	0[a]	—	0[a]	—	0[a]	—
世代：X 世代	0.246	0.438	0.417*	0.227	0.289	0.439	−0.325	0.462
Y 世代	−0.102	0.212	−0.094	0.154	−0.089	0.213	−0.331	0.240
Z 世代	0[a]	—	0[a]	—	0[a]	—	0[a]	—
受教育程度	0.094	0.063	—	—	0.061	0.064	0.148*	0.068
健康状况	0.172*	0.077	—	—	0.151*	0.077	0.193*	0.084
人均收入对数	0.033	0.065	—	—	0.005	0.066	0.166*	0.076
住房产权： 自有住房	0.111	0.155	—	—	0.103	0.155	0.023	0.161
无自有住房	0[a]	—	—	—	0[a]	—	0[a]	—
单位性质：国企事 业单位等	−0.338	0.302	—	—	−0.311	0.303	0.188	0.338
外资（合资）企业	−0.215	0.314	—	—	−0.121	0.315	0.307	0.455
私营企业	−0.281	0.282	—	—	−0.243	0.282	0.006	0.315
个体户及其他	−0.514	0.368	—	—	−0.474	0.369	−0.243	0.400
灵活就业人员	−0.888***	0.300	—	—	−0.857***	0.300	−0.117	0.317
失业人员等	0[a]	—	—	—	0[a]	—	0[a]	—
社会交往程度	0.114*	0.059	—	—	0.109*	0.059	0.196***	0.065
社区活动参与	1.042***	0.075	—	—	1.017***	0.075	1.108***	0.081

续表

模　型	模型 29 （上海市）		模型 30 （上海市）		模型 31 （上海市）		模型 32 （其他地区）	
	B	SE	B	SE	B	SE	B	SE
职工养老保险：有	0.019	0.281	—	—	0.034	0.281	−0.053	0.260
没有	0[a]	—	—	—	0[a]	—	0[a]	—
职工医疗保险：有	0.175	0.291	—	—	0.116	0.292	0.256	0.256
没有	0[a]	—	—	—	0[a]	—	0[a]	—
居住证：有	0.570***	0.137	—	—	0.538***	0.138	0.475***	0.155
没有	0[a]	—	—	—	0[a]	—	0[a]	—
住房公积金：有	0.052	0.187	—	—	0.065	0.188	0.146	0.195
没有	0[a]	—	—	—	0[a]	—	0[a]	—
社会地位	—	—	0.213***	0.035	0.143***	0.038	0.099**	0.041
Cox 和 Snell	0.242		0.156		0.253		0.300	
Nagelkerke	0.248		0.162		0.280		0.331	
P（Test of Parallel Lines）	0.112		0.110		0.113		0.102	

注：*** 表示 $p<0.01$，** 表示 $p<0.05$，* 表示 $p<0.1$。
a 表示对照组。

表 5.9　流动人口政治预期获得感的影响机制模型

模　型	模型 33 （上海市）		模型 34 （上海市）		模型 35 （上海市）		模型 36 （其他地区）	
	B	SE	B	SE	B	SE	B	SE
阈值：1	4.289***	2.116	1.380***	0.268	4.988***	2.123	3.755**	1.892
2	6.248***	2.123	1.185***	0.266	5.985***	2.129	4.991***	1.899
3	8.530***	2.131	3.146***	0.285	8.293***	2.137	6.949***	1.906
性别：女	0.090	0.124	−0.002	0.119	0.052	0.125	0.242*	0.136
男	0[a]	—	0[a]	—	0[a]	—	0[a]	—
户口：农业户口	−0.178	0.157	−0.327**	0.144	−0.130	0.158	0.147	0.155
非农业户口	−0.449**	0.188	−0.391**	0.181	−0.435**	0.189	0.143	0.207

续表

模　型	模型 33（上海市）		模型 34（上海市）		模型 35（上海市）		模型 36（其他地区）	
	B	SE	B	SE	B	SE	B	SE
居民户口	0ᵃ	—	0ᵃ	—	0ᵃ	—	0ᵃ	—
年龄	0.649	0.611	0.722	0.711	0.542	0.613	−0.584	0.541
婚姻：未婚也无对象	0.030	0.197	−0.105	0.176	0.077	0.198	−0.178	0.217
未婚但有对象	0.312	0.205	0.278	0.184	0.366*	0.206	−0.147	0.224
已婚	0ᵃ	—	0ᵃ	—	0ᵃ	—	0ᵃ	—
世代：X 世代	−0.021	0.436	0.509**	0.226	0.025	0.438	0.084	0.456
Y 世代	−0.204	0.212	−0.054	0.153	−0.190	0.212	−0.123	0.236
Z 世代	0ᵃ	—	0ᵃ	—	0ᵃ	—	0ᵃ	—
受教育程度	0.047	0.063			0.009	0.064	0.146*	0.067
健康状况	0.169*	0.077			0.157*	0.077	0.180*	0.083
人均收入对数	0.010	0.065			0.033	0.066	0.171*	0.075
住房产权：自有住房	0.090	0.155			0.093	0.155	0.126	0.159
无自有住房	0ᵃ	—			0ᵃ	—	0ᵃ	—
单位性质：国企事业单位等	−0.256	0.301			−0.230	0.302	0.456	0.335
外资（合资）企业	−0.297	0.314			−0.195	0.315	0.256	0.451
私营企业	−0.229	0.281			−0.183	0.282	0.550*	0.312
个体户及其他	−0.250	0.366			−0.198	0.367	0.678*	0.395
灵活就业人员	−0.601**	0.298			−0.572	0.298	0.300	0.314
失业人员等	0ᵃ	—			0ᵃ	—	0ᵃ	—
社会交往程度	0.154***	0.058			0.132**	0.059	0.158**	0.064
社区活动参与	1.036***	0.075			1.009***	0.075	1.266***	0.078
职工养老保险：有	0.121	0.278			0.141	0.279	0.038	0.257
没有	0ᵃ	—			0ᵃ	—	0ᵃ	—
职工医疗保险：有	0.278	0.289			0.212	0.289	0.281	0.254

续表

模　　型	模型 33 （上海市）		模型 34 （上海市）		模型 35 （上海市）		模型 36 （其他地区）	
	B	SE	B	SE	B	SE	B	SE
没有	0ª	—			0ª	—	0ª	—
居住证：有	0.476***	0.137	—	—	0.452***	0.137	0.355**	0.153
没有	0ª	—			0ª	—	0ª	—
住房公积金：有	0.053	0.187			0.073	0.187	0.105	0.193
没有	0ª	—			0ª	—	0ª	—
社会地位	—	—	0.219***	0.035	0.165***	0.038	0.051	0.040
Cox 和 Snell	0.246		0.135		0.260		0.263	
Nagelkerke	0.272		0.141		0.288		0.289	
P（Test of Parallel Lines）	0.113		0.117		0.182		0.135	

注：*** 表示 p<0.01，** 表示 p<0.05，* 表示 p<0.1。
a 表示对照组。

二、弱势性：经济条件的作用

可行能力理论强调，个体经济收入、就业类型、住房等代表经济条件的因素是影响个体贫困的直接因素，也是影响个体主观幸福感的核心要素。然而，本研究的结果却与此完全不同，主要体现在两个方面。

一方面，从模型 4、模型 8、模型 12、模型 16、模型 20、模型 24、模型 28、模型 32、模型 36 可以看到，代表经济条件的三个指标中，只有家庭人均月收入的各个系数在各个模型中都显著（0.1 显著性水平），并且，其系数为正，这说明家庭人均月收入对长三角其他地区流动人口的经济总体获得感、经济纵向获得感、经济预期获得感、社会总体获得感、社会纵向获得感、社会预期获得感、政治总体获得感、政治纵向获得感、政治预期获得感都具有显著的影响。随着家庭人均月收入的提高，长三角其他地区流动人口经济获得感、社会获得感、政治获得感也都随之提高。然而，住房产权指标，只在模型 4 中显著，说明住房产权仅仅对长三角其他地区流动人口经济总体获得感具有显著影响。相对于无自有产权房的群体而言，拥有自有产权住房的长三角其他地区流动人口的经济总体获得感相对更高。同时，就业单位性质指标，其各个系数只在模型 28 中全部显著（0.1 显著性水平），说明就业单位性质仅仅对长三角其他地区流动人口的政治总体获得感具有显著影响。由此可见，住房产权和就业单位性质对长三角其他地区流动人口获得感的影响相对较为有限。一定程度而言，经济条件因素对长三角其他地区流动人口获得感的影响也较为有限。

另一方面，相对于长三角其他地区流动人口而言，经济条件因素对上海市流动人口获得感的影响更为有限。从模型 1、模型 3、模型 5、模型 7、模型 9、模型 11、模型 13、模型 15、模型 17、模型 19、模型 21、模型 23、模型 25、模型 27、模型 29、模型 31、模型 33、模型 35 可以看到，经济条件因素对上海市流动人口获得感的影响体现在三个方面。一是，就业单位性质的所有系数在各个模型中基本都不显著（0.1 显著性水平），说明就业单位性质对上海市流动人口经济获得感、社会获得感、政治获得感都不具有显著的影响，即上海市流动人口获得感并不存在显著的就业单位性质差异。二是，家庭人均月收入指标只在模型 1 和模型 3 中显著（0.01 显著性水平），其系数为均为正。即在上海市，家庭人均月收入仅仅对流动人口经济总体获得感具有显著的正向影响，随着家庭人均月收入的提高，该地流动人口经济总体获得感也随之显著提高。并且，从其系数值来看，家庭人均月收入对上海市流动人口经济总体获得感的影响效应大于长三角其他地区流动人口（0.234 > 0.153，见模型 3、模型 4）。三是，与家庭人均月收入的情况相类似，住房产权指标也只在模型 1 和模型 3 中显著（0.01 显著性水平），其系数为均为正。这意味着住房产权只对上海市流动人口经济总体获得感具有显著的正向影响。相对于无自有产权房的群体而言，拥有自有产权房的流动人口，其经济总体获得感相对更高；并且，从其系数值来看，住房产权对上海市流动人口经济总体获得感的影响效应也远远大于长三角其他地区流动人口（0.437 > 0.284，见模型 3、模型 4）。可见，只有经济条件因素中的家庭人均月收入和住房产权对上海市流动人口经济总体获得感具有显著的影响。经济条件因素对上海市流动人口经济纵向获得感、经济预期获得感、社会总体获得感、社会纵向获得感、社会预期获得感、政治总体获得感、政治纵向获得感、政治预期获得感都不具有显著的影响。因此，总体而言，家庭人均月收入、住房产权、就业单位性质等经济条件因素对上海市流动人口经济获得感、社会获得感、政治获得感的影响都较为有限。经济条件对上海市流动人口获得感的影响呈现"弱势性"的显著特征。

三、关键性：社会融入的效应

社会融入不仅是流动人口市民化的核心内容，而且，流动人口社会融入水平也是其可行能力的重要方面，对流动人口获得感具有重要的影响，其主要作用体现在以下三个方面。

第一，从模型 1、模型 3、模型 4、模型 5、模型 7、模型 8、模型 9、模型 11、模型 12 可知，社会交往程度和社区活动参与等社会融入指标在各个模型都显著（显著性水平 0.1），即社会融入确实对上海市和长三角其他地区的流动人口经济总体获得感、经济纵向获得感、经济预期获得感确实具有显著的影响。随着流动人口社会交往程度的提高和社区活动参与水平的提升，流动人口经济总体获得感、经济纵向获得感、经济预期获得感都会显著提升。从各对应系数值来看，社区活动参与在经济总体获得感（0.855 > 0.137，模型 3）、经济纵向获得感（0.693 > 0.106，模型 7）、经济预期获得感模型（0.469 > 0.102，模型 11）的系数都远远大于社会交往程度，说明社区活动参与对上海市流动人口经济获得感的影响效应大于社会交往程度，凸显社会融入影响的类型性。同时，也可以看到，社会交往程度对经济总体获得感、经济纵向获得感、经济预期获得感的影响效应差距相对较小。然而，社区活动参与对经济总体获得感的影响效应最大、对经济纵向获得感的影响效应次之、对经济预期获得感的影响效应最小（0.855 > 0.693 > 0.469），凸显社区活动参与作用的维度性。此外，社区活动参与对上海市流动人口经济总体获得感（0.855）、经济纵向获得感（0.693）、经济预期获得感（0.469）的影响效应也大于长三角地区其他城市流动人口（0.656、0.479、

0.337）。

第二，从模型 16、模型 20、模型 24 可知，社会交往程度的系数都不显著（0.1 显著性水平），而社区活动参与的各个系数都显著且为正（0.01 显著性水平），说明社会融入因素中只有社区活动参与对长三角其他地区流动人口社会总体获得感、社会纵向获得感、社会预期获得感具有显著的正向影响。然而，从模型 13、模型 15、模型 17、模型 19、模型 21、模型 23 可知，社会交往程度和社区活动参与等社会融入指标在各个模型都显著（显著性水平 0.1），即社会融入确实对上海市流动人口社会总体获得感、社会纵向获得感、社会预期获得感都具有显著的影响，随着社会交往程度的提高和社区活动参与水平的提升，上海市流动人口社会总体获得感、社会纵向获得感、社会预期获得感都会显著提升。从各对应系数值来看，社区活动参与在社会总体获得感（0.705，模型 15）、社会纵向获得感（0.682，模型 19）、社会预期获得感模型（0.462，模型 23）的系数都远远大于社会交往程度（0.108、0.183、0.107），说明社区活动参与对上海市流动人口社会获得感的影响效应大于社会交往程度，凸显社会融入影响的类型性。同时，也可以看到，社会交往程度对社会总体获得感、社会纵向获得感、社会预期获得感的影响效应差距相对较小。然而，社区活动参与对于社会总体获得感的影响最大、社会纵向获得感次之、社会预期获得感最小（0.705 > 0.682 > 0.462），凸显社区活动参与作用的维度性。但是，社区活动参与对上海市流动人口社会总体获得感（0.705）、社会纵向获得感（0.682）、社会预期获得感（0.462）的影响效应却都小于长三角地区其他城市流动人口（0.951、0.798、0.640）。因而，社会融入对上海市流动人口社会获得感的影响与长三角其他地区流动人口的情况不同，需要因地制宜，采取相应对策以有效提高流动人口社会获得感。

第三，从模型 25、模型 27、模型 28、模型 29、模型 31、模型 32、模型 33、模型 35、模型 36 可知，社会交往程度和社区活动参与等社会融入指标在各个模型都显著（显著性水平 0.1），即社会融入确实对上海市和长三角其他地区的流动人口政治总体获得感、政治纵向获得感、政治预期获得感都具有显著的影响。随着流动人口社会交往程度的提高和社区活动参与水平的提升，流动人口政治总体获得感、政治纵向获得感、政治预期获得感都会显著提升。从各对应系数值来看，社区活动参与在政治总体获得感（1.012，模型27）、政治纵向获得感（1.017，模型31）、政治预期获得感模型（1.009，模型35）的系数都远远大于社会交往程度（0.111、0.109、0.132），说明社区活动参与对上海市流动人口政治获得感的影响效应大于社会交往程度，凸显社会融入影响的类型性。同时，也可以看到，社会交往程度和社区活动参与对上海市流动人口政治总体获得感、政治纵向获得感、政治预期获得感的影响效应差距相对较小。此外，值得注意的是，社会交往程度和社区获得感参与对上海市流动人口政治总体获得感（0.111、1.102）、政治纵向获得感（0.109、1.017）、政治预期获得感（0.132、1.009）的影响效应却都小于长三角地区其他城市流动人口（0.140、1.224，0.196、1.108，0.158、1.266）。可见，社会融入因素对上海市流动人口政治获得感的影响效应都小于长三角其他地区流动人口。

由此可知，社会交往程度和社区活动参与都对上海市流动人口经济总体获得感、经济纵向获得感、经济预期获得感、社会总体获得感、社会纵向获得感、社会预期获得感、政治总体获得感、政治纵向获得感、政治预期获得感具有显著的正向影响作用，凸显其对上海市流动人口经济获得感、社会获得感、政治获得感影响的关键性和重要性。同时，社区活动参与对上海市流动人口经济获得感、社会获得感、政治获得感的影响效应都大于社会交往程度，凸显社会融入影响的类型性。此外，社会交往程度和社区活动参与等社会融入因素对上海市流动人口经济获得感、社会获得感、政治获得感的影响及其效应都与长三角其他地区流动人口存在差异。因此，需要根据不同地区的现实特征及机制，采取相应措施以促进流动人口社会融入及其获得感的提升。

四、政治性：制度适应的意义

制度适应是流动人口获得流入地城市公共服务和权益的重要体现，也对流动人口幸福感等方面具有重要的现实意义。然而，制度适应对流动人口获得感的影响却与相关研究的结论存在较大差异，其主要体现在以下三个方面。

第一，从模型 4、模型 8、模型 12 可知，职工养老保险、职工医疗保险、居住证、住房公积金等制度适应指标的系数大部分不显著（0.1 显著性水平），只有经济总体获得感模型中职工养老保险、职工医疗保险，经济预期获得感模型中的职工医疗保险的系数显著。这说明只有部分制度适应因素对长三角其他地区流动人口的经济总体获得感和经济预期获得感具有显著的影响。与此不同的是，模型 1、模型 3、模型 5、模型 7、模型 9、模型 11 中，职工养老保险、职工医疗保险、居住证、住房公积金的所有系数都在 0.1 的显著性水平下不显著。这说明制度适应因素对上海市流动人口经济获得感不具有显著的影响。

第二，对于长三角其他地区流动人口的社会获得感而言，从模型 16、模型 20、模型 24 可知，职工养老保险和住房公积金指标的所有系数都不显著，而职工医疗保险在社会预期获得感模型中不显著（0.1 显著性水平），但在社会总体获得感和社会纵向获得感模型中显著（0.1 显著性水平）；居住证指标仅仅在社会预期获得感模型中显著（0.05 显著性水平）。这说明制度适应因素对长三角其他地区流动人口社会获得感也会产生部分显著的影响。上海市流动人口的情况与此不同。从模型 13、模型 15、模型 17、模型 19、模型 21、模型 23 可知，职工养老保险、职工医疗保险、住房公积金的所有系数均不显著（0.1 显著性水平）；而居住证的系数仅仅在社会预期获得感模型中显著（0.01 显著性水平）。这意味着相对于没有办理居住证的群体而言，已经办理居住证的上海市流动人口的社会预期获得感相对更高。而且，从系数值看，居住证对上海市流动人口社会预期获得感的影响效应（0.424，模型 23）也大于长三角其他地区流动人口（0.361，模型 24）。因而，居住证对流动人口社会预期获得感具有重要的现实意义。

第三，与经济获得感和社会获得感情况不同的是，制度适应对流动人口政治获得感的影响相对较多。从模型 25、模型 27、模型 28 可知，职工养老保险、职工医疗保险、居住证、住房公积金的所有系数都显著（0.1 显著性水平），且为正。这说明职工养老保险、职工医疗保险、居住证和住房公积金等制度适应因素都对上海市和长三角其他地区的流动人口政治总体获得感具有显著的影响。而从模型 29、模型 31、模型 32、模型 33、模型 35、模型 36 可知，职工养老保险、职工医疗保险和住房公积金的所有系数都不显著，但居住证的所有系数都在 0.01 显著性水平下显著。这意味着已经办理居住证的流动人口群体的政治纵向获得感和政治预期获得感都显著高于未办理居住证的流动人口。此外，居住证对上海市流动人口政治总体获得感（0.553，模型 27）、政治纵向获得感（0.538，模型 31）、政治预期获得感（0.452，模型 35）的影响效应都大于长三角其他地区流动人口（0.354，模型 28；0.475，模型 32；0.355，模型 36）。由此可知，相对而言，至少有部分制度适应因素对上海市流动人口政治总体获得感、政治纵向获得感、政治预期获得感会产生显著影响，其影响的范围比经济获得感和社会获得感相对更大，凸显制度适应对流动人口政治获得感影响的重要性及其影响的政治性。因此，关注制度适应因素，尤其是居住证对流动人口政治获得感的影响及其效应，对于提高流动人口获得感具有重要的现实意义。

第二节　可行能力对流动人口获得感的间接作用

人力资本、经济条件、社会融入、制度适应等方面可行能力，不仅对城市流动人口获得感具有直接的影响，也会通过社会地位这一中介而间接影响其获得感。各个方面可行能力对城市流动人口获得感的间接影响，主要由"可行能力–社会地位"与"社会地位–获得感"这两个阶段构成，其主要特征包括以下几个方面。

一、社会地位的影响

社会地位对流动人口获得感具有显著的影响，其主要体现在以下几个方面。

首先，从模型2、模型3、模型4、模型6、模型7、模型8、模型10、模型11、模型12可知，社会地位的各个系数都显著（0.01显著性水平），且各个系数均为正，说明社会地位对上海市和长三角其他地区的流动人口经济总体获得感、经济纵向获得感、经济预期获得感都具有显著的影响，即社会地位的提高，会使流动人口经济总体获得感、经济纵向获得感、经济预期获得感都显著提高。从各对应的系数值来看，社会地位对上海市流动人口经济总体获得感（0.224，模型3）、经济纵向获得感（0.262，模型7）、经济预期获得感（0.237，模型11）的影响效应都大于长三角其他地区的流动人口（0.171，模型4；0.119，模型8；0.125，模型12）。因此，相对而言，社会地位对上海市流动人口经济总体获得感、经济纵向获得感、经济预期获得感具有相对更为重要的现实意义。同时，社会地位对上海市流动人口经济获得感的影响效应最大的是经济纵向获得感（0.262，模型7），其次是经济预期获得感（0.237，模型11），再次是经济总体获得感（0.224，模型3）。因此，社会地位对上海市流动人口经济获得感具有显著的正向影响，上海市流动人口经济获得感存在社会地位分化现象。而且，社会地位对经济获得感的不同维度的影响效应不同，凸显社会地位对上海市流动人口经济获得感影响的维度差异性。

其次，从模型14、模型15、模型16、模型18、模型19、模型20、模型22、模型23、模型24可知，社会地位的各个系数也为正且显著（0.01显著性水平），说明社会地位对上海市和长三角其他地区流动人口的社会总体获得感、社会纵向获得感、社会预期获得感都具有显著的正向影响。从各对应的系数值来看，社会地位对上海市流动人口社会总体获得感（0.226，模型15）、社会纵向获得感（0.276，模型19）、社会预期获得感（0.241，模型23）的影响效应都略大于长三角其他地区的流动人口（0.185，模型16；0.191，模型20；0.199，模型24）。相对而言，社会地位对上海市流动人口社会总体获得感、社会纵向获得感、社会预期获得感具有相对更为重要的现实意义。同时，社会地位对上海市流动人口社会获得感的影响效应在不同维度表现也不同，对社会纵向获得感影响最大（0.276，模型19），其次是社会预期获得感（0.247，模型23），再次是社会总体获得感（0.226，模型15）。可知，社会地位对上海市流动人口社会纵向获得感的影响相对更大。因此，社会地位对上海市流动人口社会获得感具有显著的正向影响，随着社会地位的提高，流动人口社会获得感也随之显著提高。上海市流动人口社会获得感存在社会地位分化现象。此外，社会地位对社会获得感的不同维度的影响效应也不同，凸显社会地位对上海市流动人口社会获得感影响的维度性。

　　再次，从模型26、模型27、模型30、模型31、模型34、模型35可知，社会地位的各个系数也为正且显著（0.01显著性水平），说明社会地位对上海市流动人口的政治总体获得感、政治纵向获得感、政治预期获得感也都具有显著的正向影响。然而，从模型28、模型32、模型36可知，在0.1显著性水平下，社会地位对长三角其他地区流动人口政治总体获得感和政治预期获得感的影响都不显著，只对政治纵向获得感具有显著的影响（0.05显著水平）。从系数值来看，社会地位对上海市流动人口政治纵向获得感的影响效应（0.143，模型31）也大于长三角其他地区流动人口（0.099，模型32），即相对于长三角其他地区而言，社会地位对上海市流动人口政治总体获得感、政治纵向获得感、政治预期获得感的意义相对更大。同时，社会地位对上海市流动人口政治获得感的影响效应由小到大依次是政治总体获得感（0.109，模型27）、政治纵向获得感（0.143，模型31）、政治预期获得感（0.163，模型35），即社会地位对上海市流动人口政治预期获得感的影响相对更大。因此，社会地位对上海市流动人口政治获得感具有显著的正向影响，随着社会地位的提高，流动人口的政治获得感也随之显著提高。上海市流动人口政治获得感存在社会地位分化现象。而且，社会地位对流动人口政治获得感的不同维度的影响效应也不同，凸显社会地位对上海市流动人口政治获得感影响的维度性。

　　最后，社会地位对流动人口不同维度获得感影响效应也存在差异。从系数值来看，社会地位对上海市流动人口经济总体获得感的影响（0.224，模型3）与社会总体获得感的影响（0.226，模型15）相差较小，但远大于政治总体获得感（0.109，模型27）。社会地位对上海市流动人口经济纵向获得感的影响（0.262，模型 7）与社会纵向获得感的影响（0.276，模型 19）相差较小，但远大于政治纵向获得感（0.143，模型 31）。社会地位对上海市流动人口经济预期获得感的影响（0.237，模型 11）与社会预期获得感的影响（0.241，模型 23）相差较小，但远大于政治预期获得感（0.163，模型 35）。可见，社会地位对上海市流动人口经济获得感和社会获得感的影响大致相同，并远大于政治获得感，社会地位对上海市流动人口获得感的不同维度的影响也存在差异。

所以，社会地位对城市流动人口经济获得感、社会获得感、政治获得感都具有显著的正向影响。随着社会地位的提高，城市流动人口获得感也随之显著提高，凸显流动人口获得感的社会地位差异性。但是，社会地位对城市流动人口经济获得感、社会获得感、政治获得感的影响效应也存在差异，凸显社会地位影响的维度性。因此，需要根据社会地位对城市流动人口获得感的不同维度的影响特征，采取相关措施以继续提高流动人口获得感。

二、人力资本的间接影响

人力资本对流动人口社会地位具有显著的影响，主要包括两个方面。

一方面，从模型 37 和模型 38（表 5.10）可知，健康状况的两个系数都不显著（0.1 显著性水平），说明健康状况对流动人口社会地位并不会产生显著的影响。然而，受教育程度指标在两个模型的系数都为正，且显著（0.01 显著性水平），说明受教育程度对上海市和长三角其他地区流动人口的社会地位都具有显著的正向影响。随着受教育程度的提高，流动人口的社会地位也会随之显著提升。由此可见，人力资本对流动人口社会地位的影响主要体现在受教育程度等教育人力资本之中，而健康人力资本的影响不显著。因而，人力资本对特大城市流动人口获得感的间接影响也主要体现在教育人力资本（受教育程度）之中。同时，值得注意的是，从系数值来看，教育人力资本对上海市流动人口社会地位的影响效应（0.255）却小于长三角其他地区流动人口（0.264）。

另一方面，由于社会地位确实对上海市流动人口经济获得感、社会获得感、政治获得感都具有显著的正向影响；同时，从模型 1、模型 3、模型 5、模型 7、模型 9、模型 11、模型 13、模型 15、模型 17、模型 19、模型 21、模型 23、模型 25、模型 27、模型 29、模型 31、模型 33、模型 35 可知，当社会地位指标进入模型之后，受教育程度指标的系数都有所降低。例如，模型 1 中，受教育程度的系数为 0.158，在 0.05 显著性水平下显著；当社会地位指标进入模型之后，该系数略有下降，为 0.139（在 0.1 显著性水平下显著）。这就说明，受教育程度等教育人力资本确实对上海市流动人口经济获得感、社会获得感、政治获得感等具有间接影响。这使得教育人力资本对上海市流动人口获得感的影响路径由直接转变为间接：教育人力资本→社会地位→经济获得感、社会获得感、政治获得感。

所以，人力资本确实对城市流动人口获得感具有间接影响，但是，只有教育人力资本（受教育程度）对流动人口经济获得感、社会获得感、政治获得感等具有显著的间接影响。由于健康人力资本（健康状况）对流动人口的社会地位不具有显著的影响，故认为健康人力资本对流动人口获得感也不具有显著的间接影响。因此，不同类型人力资本对流动人口获得感的间接影响情况也不同，凸显人力资本对流动人口获得感间接影响的类型差异性。这意味着需要根据人力资本的类型特征及其具体作用机制，采取相关措施以有效提升流动人口获得感。

三、经济条件的间接影响

经济条件是影响群体社会地位的核心要素，因而，经济条件也会通过社会地位的中介而间接影响流动人口获得感，主要体现在以下三个方面。

第一，从模型 37 和模型 38 可知，就业单位性质的所有系数都不显著（0.1 显著性水平），说明就业单位性质对流动人口社会地位没有显著的影响。结合上述就业单位性质对流动人口经济获得感、社会获得感、政治获得感不具有显著的直接影响的结论可知，就业单位性质也不会对流动人口获得感产生显著的间接影响。

第二，从模型 37 和模型 38 可以看到，家庭人均月收入指标的两个系数都为正，且在 0.01 显著性水平下显著，说明家庭人均月收入确实对上海市和长三角其他地区流动人口社会地位具有显著的影响。随着家庭人均月收入的提高，流动人口社会地位也会随之显著提高。同时，模型 1 中，家庭人均月收入的系数为 0.256，当加入社会地位指标后，其系数略有下降（0.234，模型 3），因而，家庭人均月收入确实对上海市流动人口经济总体获得感具有显著的间接影响。结合上述家庭人均月收入只对上海市流动人口经济总体获得感具有直接影响的结论，使得家庭人均月收入对流动人口经济总体获得感的影响路径拓展为"家庭人均月收入→社会地位→经济总体获得感"。可见，家庭人均月收入也只对上海市流动人口经济总体获得感具有显著的间接影响。

表 5.10　流动人口社会地位的影响因素模型

模　　型	模型 37（上海市）			模型 38（长三角其他地区）		
	B	SE	P	B	SE	P
阈值：1	4.272**	1.934	0.027	3.509**	1.753	0.045
2	5.193***	1.935	0.007	4.388**	1.755	0.012
3	6.044***	1.937	0.002	5.262***	1.758	0.003
4	6.660***	1.939	0.001	5.960***	1.760	0.001
5	8.202***	1.944	0.000	7.327***	1.765	0.000
6	9.245***	1.948	0.000	8.280***	1.768	0.000
性别：女	0.247**	0.113	0.030	0.235*	0.125	0.060
男	0[a]	—		0[a]	—	
户口：农业户口	−0.342**	0.144	0.017	−0.210	0.142	0.140
非农业户口	−0.078	0.172	0.652	−0.389**	0.191	0.041
居民户口	0[a]	—		0[a]	—	
年龄	0.694	0.558	0.214	0.320	0.500	0.522
婚姻：未婚也无对象	−0.292	0.179	0.103	−0.165	0.200	0.409
未婚但有对象	−0.357*	0.187	0.056	0.064	0.206	0.756
已婚	0[a]	—		0[a]	—	
世代：X 世代	−0.218	0.399	0.586	0.165	0.421	0.695

续表

模　　型	模型 37（上海市）			模型 38（长三角其他地区）		
	B	SE	P	B	SE	P
Y 世代	−0.057	0.193	0.769	0.263	0.218	0.227
Z 世代	0ᵃ	—	—	0ᵃ	—	—
受教育程度	0.255***	0.058	0.000	0.264***	0.062	0.000
健康状况	0.061	0.070	0.386	0.052	0.076	0.499
人均收入对数	0.284***	0.060	0.000	0.268***	0.069	0.000
单位性质：国企事业单位等	−0.075	0.275	0.786	0.228	0.308	0.458
外资（合资）企业	−0.462	0.287	0.108	−0.263	0.415	0.527
私营企业	−0.178	0.257	0.489	−0.094	0.286	0.743
个体户及其他	−0.164	0.334	0.624	−0.108	0.363	0.767
灵活就业人员	−0.150	0.271	0.580	−0.034	0.288	0.905
失业人员等	0ᵃ	—	—	0ᵃ	—	—
住房产权：自有住房	0.677***	0.142	0.000	0.498***	0.147	0.000
无自有住房	0ᵃ	—	—	0ᵃ	—	—
社会交往程度	0.154***	0.053	0.004	0.331***	0.059	0.000
社区活动参与	0.210***	0.061	0.001	0.199***	0.065	0.005
职工养老保险：有	0.059	0.056	0.758	0.035	0.037	0.435
没有	0ᵃ	—	—	0ᵃ	—	—
职工医疗保险：有	0.396***	0.064	0.134	0.407***	0.034	0.081
没有	0ᵃ	—	—	0ᵃ	—	—
居住证：有	0.252*	0.125	0.372	0.293*	0.141	0.559
没有	0ᵃ	—	—	0ᵃ	—	—
住房公积金：有	0.100	0.170	0.559	0.215	0.178	0.227
没有	0ᵃ	—	—	0ᵃ	—	—
Cox 和 Snell	0.135			0.184		
Nagelkerke	0.139			0.144		
P（Test of Parallel Lines）	0.505			0.313		

注：*** 表示 p<0.01，** 表示 p<0.05，* 表示 p<0.1。

a 表示对照组。

第三，从模型 37 和模型 38 可以看到，住房产权指标的两个系数都为正，且在 0.01 显著性水平下显著，说明住房产权确实对上海市和长三角其他地区流动人口社会地位具有显著的影响。相对于无自有住房群体而言，拥有自有住房的流动人口的社会地位相对更高。同时，模型 1 中，住房产权的系数为 0.469，当加入社会地位指标后，其系数略有下降（0.437，模型 3），因而，住房产权确实对上海市流动人口经济总体获得感具有显著的间接影响。结合上述住房产权只对上海市流动人口经济总体获得感具有直接影响的结论，得到住房产权对流动人口经济总体获得感的影响路径为"住房产权→社会地位→经济总体获得感"。可见，住房产权也仅仅对上海市流动人口经济总体获得感具有显著的间接影响。此外，值得注意的是，从系数值来看，住房产权对流动人口社会地位的影响效应（0.677，模型 34）远远大于家庭人均月收入（0.284）。从这个角度来看，住房产权对流动人口社会地位的提升具有更为重要的现实意义。因此，一定程度而言，相对于家庭人均月收入，关注住房产权对上海市流动人口经济总体获得感的间接作用相对更具有重要的现实意义。

所以，由于经济条件对城市流动人口获得感的直接影响较为有限，尽管家庭人均月收入和住房产权都对流动人口社会地位具有显著影响，但是，家庭人均月收入和住房产权等经济条件也仅仅对城市流动人口经济总体获得感具有间接的显著影响。

四、社会融入的间接影响

社会融入是推动流动人口在流入地城市市民化程度的重要因素，其不仅对流动人口获得感具有显著的直接影响，也会通过社会地位的中介而间接对流动人口获得感产生显著的影响，主要体现在如下两个方面。

一方面，从模型 37 和模型 38 可知，社会交往程度和社区活动参与两个指标的系数都在 0.01 显著性水平下显著，并且所有系数都为正，说明社会交往程度和社区活动参与等社会融入因素确实对流动人口社会地位具有显著的影响。随着社会交往程度的提高和社区活动参与水平的拓展，上海市流动人口社会地位也会随之显著提高。然而，从系数值来看，社会融入因素对上海市流动人口社会地位的影响效应特征与长三角其他地区流动人口的情况存在较大差异。对于长三角其他地区流动人口而言，社会交往程度对其社会地位的影响效应（0.331，模型 38）大于社区活动参与（0.199）。然而，上海市的情况正好与此相反。社会交往程度对上海市流动人口社会地位的影响效应（0.154，模型 37）小于社区活动参与（0.210）。因而，相对而言，社区活动参与对上海市流动人口社会地位具有更为重要的意义。

另一方面，从模型 1、模型 3、模型 5、模型 7、模型 9、模型 11、模型 13、模型 15、模型 17、模型 19、模型 21、模型 23、模型 25、模型 27、模型 29、模型 31、模型 33、模型 35 可知，相对而言，当社会地位指标加入模型后，相对应的社会交往程度和社区活动参与两个指标的系数都有所降低。例如，模型 5 中，社会交往程度和社区活动参与的系数分别为 0.139 和 0.729，而当社会地位指标加入模型后（模型 7），社会交往程度和社区活动参与两个指标的系数下降为 0.106 和 0.693。再结合社会地位对流动人口经济获得感、社会获得感、政治获得感的直接显著作用可知，社会交往程度和社区活动参与等社会融入因素确实会通过社会地位的中介作用而间接影响流动人口获得感。这使得社会融入对流动人口获得感的影响路径拓展为"社会交往程度→社会地位→经济获得感、社会获得感、政治获得感"与"社区活动参与→社会地位→经济获得感、社会获得感、政治获得感"。

由此可见，社会融入因素不仅对城市流动人口经济获得感、社会获得感、政治获得感具有显著的直接提升作用，而且，对流动人口社会地位具有显著的正向影响，并通过社会地位的中介而间接显著提升流动人口获得感。社会融入对城市流动人口获得感具有直接和间接的双重显著影响，凸显社会融入影响的关键性。同时，社会交往程度和社区活动参与对城市流动人口社会地位的影响效应存在差异，这会使得社会交往程度和社区活动参与对城市流动人口获得感的间接影响机制也存在一定程度差异，凸显社会融入间接影响的类型差异性。因此，需要关注社会融入的类型属性及其具体机制，以采取更具针对性的措施以促进流动人口获得感的有效提升。

五、制度适应的间接影响

制度适应对流动人口获得感也具有一定的间接影响，具体体现在以下三个方面。

第一，从模型 37 和模型 38 可知，职工养老保险和住房公积金两个指标的所有系数都不显著（0.1 显著性水平），说明职工养老保险和住房公积金对上海市流动人口和长三角其他地区流动人口社会地位都不具有显著的影响。因而，也可以认为职工养老保险和住房公积金对流动人口获得感不具有显著的间接影响。

第二，从模型 37 和模型 38 可知，职工医疗保险的两个系数都在 0.01 显著性水平下显著，说明职工医疗保险对上海市流动人口和长三角其他地区流动人口社会地位具有显著的影响。相对于没有职工医疗保险的群体而言，拥有职工医疗保险的流动人口的社会地位相对更高。由此结合模型 25 和模型 27 可知，未加入社会地位指标时，职工医疗保险的系数为 0.324（0.01 显著性水平，模型 25）；当加入社会地位指标后，职工医疗保险的系数略有下降（0.289，0.01 显著性水平，模型 27）。由此可知，职工医疗保险确实会通过社会地位这一中介而间接影响上海市流动人口的政治总体获得感。这使得职工医疗保险对上海市流动人口政治总体获得感的影响路径拓展为"职工医疗保险→社会地位→政治总体获得感"。

第三，从模型 37 和模型 38 也可以看到，居住证的两个系数都在 0.1 的显著性水平下显著，说明居住证对上海市流动人口和长三角其他地区流动人口社会地位具有显著的影响。相对于没有办理居住证群体而言，已经办理居住证的流动人口的社会地位相对更高。再结合模型 21、模型 23、模型 25、模型 27、模型 29、模型 31、模型 33、模型 35 可知，当社会地位指标加入模型后，相对应的居住证指标的系数都有所降低。例如，模型 21 中，居住证的系数为 0.486，在 0.01 显著性水平下显著，而当社会地位指标加入模型后（模型 23），居住证的系数略微下降为 0.424（0.01 显著性水平下显著）。由此可知，居住证确实会通过社会地位这一中介而间接影响上海市流动人口的社会预期获得感、政治总体获得感、政治纵向获得感、政治预期获得感。这使得居住证对上海市流动人口社会预期获得感、政治总体获得感、政治纵向获得感、政治预期获得感的影响路径拓展为"职工医疗保险→社会地位→社会预期获得感、政治总体获得感、政治纵向获得感、政治预期获得感"。

由此可见，只有职工医疗保险和居住证两个指标对流动人口社会地位具有显著的正向影响，结合制度适应对流动人口获得感直接影响的政治性的特征，可知，职工养老保险和住房公积金不会对城市流动人口经济获得感、社会获得感和政治获得感产生间接影响。而职工医疗保险也仅仅会通过社会地位的中介作用而对城市流动人口的政治总体获得感产生间接影响。居住证则会通过社会地位的中介作用而对城市流动人口的社会预期获得感、政治总体获得感、政治纵向获得感、政治预期获得感产生间接影响。一定程度而言，关注居住证对城市流动人口社会预期获得感和政治获得感的间接影响相对更具有重要的现实价值。

第三节　可行能力对流动人口获得感的效应结构

人力资本、经济条件、社会融入、制度适应等可行能力对城市流动人口经济获得感、社会获得感、政治获得感既具有显著的直接影响，也会通过社会地位的中介作用而对其产生间接影响。下面对各相关模型系数的优势比（OR 值）进行计算，以全面测量和呈现各方面可行能力对城市流动人口获得感的直接效应、间接效应、总效应及其具体特征。

一、人力资本的效应及结构

对相关系数进行计算，可以得到人力资本对上海市流动人口获得感的具体效应（表 5.11），其特征包括以下三个方面。

表 5.11   人力资本的效应汇总

类　　别		直接效应	社会地位效应	社会地位的获得感效应	间接效应	总效应
教育人力资本	经济总体获得感	0.149 1		0.251 1	0.072 9	0.222 0
	经济纵向获得感	0.170 0		0.299 5	0.087 0	0.257 0
	经济预期获得感	0.144 5		0.267 4	0.077 7	0.222 2
	社会总体获得感	—		0.253 6	—	—
	社会纵向获得感	—	0.290 5	0.317 8	—	—
	社会预期获得感	—		0.272 5	—	—
	政治总体获得感	—		0.115 2	—	—
	政治纵向获得感	—		0.153 7	—	—
	政治预期获得感	—		0.179 4	—	—
健康人力资本	经济总体获得感	0.285 3	—	0.251 1	—	0.285 3
	经济纵向获得感	0.271 2	—	0.299 5	—	0.271 2
	经济预期获得感	0.294 3	—	0.267 4	—	0.294 3
	社会总体获得感	0.392 4	—	0.253 6	—	0.392 4
	社会纵向获得感	0.280 2	—	0.317 8	—	0.280 2
	社会预期获得感	0.168 8	—	0.272 5	—	0.168 8
	政治总体获得感	0.173 5	—	0.115 2	—	0.173 5
	政治纵向获得感	0.163 0	—	0.153 7	—	0.163 0
	政治预期获得感	0.170 0	—	0.179 4	—	0.170 0

第一，由于教育人力资本（受教育程度）对上海市流动人口社会总体获得感、社会纵向获得感、社会预期获得感、政治总体获得感、政治纵向获得感、政治预期获得感的直接影响都不显著，故认为教育人力资本对上海市流动人口社会获得感和政治获得感既不具有直接显著的正向效应，也不具有间接显著效应。而教育人力资本对上海市流动人口获得感的影响主要体现在经济获得感之中。教育人力资本对上海市流动人口经济获得感具有直接

和间接的双重影响，其具体影响机制如图 5.1 所示，影响效应特征包括以下方面。（1）教育人力资本对上海市流动人口经济总体获得感、经济纵向获得感、经济预期获得感的直接影响效应分别为 14.91%、17.00%、12.45%，即教育人力资本对上海市流动人口经济纵向获得感的影响效应相对较大。（2）从间接效应来看，教育人力资本的提高，会使得上海市流动人口经济总体获得感、经济纵向获得感、经济预期获得感分别提升 7.29%、8.70%、7.77%。（3）在直接和间接的双重作用之下，教育人力资本的提高会使得上海市流动人口经济总体获得感、经济纵向获得感、经济预期获得感分别提高 22.20%、25.70%、22.22%。可见，教育人力资本对上海市流动人口经济纵向获得感的直接效应、间接效应和总效应都大于经济总体获得感和经济预期获得感。（4）同时，从其效应结构来看，教育人力资本对上海市流动人口经济总体获得感、经济纵向获得感、经济预期获得感的直接效应与间接效应之比分别为 2.05、1.95、1.86。可见，教育人力资本对城市流动人口经济总体获得感、经济纵向获得感、经济预期获得感的直接效应都在其总效应中占据核心地位。一定程度而言，提高城市流动人口的教育人力资本即可大幅度显著提高其经济获得感。

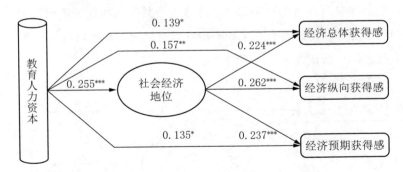

注：*** 表示 p<0.01，** 表示 p<0.05，* 表示 p<0.1。

图 5.1 教育人力资本对上海市流动人口经济获得感的影响机制

第二，健康人力资本（健康状况）仅仅对上海市流动人口获得感具有直接的显著正向影响。健康人力资本的提高，会使得上海市流动人口经济总体获得感、经济纵向获得感、经济预期获得感、社会总体获得感、社会纵向获得感、社会预期获得感、政治总体获得感、政治纵向获得感、政治预期获得感分别提高 28.53%、27.12%、29.43%、39.24%、28.02%、16.88%、17.35%、16.30%、17.00%。相对而言，健康人力资本对上海市流动人口社会总体获得感的影响效应最大，对其政治获得感的效应相对较小。因此，健康人力资本对城市流动人口社会总体获得感具有更为重要的现实意义。

第三，尽管健康人力资本只对上海市流动人口获得感产生直接影响，但其对上海市流动人口经济总体获得感（0.285 3）、经济纵向获得感（0.271 2）、经济预期获得感（0.294 3）的影响效应仍然大于教育人力资本（0.222 0、0.257 0、0.222 2）。同时，健康人力资本对上海市流动人口社会获得感和政治获得感也都具有显著影响效应，而教育人力资本却不具有这样的正向效应。因此，相对于教育人力资本而言，健康人力资本对城市流动人口获得感具有更为重要的现实意义，改善流动人口健康状况，着力提升其健康人力资本，是提高其获得感的有效手段和重要方式。

二、经济条件的效应及结构

经济条件因素中，只有家庭人均月收入和住房产权对上海市流动人口经济总体获得感具有显著的影响效应，家庭人均月收入和住房产权对上海市流动人口经济总体获得感具有直接和间接的双重影响，具体机制如图 5.2 所示，其效应及其结构特征体现在以下四个方面。

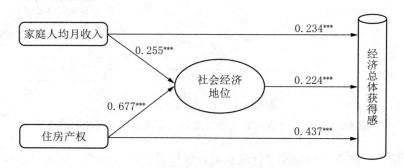

注：*** 表示 p<0.01，** 表示 p<0.05，* 表示 p<0.1。

图 5.2　经济条件对上海市流动人口经济总体获得感的影响机制

第一，住房产权对上海市流动人口经济总体获得感的直接影响效应（0.548 1）远远大于家庭人均月收入（0.243 6）。第二，住房产权对上海市流动人口社会地位的影响效应（0.968 0）是家庭人均月收入效应（0.328 4）的2.95 倍；由此使得住房产权对上海市流动人口经济总体获得感的间接效应（0.243 1）也远远大于家庭人均月收入（0.825）。第三，在直接效应和间接效应的双重作用之下，住房产权对上海市流动人口经济总体获得感的影响效应是家庭人均月收入的 2.43 倍，即相对来说，住房对上海市流动人口经济总体获得感具有更为重要的意义。第四，从效应结构来看，家庭人均月收入和住房产权对上海市流动人口经济总体获得感的直接效应与间接效应之比分别为 2.95 : 1、2.25 : 1，其直接效应分别占总效应的 74.71% 和 69.28%。则家庭人均月收入和住房产权对上海市流动人口经济总体获得感的直接效应都在其总效应中占据核心地位。同时，也应该注意，住房产权对上海市流动人口经济总体获得感的间接效应也较大，也具有重要的现实意义。因此，提高流动人口家庭收入和提升其自有住房拥有率，对提升其社会地位和经济总体获得感具有重要的意义，也是提高城市流动人口经济总体获得感的重要考虑方面。

表 5.12　经济条件的效应汇总

类　　别		直接效应	社会地位效应	社会地位的获得感效应	间接效应	总效应
家庭人均月收入	经济总体获得感	0.243 6	0.328 4	0.251 1	0.082 5	0.326 1
住房产权	经济总体获得感	0.548 1	0.968 0		0.243 1	0.791 2

三、社会融入的效应及结构

社会交往程度和社区活动参与等社会融入因素对上海市流动人口获得感的具有直接和间接的双重影响，其影响机制如图 5.3 所示，影响效应及其结构特征主要包括以下五个方面。

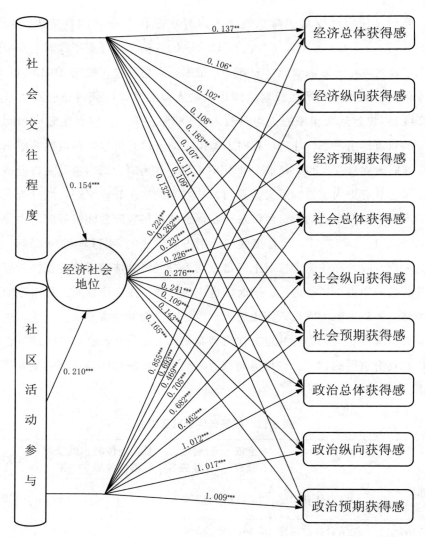

注：*** 表示 p<0.01，** 表示 p<0.05，* 表示 p<0.1。

图 5.3　社会融入对上海市流动人口获得感的影响机制

一是，社会交往程度和社区活动参与等社会融入因素对上海市流动人口经济获得感、社会获得感和政治获得感的各个方面具有直接和间接的双重正向影响。从影响的显著性和范围广度来看，相对于人力资本、经济条件、制度适应等方面可行能力而言，社会融入对上海市流动人口获得感的提升具有更为重要的现实意义。因此，着力全面提升上海市流动人口社会融入，对提升其各个方面获得感尤为重要。

二是，从直接效应看（表5.13），社区活动参与对上海市流动人口经济总体获得感、经济纵向获得感、经济预期获得感、社会总体获得感、社会纵向获得感、社会预期获得感、政治总体获得感、政治纵向获得感、政治预期获得感的直接效应分别为1.351 4、0.999 7、0.598 4、1.023 8、0.977 8、0.587 2、1.751 1、1.764 9、1.742 9，都远远大于社会交往程度的效应。同时，相对而言，社区活动参与对上海市流动人口政治获得感的各个维度的影响都超过1.7倍，远远大于其对经济获得感和社会获得感各个维度的影响。因而社区活动参与对上海市流动人口政治获得感的直接效应远远大于经济获得感和社会获得感。

三是，社区活动参与对特大城市流动人口社会地位的影响效应为0.233 7，大于社会交往程度（0.166 5）。这使得社区活动参与对上海市流动人口经济获得感、社会获得感、政治获得感各个方面的间接影响效应都略大于社会交往程度。同时，无论是社区活动参与还是社会交往程度，其对上海市流动人口经济获得感和社会获得感的间接效应都远大于政治获得感。因而，相对于政治获得感而言，社会融入对上海市流动人口经济获得感和社会获得感的间接效应更为重要。

四是，在直接效应和间接效应的作用下，社区活动参与对上海市经济获得感、社会获得感、政治获得感的总效应都远大于社会交往程度。而从效应结构来看，社区活动参与对上海市流动人口经济总体获得感、经济纵向获得感、经济预期获得感、社会总体获得感、社会纵向获得感、社会预期获得感、政治总体获得感、政治纵向获得感、政治预期获得感的直接效应与间接效应之比分别为23.02、14.28、9.57、17.26、13.16、9.22、65.10、49.16、41.60，这使得其直接效应在总效应中的占比分别高达95.84%、93.46%、90.54%、94.52%、92.94%、90.21%、98.49%、98.01%、97.65%。

表 5.13　社会融入的效应汇总

类　　别		直接效应	社会地位效应	社会地位的获得感效应	间接效应	总效应
社会交往程度	经济总体获得感	0.146 8		0.251 1	0.041 8	0.188 6
	经济纵向获得感	0.111 8		0.299 5	0.049 9	0.161 7
	经济预期获得感	0.107 4		0.267 4	0.044 5	0.151 9
	社会总体获得感	0.114 0		0.253 6	0.042 2	0.156 2
	社会纵向获得感	0.200 8	0.166 5	0.317 8	0.052 9	0.253 7
	社会预期获得感	0.112 9		0.272 5	0.045 4	0.158 3
	政治总体获得感	0.117 4		0.115 2	0.019 2	0.136 6
	政治纵向获得感	0.115 2		0.153 7	0.025 6	0.140 8
	政治预期获得感	0.141 1		0.179 4	0.029 9	0.171 0
社区活动参与	经济总体获得感	1.351 4		0.251 1	0.058 7	1.410 1
	经济纵向获得感	0.999 7		0.299 5	0.070 0	1.069 7
	经济预期获得感	0.598 4		0.267 4	0.062 5	0.660 9
	社会总体获得感	1.023 8		0.253 6	0.059 3	1.083 1
	社会纵向获得感	0.977 8	0.233 7	0.317 8	0.074 3	1.052 1
	社会预期获得感	0.587 2		0.272 5	0.063 7	0.650 9
	政治总体获得感	1.751 1		0.115 2	0.026 9	1.778 0
	政治纵向获得感	1.764 9		0.153 7	0.035 9	1.800 8
	政治预期获得感	1.742 9		0.179 4	0.041 9	1.784 8

　　五是，社区活动参与对上海市流动人口获得感的直接影响效应在其总效应之中占据绝对主导地位。而社会交往程度对上海市流动人口经济总体获得感、经济纵向获得感、经济预期获得感、社会总体获得感、社会纵向获得感、社会预期获得感、政治总体获得感、政治纵向获得感、政治预期获得感的直接效应与间接效应之比分别为 3.51、2.24、2.41、2.70、3.80、2.49、6.11、4.50、4.72，这使得其直接效应占总效应的比例分别为 77.84%、69.14%、70.70%、72.98%、79.15%、71.32%、85.94%、81.82%、82.51%。

　　可见，尽管社会交往程度对城市流动人口获得感的直接效应也在其总效应中占据核心地位，但其占比都远低于社区活动参与。由此可见，直接提高城市流动人口社区活动参与水平，就能够大幅度显著地提高其经济获得感、社会获得感和政治获得感。

四、制度适应的效应及结构

由于制度适应对上海市流动人口经济获得感的影响不显著，而对社会获得感的影响也较为有限，其显著特征是政治性，因而，综合各个模型结果，可知制度适应对上海市流动人口获得感的显著效应及其特征主要体现在三个方面（表 5.14）。

表 5.14 制度适应的效应汇总

类 别		直接效应	社会地位效应	社会地位的获得感效应	间接效应	总效应
职工养老保险	政治总体获得感	0.276 3	—	0.115 2		0.276 3
职工医疗保险	政治总体获得感	0.335 1	0.485 9	0.115 2	0.056 0	0.391 1
居住证	社会预期获得感	0.528 1	0.286 6	0.272 5	0.078 1	0.606 2
	政治总体获得感	0.738 5	0.286 6	0.115 2	0.033 0	0.771 5
	政治纵向获得感	0.712 6	0.286 6	0.153 7	0.044 1	0.756 7
	政治预期获得感	0.571 5	0.286 6	0.179 4	0.051 4	0.622 9
住房公积金	政治总体获得感	0.355 3	—	0.115 2		0.355 3

首先，由于职工养老保险和住房公积金对上海市流动人口社会地位的影响不显著，故两者仅仅对上海市流动人口政治总体获得感具有直接的显著影响。相对于没有职工养老保险和住房公积金的群体而言，拥有职工养老保险和住房公积金的流动人口，其政治总体获得感的水平将会分别提高 27.63% 和 35.53%。

其次，职工医疗保险对上海市流动人口政治总体获得感具有直接和间接的双重正向效应。职工医疗保险对上海市流动人口政治总体获得感的直接影响效应为 0.335 1；对上海市流动人口社会地位的影响效应为 0.485 9，由此使得职工医疗保险对上海市流动人口政治总体获得感的间接效应为 0.056 0。职工医疗保险对上海市流动人口政治总体获得感的直接效应与间接效应之比为 5.98∶1，其直接效应占总效应的 85.68%，其直接效应在其总效应中占据核心地位。因而，提升职工医疗保险可及性，即可有效提升上海市流动人口政治总体获得感。

再次，居住证对上海市流动人口社会预期获得感、政治总体获得感、政治纵向获得感、政治预期获得感都具有直接和间接的双重显著影响效应，其影响机制如图 5.4 所示，其具体效应结构特征体现在以下几个方面。（1）居住证对上海市流动人口社会预期获得感、政治总体获得感、政治纵向获得感、政治预期获得感的直接影响效应分别为 0.528 1、0.738 5、0.712 6、0.571 5。（2）而居住证对上海市流动人口社会地位的影响效应为 0.286 6；在社会地位对获得感直接效应共同作用之下，居住证对上海市流动人口社会预期获得感、政治总体获得感、政治纵向获得感、政治预期获得感的间接影响效应分别为 0.078 1、0.033 0、0.044 1、0.051 4。（3）居住证对上海市流动人口社会预期获得感、政治总体获得感、政治纵向获得感、政治预期获得感的直接效应与间接效应之比分别为 6.76、22.38、16.16、11.12，则其直接效应远远大于间接效应。

因而，居住证对城市流动人口社会预期获得感、政治总体获得感、政治纵向获得感、政治预期获得感的直接效应都在其总效应中占据主导地位。此外，居住证对城市流动人口政治总体获得感的总效应也远远大于职工医疗保险、住房公积金、职工养老保险。所以，居住证对提升城市流动人口政治获得感具有非常重要的现实作用，并且，相对而言，居住证比职工养老保险、职工医疗保险、住房公积金等更为重要。制度适应对城市流动人口政治获得感的显著影响，核心体现在居住证制度之上。故提高居住证可及性，对于提升城市流动人口政治获得感和社会预期获得感具有重要的意义。

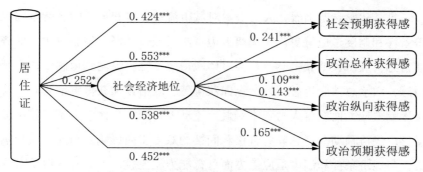

图 5.4　居住证对上海市总体获得感的影响机制

五、可行能力效应的类型比较

综合以上，我们可以从影响范围和效应大小两个维度来分析人力资本、经济条件、社会融入和制度适应等方面的可行能力对城市流动人口获得感影响的类型差异及其政策意义，主要包含以下四个方面内容。

一是，社会交往程度和社区活动参与等社会融入因素对城市流动人口经济总体获得感、经济纵向获得感、经济预期获得感、社会总体获得感、社会纵向获得感、社会预期获得感、政治总体获得感、政治纵向获得感、政治预期获得感都既有直接的显著影响，也具有间接的显著影响。从这个角度来看，社会融入因素对城市流动人口经济获得感、社会获得感、政治获得感及其各个具体维度都具有显著的双重影响效应，因而，从影响范围来看，社会融入因素比人力资本、经济条件、制度适应等方面的可行能力对城市流动人口获得感的影响范围更广。同时，社区活动参与对城市流动人口经济总体获得感、经济纵向获得感、经济预期获得感、社会总体获得感、社会纵向获得感、社会预期获得感、政治总体获得感、政治纵向获得感、政治预期获得感的影响总效应都大于人力资本、经济条件、制度适应等方面的可行能力的影响效应。所以，相对于人力资本、经济条件和制度适应等方面的可行能力而言，社会融入对城市流动人口获得感具有相对更为重要的现实意义，而社会融入因素中的社区活动参与的影响效应相对更大，其现实意义也更为重要。

二是，从影响范围看，人力资本对城市流动人口获得感的影响范围也比经济条件和制度适应等更广。健康人力资本对城市经济总体获得感、经济纵向获得感、经济预期获得感、社会总体获得感、社会纵向获得感、社会预期获得感、政治总体获得感、政治纵向获得感、政治预期获得感都具有显著的直接影响效应。而教育人力资本对城市流动人口经济总体获得感、经济纵向获得感、经济预期获得感具有直接和间接的双重正向影响。因此，从影响范围看，与经济条件和制度适应等方面可行能力相比较，人力资本对城市流动人口获得感的意义相对更大。但人力资本对城市流动人口获得感的影响具有类型分化特征，健康人力资本的影响范围相对更广。

三是，制度适应对城市流动人口社会预期获得感、政治总体获得感、政治纵向获得感、政治预期获得感都具有显著的影响，但其影响效应主要是由居住证所体现的。因而，从影响范围看，制度适应因素中的居住证比经济条件等方面可行能力的作用范围更广。而且，居住证对城市流动人口社会预期获得感、政治总体获得感、政治纵向获得感和政治预期获得感的影响效应也相对较大。因此，制度适应对城市流动人口获得感也具有重要的意义，尤其是其中的居住证制度，故提升城市流动人口居住证可及性也尤为重要。

四是，家庭人均月收入、住房产权和就业单位性质等经济条件对城市流动人口获得感的影响较为有限，具有影响"弱势性"的显著特征。但家庭人均月收入和住房产权等却都对城市流动人口经济总体获得感具有直接和间接的双重影响效应。尤其是住房产权，其对城市流动人口经济总体获得感的影响效应也相对较大，并大于制度适应等相关作用效应；而且，住房产权对提升城市流动人口社会地位具有显著的效应。因此，着力提升城市流动人口家庭收入和自有住房获得率，对提升其经济总体获得感也具有重要的意义。

总体而言，人力资本、经济条件、社会融入、制度适应等方面可行能力确实都对城市流动人口获得感具有重要的现实影响，但其不同方面可行能力的作用机制和具体效应并不相同。所以，需要具体根据各个方面可行能力的作用机制，采取针对性措施，才能有效提升城市流动人口获得感。

第六章　城市流动人口获得感影响机制的代际差异

城市流动人口获得感的影响因素及效应可能存在较大的代际差异。本章将流动人口分为 X 世代、Y 世代、Z 世代，对其获得感影响机制的代际差异进行分析，以期揭示城市流动人口获得感影响机制的代际演变及内在机制。

第一节　可行能力直接影响的代际差异

人力资本、经济条件、社会融入和制度适应等方面可行能力对城市流动人口经济获得感、社会获得感、政治获得感的影响，其显著性不会因代际差异而发生显著变化，但是，从效应程度来看，不同方面可行能力对城市流动人口获得感的影响及效应都因代际差异而存在较大程度的差异。

一、人力资本直接影响的代际差异

从表 6.1、表 6.2、表 6.3 可以看到，模型 39、模型 40、模型 41、模型 42、模型 43、模型 44、模型 45、模型 46、模型 47 中，教育程度和健康状况的各个系数都显著（0.01 显著性水平），这说明即使区分世代，教育人力资本和健康人力资本对上海市流动人口经济总体获得感、经济纵向获得感、经济预期获得感的影响仍然显著。而从表 6.4、表 6.5、表 6.6 可知，模型 48、模型 49、模型 50、模型 51、模型 52、模型 53、模型 54、模型 55、模型 56 之中，教育程度的各个系数在 0.1 的显著性水平下都不显著，而健康状况的各个系数在 0.01 的显著性水平下都显著，这说明区分世代后，教育人力资本对上海市流动人口社会总体获得感、社会纵向获得感、社会预期获得感的影响仍然不显著，而健康人力资本对其社会总体获得感、社会纵向获得感、社会预期获得感的影响仍然显著。同时，与此类似的是，从表6.6、表6.7、表6.8、表6.9可以看到，教育程度对上海市流动人口政治总体获得感、政治纵向获得感、政治预期获得感的影响不显著，而健康状况对其政治总体获得感、政治纵向获得感、政治预期获得感的影响仍然显著。这与样本总体的情况一致。由此可见，即使区分世代，教育人力资本和健康人力资本对上海市流动人口获得感影响的显著性仍然保持一致，这一定程度上说明了人力资本对上海市流动人口获得感影响的稳健性。但是，从具体效应程度来看，人力资本对不同世代流动人口经济获得感、社会获得感、政治获得感的直接影响效应存在较大程度的代际差异，主要体现在以下三个方面。

经济获得感方面，从表6.1、表6.2、表6.3可知，教育人力资本和健康人力资本对上海市流动人口经济总体获得感、经济纵向获得感和经济预期获得感的代际影响特征主要体现在两个方面。一方面，无论是X世代、Y世代还是Z世代，教育人力资本和健康人力资本对上海市流动人口经济获得感的影响效应都呈现经济总体获得感最大、经济纵向获得感次之、经济预期获得感最小的特征。例如，从模型39、模型42、模型45可以看到，健康人力资本对X世代上海市流动人口获得感的直接影响效应从高到低依次是经济总体获得感（0.713）、经济纵向获得感（0.628）、经济预期获得感（0.571）。另一方面，从系数值来看，教育人力资本对上海市流动人口经济总体获得感、经济纵向获得感、经济预期的显著影响效应由高到低依次为X世代（0.356、0.288、0.265）、Y世代（0.308、0.232、0.203）、Z世代（0.206、0.174、0.159）。健康人力资本对上海市流动人口获得感经济总体获得感、经济纵向获得感和经济预期获得感的直接影响效应也呈现出X世代最高（0.713、0.628、0.571）、Y世代次之（0.579、0.428、0.243）、Z世代最低（0.376、0.313、0.243）的态势。可见，教育人力资本和健康人力资本对上海市流动人口经济获得感的直接影响效应依X世代、Y世代、Z世代呈降序排列。然而需要注意的是，无论对于哪个世代的流动人口，健康人力资本对其经济总体获得感、经济纵向获得感、经济预期获得感的直接影响效应都大于教育人力资本。换言之，即使世代变换，健康人力资本对上海市流动人口经济获得感的直接影响效应大于教育人力资本这一基本特征也不会发生显著变化，凸显健康人力资本对经济获得感影响的重要性。此外，流动人口越年轻，教育人力资本和健康人力资本对其经济获得感的重要性越低，故而提升 X 世代流动人口的人力资本，对提高其经济获得感具有更加重要的现实意义。

　　社会获得感方面，从表 6.4、表 6.5 和表 6.6 可以看到，教育人力资本对 X 世代、Y 世代、Z 世代上海市流动人口社会总体获得感、社会纵向获得感、社会预期获得感的直接影响都不显著，而健康人力资本对三个世代的所有社会获得感维度都具有显著的影响。健康人力资本对 X 世代和 Y 世代流动人口社会获得感的直接影响效应中，社会总体获得感最大，社会纵向获得感次之，社会预期获得感最小。例如，从模型 49、模型 52、模型 55 可知，健康人力资本对 Y 世代上海市流动人口社会获得感的提升效应由大到小分别为社会总体获得感（0.506）、社会纵向获得感（0.409）、社会预期获得感（0.340）。而健康人力资本对 Z 世代流动人口社会总体获得感（0.279）、社会纵向获得感（0.284）、社会预期获得感（0.276）的直接影响效应大致持平。从系数值来看，健康人力资本对上海市流动人口社会总体获得感、社会纵向获得感、社会预期获得感的直接影响效应呈现依 X 世代（0.720、0.595、0.462）、Y 世代（0.506、0.409、0.340）、Z 世代（0.279、0.284、0.276）降序排列特征。可见，健康人力资本对上海市流动人口社会获得感也呈现人口越年轻重要性越低的趋势。

　　政治获得感方面，从表 6.7、表 6.8 和表 6.9 可以看到，教育人力资本对 X 世代、Y 世代、Z 世代上海市流动人口政治总体获得感、政治纵向获得感、政治预期获得感的直接影响都不显著，而健康人力资本对各个世代流动人口政治获得感都具有直接影响显著。健康人力资本的提高能够显著地提升 X 世代、Y 世代、Z 世代上海市流动人口政治总体获得感、政治纵向获得感、政治预期获得感。健康人力资本对 X 世代流动人口政治获得感的直接影响效应最大的是政治总体获得感（0.515），其次是政治预期获得感（0.486），再次为政治纵向获得感。而健康人力资本对 Y 世代和 Z 世代流动人口政治总体获得感、政治纵向获得感、政治预期获得感的直接影响的效应相差较小。而从系数值来看，健康人力资本对 X 世代的上海市流动人口政治总体获得感、政治纵向获得感、政治预期获得感的直接影响效应最大（0.515、0.438、0.486），其次是 Y 世代（0.362、0.344、0.337），再次是 Z 世代（0.269、0.269、0.259）。可见，上海市流动人口越年轻，健康人力资本对政治获得感的重要性也越低。

总体而言，教育人力资本对城市流动人口经济总体获得感、经济纵向获得感和经济预期获得感的直接影响效应依 X 世代、Y 世代、Z 世代呈现递降的趋势，但其对各个世代流动人口社会总体获得感、社会纵向获得感、社会预期获得感、政治总体获得感、政治纵向获得感、政治预期获得感的影响都不显著。而健康人力资本对城市流动人口经济总体获得感、经济纵向获得感、经济预期获得感、社会总体获得感、社会纵向获得感、社会预期获得感、政治总体获得感、政治纵向获得感、政治预期获得感的直接效应都表现出对 X 世代影响最明显，Y 世代次之，Z 世代再次的趋势。可见，人力资本对获得感的影响效应随城市流动人口年龄结构年轻化呈现显著的递降态势，也即人力资本对年龄相对较大的流动人口获得感的影响更大，因此，关注 X 世代流动人口群体的教育人力资本和健康人力资本对提升流动人口获得感具有相对更加重要的现实意义。

二、经济条件直接影响的代际差异

从表 6.2、表 6.3、表 6.4、表 6.5、表 6.6、表 6.7、表 6.8、表 6.9 可以看到，家庭人均收入、住房产权和就业单位性质各个指标的系数在 0.1 的显著性水平下都不显著，说明即使区分世代，家庭人均收入、住房产权、就业单位性质对上海市流动人口经济纵向获得感、经济预期获得感、社会总体获得感、社会纵向获得感、社会预期获得感、政治总体获得感、政治纵向获得感、政治预期获得感都不具有显著的影响，这与样本总体的情况一致。换言之，家庭人均收入、住房产权、就业单位性质对上海市流动人口经济纵向获得感、经济预期获得感、社会总体获得感、社会纵向获得感、社会预期获得感、政治总体获得感、政治纵向获得感、政治预期获得感的影响并不会因为世代不同而不同。同时，从表6.1也可以看到，就业单位性质的各个系数也不显著，说明就业单位性质对X世代、Y世代、Z世代上海市流动人口经济总体获得感的影响也不显著，说明就业单位性质对上海市流动人口经济总体获得感的影响也没有因世代不同而出现显著区别。

但是，从表6.1可知，家庭人力资本和住房产权的各个系数都在0.01的显著性水平下显著，说明家庭人均收入和住房产权对X世代、Y世代、Z世代上海市流动人口经济总体获得感都具有显著的影响效应，但其对不同世代流动人口经济总体获得感的影响效应存在较大差异，主要体现在以下两个方面。

一方面，从模型39、模型40、模型41可以看到，家庭人力资本的系数值呈现X世代最高（0.453），Y世代次之（0.363），Z世代最低（0.285）的态势，说明家庭人均收入对城市流动人口经济总体获得感的直接影响效应依X世代、Y世代、Z世代的顺序而呈现递减的态势。可见家庭人均收入的提升对于年龄相对较大流动人口经济总体获得感的提升具有相对更加重要的意义。

另一方面，住房产权的影响与家庭人均收入完全不同。从模型39、模型40、模型41可知，住房产权的系数值依X世代（0.266）、Y世代（0.437）、Z世代（0.707）的顺序呈现递增的态势。这说明上海市流动人口越年轻，住房产权对其经济总体获得感的直接影响越强。故而，保障年轻世代的流动人口的住房产权对于他们的经济总体获得感具有相对更加重要的现实意义。此外，对不同世代流动人口来说，家庭人均收入和住房产权对其经济总体获得感的重要性也不完全相同。X世代流动人口的家庭人均收入对其经济总体获得感的影响效应（0.453）大于住房产权（0.366）。而对于Y世代和Z世代流动人口，住房产权对其经济总体获得感的提升效应（0.437、0.707）大于家庭人均收入（0.363、0.285）。

由此可见，经济条件对城市流动人口获得感影响的代际差异主要体现在家庭人力资本和住房产权对其经济总体获得感的影响差异之中。家庭人力资本对城市流动人口经济总体获得感的直接影响效应依 X 世代、Y 世代、Z 世代递减，而住房产权的影响则刚好相反，这使得家庭人均收入对 X 世代流动人口经济总体获得感的影响效应明显大于住房产权因素，也使得住房产权对 Z 世代流动人口经济总体获得感的影响效应远远大于家庭人均收入，凸显经济条件对城市流动人口经济总体获得感影响的代际差异的矛盾性。如何采取更加有效的措施，以有效提升 X 世代的家庭人均收入和 Z 世代流动人口住房拥有率，特别是后者，对于提升其经济总体获得感等具有更加重要的政策意义。

三、社会融入直接影响的代际差异

从表 6.1、表 6.2、表 6.3、表 6.4、表 6.5、表 6.6、表 6.7、表 6.8、表 6.9 可以看到，社会交往程度和社区活动参与两个指标的各个系数都为正，且在 0.1 及更低的显著性水平下显著，说明社会交往程度和社区活动参与等社会融入因素对各个世代流动人口经济总体获得感、经济纵向获得感、经济预期获得感、社会总体获得感、社会纵向获得感、社会预期获得感、政治总体获得感、政治纵向获得感、政治预期获得感等都具有显著的正向影响。即使区分世代，社会交往程度和社区活动参与等社会融入因素仍然对上海市流动人口获得感具有显著的正向影响，这与样本总体的情况一致。这一方面说明社会融入等可行能力对上海市流动人口获得感影响的稳健性，另一方面也说明了社会融入对其获得感影响的显著性和关键性。然而，社会交往程度和社区活动参与等社会融入因素对不同世代流动人口获得感的影响效应也存在较大程度的差异，主要体现在以下三个方面。

第一，就经济获得感而言，从表 6.1、表 6.2、表 6.3 可以看到，社会融入对上海市流动人口经济获得感影响的代际差异主要体现在两个方面。一方面，从模型 39、模型 40、模型 41 的系数值来看，社会交往程度对上海市流动人口经济总体获得感的影响程度依 X 世代（0.243）、Y 世代（0.171）、Z 世代（0.129）的顺序递减。而从模型 42、模型 43、模型 44、模型 45、模型 46、模型 47 来看，社会交往程度对 X 世代、Y 世代、Z 世代流动人口经济纵向获得感提升效应（0.122、0.121、0.128）和经济预期获得感的影响效应（0.147、0.136、0.143）相差较小，即社会交往程度对上海市流动人口经济获得感影响的代际差异主要体现在经济总体获得感上。另一方面，社区活动参与对上海市流动人口经济总体获得感、经济纵向获得感、经济预期获得感的影响效应对 Y 世代最大（0.908、0.816、0.635）。这说明促进社区活动参与对提高 Y 世代流动人口经济总体获得感、经济纵向获得感、经济预期获得感相对更加重要。也就是说，重视提升 Y 世代流动人口社区活动参与度对其经济获得感提高具有更加突出的现实意义。同时，无论对于哪个世代流动人口，社区活动参与对其经济获得感的影响效应都大于社会交往程度。

第二，就社会获得感而言，从表 6.4、表 6.5、表 6.6 可以看到，从模型48、模型 49、模型 50、模型 51、模型 52、模型 53、模型 54、模型 55、模型 56 的系数值来看，社会交往程度对 X 世代、Y 世代、Z 世代上海市流动人口社会总体获得感、社会纵向获得感和社会预期获得感影响效应的程度，并不存在较大程度的显著差异（X 世代为 0.111、0.113、0.109，Y 世代为0.116、0.110、0.114，Z 世代为 0.121、0.147、0.116），即社会交往程度对上海市流动人口社会获得感的影响并不存在显著的代际差异。然而，社区活动参与对上海市流动人口社会获得感的影响却存在较大程度的代际差异。社区活动参与对上海市流动人口社会总体获得感、社会纵向获得感、社会预期获得感的影响效应都依 X 世代（0.634、0.386、0.486）、Y 世代（0.903、0.550、0.603）、Z 世代（1.108、0.766、0.713）的顺序递增。这说明社区活动参与对相对更加年轻的流动人口社会总体获得感、社会纵向获得感、社会预期获得感的影响效应相对更加大。提升 Z 世代流动人口社区活动参与度对提高其社会获得感具有更加重要的意义。同时，对于 X 世代、Y 世代、Z 世代流动人口来说，社区活动参与对其社会获得感的影响效应都大于社会交往程度。

第三，就政治获得感而言，从表 6.7、表 6.8、表 6.9 可以看到，从模型57、模型 58、模型 59、模型 60、模型 61、模型 62、模型 63、模型 64、模型 65 的系数值来看，社会交往程度对 X 世代、Y 世代、Z 世代上海市流动人口政治总体获得感、政治纵向获得感和政治预期获得感影响效应的程度，并不存在较大程度的显著差异（X世代为0.131、0.132、0.135，Y世代为0.127、0.139、0.148，Z世代为0.133、0.135、0.132），即社会交往程度对上海市流动人口政治获得感的影响并不存在显著的代际差异，这与社会获得感的情况相类似。然而，社区活动参与对上海市流动人口政治获得感的影响却存在较大程度的代际差异。社区活动参与对X世代与Y世代上海市流动人口政治总体获得感、政治纵向获得感、政治预期获得感的影响效应大致一样（X世代为1.198、1.344、1.204，Y世代为1.203、1.351、1.212），但其影响效应都远大于Z世代（1.004、0.909、0.898）。这说明社区活动参与对X世代和Y世代流动人口政治总体获得感、政治纵向获得感、政治预期获得感的影响效应相对更加大，而对Z世代流动人口的政治获得感的效应相对小一些。因而，提升X世代和Y世代流动人口社区活动参与度对提高其政治获得感更加重要。同时，对于X世代、Y世代、Z世代流动人口来说，社区活动参与对其政治获得感的影响效应都大于社会交往程度。此外，社区活动参与对X世代、Y世代、Z世代流动人口政治总体获得感、政治纵向获得感、政治预期获得感的影响效应都远远大于经济总体获得感、经济纵向获得感、经济预期获得感、社会总体获得感、社会纵向获得感、社会预期获得感。一定程度而言，无论对哪个世代的流动人口，相对于经济获得感和社会获得感来说，社区活动参与对其政治获得感具有更加重要的现实意义，凸显社区活动参与对上海市流动人口获得感影响的代际差异的维度差异性。

综合以上，社会交往程度和社区活动参与等社会融入方面的可行能力确实对城市流动人口获得感具有显著的代际差异影响。社会交往程度对城市流动人口获得感影响的代际差异主要体现在经济总体获得感之中，社会交往程度对城市X世代流动人口经济总体获得感的影响程度最大，Y世代次之，Z世代再次。而社区活动参与对城市的Y世代流动人口经济获得感的影响效应最大，对于X世代与Z世代，则不同维度影响不同；对社会获得感的影响效应依X世代、Y世代、Z世代的顺序递增；对X世代和Y世代流动人口政治获得感的影响效应大于Z世代流动人口。社区活动参与对城市流动人口经济获得感、社会获得感、政治获得感影响的代际差异情况完全不同，凸显社区活动参与对城市流动人口获得感代际差异影响的维度差异性。

四、制度适应直接影响的代际差异

从表 6.1、表 6.2、表 6.3、表 6.4 和表 6.5 可以看到，职工养老保险、职工医疗保险、居住证和住房公积金等制度适应方面的可行能力对 X 世代、Y 世代、Z 世代上海市流动人口经济总体获得感、经济纵向获得感、经济预期获得感、社会总体获得感、社会纵向获得感的影响都不显著。这与样本总体的情况一致，一方面说明了即使区分世代，制度适应因素对上海市流动人口经济总体获得感、经济纵向获得感、经济预期获得感、社会总体获得感、社会纵向获得感的影响不显著情况也不会发生改变，体现了制度适应对其影响的稳健性；另一方面也说明了制度适应对上海市流动人口经济总体获得感、经济纵向获得感、经济预期获得感、社会总体获得感、社会纵向获得感的影响及其机制并不在显著的代际差异。然而，职工养老保险、职工医疗保险、居住证和住房公积金等制度适应因素对不同世代上海市流动人口社会预期获得感、政治总体获得感、政治纵向获得感、政治预期获得感具有重要的影响，并存在一定程度的代际差异，主要体现在以下两个方面。

一方面，就社会预期获得感而言，从模型 54、模型 55 和模型 56 可以看到（表 6.6），职工养老保险、职工医疗保险和住房公积金的所有系数都在 0.1 的显著性水平下不显著。这说明其对 X 世代、Y 世代、Z 世代上海市流动人口社会预期获得感都不具有显著的影响，也说明职工养老保险、职工医疗保险、住房公积金对上海市流动人口社会预期获得感的影响并不存在显著的代际差异。而居住证因素的影响与此完全不同。居住证因素在这三个模型中的系数为正，且在 0.01 的显著性水平下显著，说明居住证因素对 X 世代、Y 世代、Z 世代上海市流动人口社会预期获得感都具有显著的影响作用，但其影响效应存在一定程度的差异。从系数值的大小来看，居住证因素对上海市流动人口中的 Y 世代社会预期获得感的提升效应最强（0.393），其次是 Z 世代（0.279），再次是 X 世代（0.247）。相对而言，居住证因素对 Y 世代流动人口社会预期获得感的提升具有相对更加重要的意义，凸显居住证影响的代际结构性。可见，制度适应对上海市流动人口社会预期获得感的代际影响差异主要体现在居住证制度之中。

另一方面，就政治获得感而言，从表 6.8 和表 6.9 中的模型 60、模型 61、模型 62、模型 63、模型 64、模型 65 可知，职工养老保险、职工医疗保险和住房公积金指标在这些模型中的系数都不显著（0.1 显著性水平）。这说明职工养老保险、职工医疗保险、住房公积金这些指标对 X 世代、Y 世代、Z 世代上海市流动人口政治纵向获得感和政治预期获得感都不具有显著的影响，不存在显著的代际差异。然而，从模型 57、模型 58、模型 59 可知（表 6.7），职工养老保险、职工医疗保险、住房公积金的各个系数都在 0.01 的显著性水平下显著，说明其对 X 世代、Y 世代、Z 世代上海市流动人口政治总体获得感都具有显著的提升作用，且其效应存在一定程度的代际差异。职工养老保险对上海市流动人口政治总体获得感的影响效应对 X 世代最明显（0.455），Y 世代次之（0.311），Z 世代再次（0.232）。而职工医疗保险和住房公积金对 Y 世代和 Z 世代上海市流动人口政治总体获得感的提升作用大致持平（Y 世代为 0.218、0.214，Z 世代为 0.220、0.236），但是，都远远低于 X 世代上海市流动人口（0.461、0.297）。相对而言，职工养老保险、职工医疗保险和住房公积金对 X 世代上海市流动人口政治总体获得感的影响效应相对较大。因此，关注年龄相对较大流动人口的职工养老保险、职工医疗保险和住房公积金可及性，对于提升其政治总体获得感具有更加重要的政策意义。

从表 6.7、表 6.8 和表 6.9 可以看到，居住证这一指标对 X 世代、Y 世代和 Z 世代上海市流动人口政治总体获得感、政治纵向获得感和政治预期获得感都具有显著的正向影响（0.01 显著性水平下显著），其与职工养老保险、职工医疗保险和住房公积金的情况不同，即居住证对所有世代上海市流动人口政治获得感都具有显著的影响效应，但其影响效应也存在较大程度的代际差异。从模型 57、模型 58、模型 59 来看，居住证对上海市流动人口中 Y 世代的政治总体获得感的影响效应最大（0.695），其次是 X 世代（0.571），再次是 Z 世代（0.554），且其影响效应都大于职工养老保险、职工医疗保险和住房公积金。与此相类似的是，居住证对上海市流动人口政治纵向获得感和政治预期获得感的影响效应也是在 Y 世代表现得最为明显（0.624、0.726），对 X 世代的政治纵向获得感影响较 Z 世代强，对 Z 世代的政治预期获得感影响较 X 世代强。可见，居住证对上海市流动人口政治获得感的提升效应也存在显著的代际差异。相对而言，提升居住证的可及性对 Y 世代城市流动人口政治总体获得感、政治纵向获得感、政治预期获得感的提升具有相对更加重要的意义。

　　所以，总体来看，制度适应对城市流动人口获得感影响的代际差异主要体现在社会预期获得感和政治获得感之中。居住证对城市流动人口中的 Y 世代的社会预期获得感、政治总体获得感、政治纵向获得感、政治预期获得感的影响效应都比 X 世代和 Z 世代强。而职工养老保险、职工医疗保险、住房公积金对 X 世代城市流动人口政治总体获得感的影响效应大于 Y 世代和 Z 世代。因此，需要根据制度适应对城市流动人口获得感影响的具体代际差异情况，采取相关对策以有效提升其获得感。

表 6.1　上海市流动人口经济总体获得感的影响机制模型（分世代）

模　型	模型 39（X 世代）		模型 40（Y 世代）		模型 41（Z 世代）	
	B	SE	B	SE	B	SE
阈值：1	14.934***	6.423	5.819***	2.860	4.808***	2.054
2	17.274***	6.462	6.937***	2.867	5.965***	2.060
3	19.739***	6.491	8.900***	2.882	7.423***	2.068
其他变量	控制		控制		控制	
受教育程度	0.356***	0.052	0.308***	0.047	0.206***	0.042
健康状况	0.713***	0.185	0.597***	0.092	0.376***	0.086
人均收入对数	0.453***	0.169	0.363***	0.089	0.285***	0.068
住房产权：自有住房	0.266***	0.075	0.437***	0.171	0.707***	0.186
无自有住房	0[a]	—	0[a]	—	0[a]	—
单位性质：国企事业单位等	1.140	0.719	0.312	0.396	0.337	0.327
外资（合资）企业	0.221	0.726	0.378	0.411	0.045	0.441

续表

模　型	模型 39 (X 世代)		模型 40 (Y 世代)		模型 41 (Z 世代)	
	B	SE	B	SE	B	SE
私营企业	0.568	0.682	0.311	0.368	0.124	0.307
个体户及其他	0.606	0.859	0.428	0.496	0.336	0.375
灵活就业人员	0.692	0.694	0.851	0.387	0.020	0.310
失业人员等	0^a	—	0^a	—	0^a	—
社会交往程度	0.243*	0.127	0.171**	0.072	0.129*	0.066
社区活动参与	0.715***	0.149	0.908***	0.089	0.734***	0.081
职工养老保险：有	0.203	0.798	0.330	0.351	0.229	0.253
没有	0^a	—	0^a	—	0^a	—
职工医疗保险：有	0.896	0.788	0.241	0.359	0.335	0.253
没有	0^a	—	0^a	—	0^a	—
居住证：有	0.107	0.284	0.106	0.158	0.186	0.175
没有	0^a	—	0^a	—	0^a	—
住房公积金：有	0.033	0.364	0.055	0.217	0.068	0.215
没有					0^a	—
社会地位	0.315***	0.079	0.221***	0.046	0.159***	0.043
Cox 和 Snell	0.311		0.258		0.296	
Nagelkerke	0.352		0.298		0.331	
P（Test of Parallel Lines）	0.520		0.271		0.123	

注：*** 表示 p<0.01，** 表示 p<0.05，* 表示 p<0.1。
a 表示对照组。

表 6.2　上海市流动人口经济纵向获得感的影响机制模型（分世代）

模　型	模型 42 (X 世代)		模型 43 (Y 世代)		模型 44 (Z 世代)	
	B	SE	B	SE	B	SE
阈值：1	−1.585***	0.107	3.958***	1.789	3.113***	1.008
2	1.378***	0.105	4.104***	1.793	4.675***	1.014
3	3.815***	0.115	6.913***	1.803	7.179***	1.023

续表

模 型	模型 42 （X 世代）		模型 43 （Y 世代）		模型 44 （Z 世代）	
	B	SE	B	SE	B	SE
其他变量	控制		控制		控制	
受教育程度	0.288***	0.047	0.232***	0.065	0.174***	0.050
健康状况	0.628***	0.176	0.428***	0.090	0.313***	0.082
人均收入对数	−0.202	0.162	0.192	0.187	−0.033	0.066
住房产权：自有住房	0.045	0.304	−0.082	0.167	0.163	0.181
无自有住房	0ᵃ	—	0ᵃ	—	0ᵃ	—
单位性质： 国企事业单位等	−0.136	0.667	0.263	0.385	0.403	0.314
外资（合资）企业	−0.284	0.671	−0.246	0.400	−0.020	0.423
私营企业	−0.446	0.627	−0.259	0.359	0.125	0.293
个体户及其他	−1.002	0.821	−0.364	0.485	0.051	0.361
灵活就业人员	−0.200	0.644	0.274	0.376	0.000	0.297
失业人员等	0ᵃ	—	0ᵃ	—	0ᵃ	—
社会交往程度	0.122*	0.072	0.121*	0.071	0.128**	0.054
社区活动参与	0.513***	0.140	0.816***	0.086	0.574***	0.075
职工养老保险：有	1.003	0.785	0.511	0.343	0.171	0.246
没有	0ᵃ	—	0ᵃ	—	0ᵃ	—
职工医疗保险：有	0.584	0.770	0.469	0.352	0.218	0.246
没有	0ᵃ	—	0ᵃ	—	0ᵃ	—
居住证：有	0.128	0.275	0.018	0.154	0.094	0.168
没有	0ᵃ	—	0ᵃ	—	0ᵃ	—
住房公积金：有	0.317	0.356	0.271	0.212	0.150	0.208
没有	0ᵃ	—	0ᵃ	—	0ᵃ	—
社会地位	0.366***	0.074	0.247***	0.045	0.162***	0.042
Cox 和 Snell	0.217		0.256		0.198	
Nagelkerke	0.244		0.288		0.220	
P（Test of Parallel Lines）	0.136		0.517		0.110 5	

注：*** 表示 p<0.01，** 表示 p<0.05，* 表示 p<0.1。
a 表示对照组。

表 6.3   上海市流动人口经济预期获得感的影响机制模型（分世代）

模 型	模型 45（X 世代）		模型 46（Y 世代）		模型 47（Z 世代）	
	B	SE	B	SE	B	SE
阈值：1	2.535***	0.026	3.787***	1.310	2.783***	1.065
2	4.174***	0.029	4.031***	1.309	4.650***	1.070
3	7.189***	0.044	5.632***	1.311	6.922***	1.077
其他变量	控制		控制		控制	
受教育程度	0.265***	0.045	0.203***	0.043	0.159***	0.048
健康状况	0.571***	0.171	0.442***	0.087	0.243***	0.080
人均收入对数	0.114	0.160	0.062	0.084	0.081	0.065
住房产权：自有住房	0.231	0.301	0.173	0.163	0.020	0.177
无自有住房	0[a]	—	0[a]	—	0[a]	—
单位性质： 国企事业单位等	0.522	0.660	−0.335	0.372	0.033	0.306
外资（合资）企业	−0.062	0.663	−0.665*	0.386	−0.437	0.413
私营企业	0.955	0.622	−0.279	0.346	0.087	0.286
个体户及其他	−0.027	0.803	−0.271	0.466	−0.104	0.352
灵活就业人员	0.917	0.639	−0.478	0.364	−0.440	0.291
失业人员等	0[a]	—	0[a]	—	0[a]	—
社会交往程度	0.147*	0.081	0.136*	0.069	0.143*	0.078
社区活动参与	0.503***	0.139	0.635***	0.082	0.483***	0.071
职工养老保险：有	1.196	0.763	0.512	0.334	0.294	0.242
没有	0[a]	—	0[a]	—	0[a]	—
职工医疗保险：有	0.285	0.746	0.124	0.342	0.406*	0.242
没有	0[a]	—	0[a]	—	0[a]	—
居住证：有	0.171	0.272	0.325**	0.150	0.004	0.165
没有	0[a]	—	0[a]	—	0[a]	—
住房公积金：有	0.245	0.349	0.056	0.205	0.047	0.203
没有	0[a]	—	0[a]	—	0[a]	—
社会地位	0.219***	0.074	0.193***	0.043	0.167***	0.041

续表

模　型	模型 45（X 世代）		模型 46（Y 世代）		模型 47（Z 世代）	
	B	SE	B	SE	B	SE
Cox 和 Snell	0.233		0.166		0.123 1	
Nagelkerke	0.259		0.185		0.135	
P（Test of Parallel Lines）	0.191		0.691		0.108	

注：*** 表示 p<0.01，** 表示 p<0.05，* 表示 p<0.1。
a 表示对照组。

表 6.4　上海市流动人口社会总体获得感的影响机制模型（分世代）

模　型	模型 48（X 世代）		模型 49（Y 世代）		模型 50（Z 世代）	
	B	SE	B	SE	B	SE
阈值：1	3.663***	1.475	4.231***	1.804	2.510***	1.011
2	7.512***	1.488	5.372***	1.810	3.183***	1.015
3	9.873***	1.505	7.996***	1.821	5.501***	1.022
其他变量	控制		控制		控制	
受教育程度	0.032	0.154	0.104	0.076	0.054	0.070
健康状况	0.720***	0.189	0.506***	0.091	0.279***	0.073
人均收入对数	0.153	0.170	0.094	0.087	0.007	0.066
住房产权：自有住房	0.157	0.321	0.219	0.168	0.073	0.182
无自有住房	0[a]	—	0[a]	—	0[a]	—
单位性质：国企事业单位等	0.017	0.706	0.363	0.389	0.127	0.316
外资（合资）企业	−0.262	0.711	0.306	0.403	−0.032	0.425
私营企业	0.258	0.664	0.072	0.362	−0.193	0.296
个体户及其他	−0.217	0.865	0.520	0.486	0.067	0.363
灵活就业人员	0.249	0.686	0.666	0.380	−0.276	0.300
失业人员等	0[a]	—	0[a]	—	0[a]	—
社会交往程度	0.111*	0.058	0.113*	0.061	0.109*	0.059
社区活动参与	0.634***	0.148	0.903***	0.087	1.108***	0.076

续表

模　型	模型 48（X 世代）		模型 49（Y 世代）		模型 50（Z 世代）	
	B	SE	B	SE	B	SE
职工养老保险：有	1.033	0.852	0.161	0.344	0.277	0.228
没有	0ᵃ	—	0ᵃ	—	0ᵃ	—
职工医疗保险：有	0.242	0.833	0.340	0.353	0.238	0.248
没有	0ᵃ	—	0ᵃ	—	0ᵃ	—
居住证：有	0.188	0.290	0.290	0.155	0.004	0.170
没有	0ᵃ	—	0ᵃ	—	0ᵃ	—
住房公积金：有	0.193	0.372	0.215	0.212	0.150	0.210
没有	0ᵃ	—	0ᵃ	—	0ᵃ	—
社会地位	0.340***	0.082	0.190***	0.045	0.185***	0.042
Cox 和 Snell	0.314		0.273		0.218	
Nagelkerke	0.357		0.308		0.241	
P（Test of Parallel Lines）	0.479		0.233		0.151	

注：*** 表示 $p<0.01$，** 表示 $p<0.05$，* 表示 $p<0.1$。
a 表示对照组。

表 6.5　上海市流动人口社会纵向获得感的影响机制模型（分世代）

模　型	模型 51（X 世代）		模型 52（Y 世代）		模型 53（Z 世代）	
	B	SE	B	SE	B	SE
阈值：1	−7.491***	1.196	2.702***	0.798	4.456***	2.045
2	−4.414***	1.179	4.853***	0.803	5.994***	2.054
3	−3.299***	1.191	7.705***	0.815	8.411***	2.064
其他变量	控制		控制		控制	
受教育程度	0.129	0.147	0.083	0.075	0.043	0.071
健康状况	0.595***	0.178	0.409***	0.090	0.284***	0.074
人均收入对数	0.194	0.164	0.116	0.087	0.024	0.067

续表

模　型	模型 51 （X 世代）		模型 52 （Y 世代）		模型 53 （Z 世代）	
	B	SE	B	SE	B	SE
住房产权：自有住房	0.005	0.309	0.035	0.168	0.151	0.183
无自有住房	0ᵃ	—	0ᵃ	—	0ᵃ	—
单位性质： 国企事业单位等	0.140	0.677	0.597	0.388	0.160	0.317
外资（合资）企业	−0.749	0.685	0.175	0.402	−0.628	0.431
私营企业	−0.336	0.638	−0.040	0.360	−0.153	0.297
个体户及其他	−0.023	0.826	0.613	0.485	−0.358	0.366
灵活就业人员	−0.194	0.654	0.409	0.378	−0.293	0.301
失业人员等	0ᵃ	—	0ᵃ	—	0ᵃ	—
社会交往程度	0.116*	0.063	0.110*	0.061	0.114*	0.065
社区活动参与	0.386***	0.140	0.550***	0.086	0.766***	0.076
职工养老保险：有	0.339	0.782	0.086	0.345	0.343	0.249
没有	0ᵃ	—	0ᵃ	—	0ᵃ	—
职工医疗保险：有	0.557	0.766	0.179	0.353	0.258	0.250
没有	0ᵃ	—	0ᵃ	—	0ᵃ	—
居住证：有	0.284	0.279	0.169	0.155	0.064	0.171
没有	0ᵃ	—	0ᵃ	—	0ᵃ	—
住房公积金：有	0.230	0.357	0.053	0.213	0.189	0.211
没有	0ᵃ	—	0ᵃ	—	0ᵃ	—
社会地位	0.364***	0.078	0.205***	0.045	0.215***	0.043
Cox 和 Snell	0.256		0.246		0.217	
Nagelkerke	0.290		0.279		0.242	
P（Test of Parallel Lines）	0.181		0.214		0.181	

注：*** 表示 $p<0.01$，** 表示 $p<0.05$，* 表示 $p<0.1$。
a 表示对照组。

表 6.6　上海市流动人口社会预期获得感的影响机制模型（分世代）

模　型	模型 54（X 世代）		模型 55（Y 世代）		模型 56（Z 世代）	
	B	SE	B	SE	B	SE
阈值：1	2.736***	1.094	−5.052***	0.703	4.960***	1.983
2	3.689***	1.096	−3.428***	0.699	5.886***	1.988
3	6.368***	1.108	2.359***	0.699	7.055***	1.996
其他变量	控　制		控　制		控　制	
受教育程度	0.104	0.137	0.108	0.073	0.084	0.069
健康状况	0.462***	0.178	0.340***	0.087	0.276***	0.081
人均收入对数	0.003	0.161	0.003	0.083	0.145	0.165
住房产权：自有住房	0.109	0.304	0.066	0.162	0.240	0.179
无自有住房	0[a]	—	0[a]	—	0[a]	—
单位性质：国企事业单位等	0.704	0.669	−0.519	0.371	−0.039	0.309
外资（合资）企业	−0.157	0.671	−0.746**	0.355	−0.348	0.417
私营企业	0.529	0.627	−0.516	0.345	−0.025	0.289
个体户及其他	0.409	0.814	−0.623	0.464	−0.024	0.355
灵活就业人员	0.824	0.647	−0.710**	0.353	−0.474*	0.263
失业人员等	0[a]	—	0[a]	—	0[a]	—
社会交往程度	0.121*	0.065	0.147**	0.068	0.116*	0.063
社区活动参与	0.486***	0.140	0.603***	0.081	0.713***	0.072
职工养老保险：有	0.984	0.778	0.490	0.333	0.179	0.243
没有	0[a]	—	0[a]	—	0[a]	—
职工医疗保险：有	0.786	0.756	0.254	0.340	0.388	0.243
没有	0[a]	—	0[a]	—	0[a]	—
居住证：有	0.247***	0.075	0.393***	0.049	0.279***	0.066
没有	0[a]	—	0[a]	—	0[a]	—
住房公积金：有	0.097	0.352	0.170	0.204	0.049	0.205
没有	0[a]	—	0[a]	—	0[a]	—
社会地位	0.299***	0.076	0.217***	0.043	0.223***	0.042

续表

模　　型	模型 54（X 世代）		模型 55（Y 世代）		模型 56（Z 世代）	
	B	SE	B	SE	B	SE
Cox 和 Snell	0.298		0.162		0.159	
Nagelkerke	0.331		0.181		0.174	
P（Test of Parallel Lines）	0.122		0.494		0.178	

注：*** 表示 p<0.01，** 表示 p<0.05，* 表示 p<0.1。
a 表示对照组。

表 6.7　上海市流动人口政治总体获得感的影响机制模型（分世代）

模　　型	模型 57（X 世代）		模型 58（Y 世代）		模型 59（Z 世代）	
	B	SE	B	SE	B	SE
阈值：1	−5.268***	1.156	−2.195***	0.762	4.650***	2.054
2	−4.087***	1.138	2.941***	0.763	6.929***	2.066
3	−3.180***	1.144	4.267***	0.767	9.482***	2.077
其他变量	控制		控制		控制	
受教育程度	0.111	0.147	0.040	0.075	0.093	0.071
健康状况	0.515***	0.175	0.362***	0.089	0.269***	0.084
人均收入对数	0.170	0.162	0.060	0.086	0.061	0.067
住房产权：自有住房	0.200	0.306	0.118	0.166	0.084	0.184
无自有住房	0[a]	—	0[a]	—	0[a]	—
单位性质：国企事业单位等	−0.072	0.664	0.198	0.386	0.632**	0.314
外资（合资）企业	−0.668	0.669	0.227	0.399	0.686	0.434
私营企业	−0.469	0.623	0.238	0.359	0.301	0.304
个体户及其他	−0.598	0.815	0.189	0.483	0.488	0.371
灵活就业人员	−0.949	0.645	0.198	0.377	0.320	0.307
失业人员等	0[a]	—	0[a]	—	0[a]	—
社会交往程度	0.131*	0.069	0.132*	0.070	0.135**	0.065
社区活动参与	1.198***	0.156	1.203***	0.091	1.004***	0.082

续表

模　型	模型 57 （X 世代）		模型 58 （Y 世代）		模型 59 （Z 世代）	
	B	SE	B	SE	B	SE
职工养老保险：有	0.455***	0.186	0.311***	0.040	0.232***	0.050
没有	0ᵃ	—	0ᵃ	—	0ᵃ	—
职工医疗保险：有	0.461***	0.072	0.218***	0.049	0.220***	0.051
没有	0ᵃ	—	0ᵃ	—	0ᵃ	—
居住证：有	0.571***	0.077	0.695***	0.053	0.554***	0.071
没有	0ᵃ	—	0ᵃ	—	0ᵃ	—
住房公积金：有	0.297***	0.054	0.214***	0.059	0.236***	0.051
没有	0ᵃ	—	0ᵃ	—	0ᵃ	—
社会地位	0.083*	0.045	0.081*	0.044	0.091**	0.043
Cox 和 Snell	0.400		0.299		0.281	
Nagelkerke	0.437		0.332		0.311	
P（Test of Parallel Lines）	0.157		0.127		0.111	

注：*** 表示 $p<0.01$，** 表示 $p<0.05$，* 表示 $p<0.1$。
a 表示对照组。

表 6.8　上海市流动人口政治纵向获得感的影响机制模型（分世代）

模　型	模型 60 （X 世代）		模型 61 （Y 世代）		模型 62 （Z 世代）	
	B	SE	B	SE	B	SE
阈值：1	−11.562***	2.051	2.964***	0.796	3.831***	1.009
2	−8.841***	2.026	6.288***	0.804	5.535***	1.016
3	−6.508***	2.023	8.903***	0.813	7.827***	1.025
其他变量	控制		控制		控制	
受教育程度	0.032	0.144	0.043	0.075	0.039	0.070
健康状况	0.438***	0.170	0.344***	0.090	0.219***	0.052
人均收入对数	0.145	0.158	0.155	0.187	0.081	0.066

续表

模　型	模型 60 （X 世代）		模型 61 （Y 世代）		模型 62 （Z 世代）	
	B	SE	B	SE	B	SE
住房产权：自有住房	0.404	0.299	0.126	0.168	0.136	0.181
无自有住房	0ᵃ	—	0ᵃ	—	0ᵃ	—
单位性质：国企事业单位等	−0.135	0.654	−0.431	0.384	0.126	0.314
外资（合资）企业	−0.419	0.657	−0.331	0.397	0.400	0.422
私营企业	−0.379	0.614	−0.536	0.356	0.127	0.294
个体户及其他	−0.495	0.799	−0.938*	0.489	−0.150	0.362
灵活就业人员	−0.715	0.633	−0.316	0.376	−0.221	0.298
失业人员等	0ᵃ	—	0ᵃ	—	0ᵃ	—
社会交往程度	0.127*	0.070	0.139*	0.075	0.148**	0.064
社区活动参与	1.344***	0.149	1.351***	0.094	0.909***	0.077
职工养老保险：有	0.450	0.761	0.350	0.346	0.373	0.246
没有	0ᵃ	—	0ᵃ	—	0ᵃ	—
职工医疗保险：有	0.031	0.748	0.240	0.354	0.502	0.246
没有	0ᵃ	—	0ᵃ	—	0ᵃ	—
居住证：有	0.400***	0.070	0.624***	0.055	0.346***	0.069
没有	0ᵃ	—	0ᵃ	—	0ᵃ	—
住房公积金：有	0.199	0.346	0.025	0.212	0.017	0.208
没有	0ᵃ	—	0ᵃ	—	0ᵃ	—
社会地位	0.124*	0.072	0.123***	0.041	0.129***	0.042
Cox 和 Snell	0.361		0.315		0.236	
Nagelkerke	0.393		0.352		0.260	
P（Test of Parallel Lines）	0.146		0.489		0.119	

注：*** 表示 p<0.01，** 表示 p<0.05，* 表示 p<0.1。

a 表示对照组。

表 6.9　上海市流动人口政治预期获得感的影响机制模型（分世代）

模　型	模型 63（X 世代）		模型 64（Y 世代）		模型 65（Z 世代）	
	B	SE	B	SE	B	SE
阈值：1	−8.020***	1.053	4.540***	0.733	3.599***	1.009
2	−5.252***	1.035	5.578***	0.740	4.309***	1.015
3	−3.775***	1.033	8.092***	0.748	6.726***	1.022
其他变量	控制		控制		控制	
受教育程度	0.189	0.145	0.062	0.074	0.064	0.070
健康状况	0.486***	0.172	0.337***	0.088	0.259***	0.072
人均收入对数	0.180	0.159	0.002	0.085	0.067	0.066
住房产权：自有住房	0.011	0.302	0.123	0.164	0.132	0.182
无自有住房	0[a]	—	0[a]	—	0[a]	—
单位性质：国企事业单位等	0.602	0.660	−0.492	0.376	0.247	0.315
外资（合资）企业	0.128	0.663	−0.414	0.389	0.274	0.424
私营企业	0.257	0.620	−0.475	0.348	0.299	0.295
个体户及其他	0.563	0.806	−0.825*	0.475	0.565	0.362
灵活就业人员	0.384	0.637	−0.340	0.367	0.003	0.298
失业人员等	0[a]	—	0[a]	—	0[a]	—
社会交往程度	0.133*	0.071	0.135*	0.069	0.132**	0.064
社区活动参与	1.204***	0.155	1.212***	0.088	0.898***	0.077
职工养老保险：有	0.515	0.760	0.340	0.336	0.140	0.246
没有	0[a]	—	0[a]	—	0[a]	—
职工医疗保险：有	0.553	0.746	0.075	0.344	0.247	0.246
没有	0[a]	—	0[a]	—	0[a]	—
居住证：有	0.518***	0.073	0.726***	0.051	0.530***	0.059
没有	0[a]	—	0[a]	—	0[a]	—
住房公积金：有	0.128	0.348	0.117	0.206	0.005	0.208
没有	0[a]	—	0[a]	—	0[a]	—
社会地位	0.127*	0.073	0.124***	0.044	0.122***	0.042

续表

模 型	模型 63 （X 世代）		模型 64 （Y 世代）		模型 65 （Z 世代）	
	B	**SE**	**B**	**SE**	**B**	**SE**
Cox 和 Snell	0.426		0.243		0.240	
Nagelkerke	0.462		0.271		0.265	
P （Test of Parallel Lines）	0.500		0.340		0.185	

注：*** 表示 p<0.01，** 表示 p<0.05，* 表示 p<0.1。
a 表示对照组。

第二节　可行能力间接效应的代际差异

人力资本、经济条件、社会融入和制度适应对城市流动人口获得感的间接影响也可能存在代际差异，其主要由社会地位对城市流动人口获得感的代际差异影响和可行能力对城市流动人口社会地位的代际差异影响两个阶段共同作用而形成。

一、社会地位影响的代际差异

社会地位是影响城市流动人口获得感的重要因素，针对不同世代的城市流动人口经济获得感、社会获得感、政治获得感都具有显著的正向影响，但是，其影响效应也因代际差异而有所不同。社会地位对城市流动人口获得感的代际影响特征主要体现在以下三个方面。

一是经济获得感方面，从模型 39、模型 40、模型 41、模型 42、模型 43、模型 44、模型 45、模型 46、模型 47（表 6.1、表 6.2、表 6.3）可以看到，社会地位的各个系数都为正，且在 0.01 的显著性水平下显著，说明社会地位对 X 世代、Y 世代、Z 世代上海市流动人口经济总体获得感、经济纵向获得感和经济预期获得感都具有显著的正向影响。这与样本总体的情况一样，说明即使区分世代，社会地位对流动人口经济获得感的正向显著影响并不会因此而发生显著改变，一定程度上体现了社会地位对经济获得感影响的稳健性。但是，社会地位对不同世代上海市流动人口经济获得感的影响效应存在较大差异。从系数值来看，社会地位对上海市流动人口经济总体获得感、经济纵向获得感、经济预期获得感的影响效应都依 X 世代（0.315、0.366、0.219）、Y 世代（0.221、0.247、0.193）、Z 世代（0.159、0.162、0.167）的顺序递减。实际上，社会地位的提升，能够使得上海市流动人口 X 世代、Y 世代、Z 世代的经济总体获得感分别提升 37.03%、24.73%、17.23%（OR 值 -1）。而社会地位的提高，也使得 X 世代、Y 世代、Z 世代上海市流动人口经济纵向获得感分别提升 44.20%、28.02%、17.59%（OR 值 -1），并分别使得其经济预期获得感提高 24.48%、21.29%、18.18%（OR 值 -1）。社会地位对上海市流动人口中越年轻的群体的经济获得感的影响效应越弱。相对而言，社会地位对 X 世代经济获得感的影响效应相对更大。因而，需要关注年龄相对较大流动人口的社会地位提升问题，采取有针对性的措施来提升其经济获得感。

二是社会获得感方面，从模型 48、模型 49、模型 50、模型 51、模型 52、模型 53、模型 54、模型 55、模型 56（表 6.4、表 6.5、表 6.6）可以看到，社会地位在各个模型中的系数都为正，且在 0.01 的显著性水平下显著，说明社会地位对 X 世代、Y 世代、Z 世代上海市流动人口社会总体获得感、社会纵向获得感和社会预期获得感都具有显著影响。社会地位的提高能够显著地提高所有世代流动人口的社会获得感。这与样本总体的情况一样，说明即使区分世代，社会地位对流动人口社会获得感的正向显著影响也不会因此而发生显著改变，这也体现了社会地位对社会获得感影响的稳健性。但是，社会地位对 X 世代、Y 世代、Z 世代上海市流动人口社会获得感的影响效应也存在较大差异。从系数值来看，社会地位对 Y 世代和 Z 世代上海市流动人口社会总体获得感、社会纵向获得感、社会预期获得感的影响效应大致持平（Y 世代为 0.190、0.205、0.217，Z 世代为 0.185、0.215、0.223），但是，都远远低于对 X 世代的影响效应（0.340、0.364、0.299）。社会地位的提升，能够使得上海市流动人口 Y 世代、Z 世代的社会总体获得感分别提升 20.92%、20.32%（OR 值 -1），远低于 X 世代流动人口的 40.4%。社会地位的提高，会使得 Y 世代和 Z 世代流动人口社会纵向获得感分别提升 22.75%、

23.99%，远低于 X 世代（43.91%）而社会地位的提升，能够使得上海市流动人口 Y 世代、Z 世代的社会预期获得感分别提升 24.23%、24.98%（OR 值 -1），也远低于 X 世代流动人口的 34.85%，但其差距比社会总体获得感和社会纵向获得感小一些。相对而言，社会地位对 X 世代上海市流动人口社会总体获得感、社会纵向获得感、社会预期获得感的影响效应相对更大。因而，关注年龄相对更大流动人口的社会地位提升问题，对于有效提升流动人口社会获得感具有更加重要的现实意义。

三是政治获得感方面，从模型 57、模型 58、模型 59、模型 60、模型 61、模型 62、模型 63、模型 64、模型 65（表 6.7、表 6.8、表 6.9）可以看到，社会地位在各个模型中的系数都为正，且显著（0.1 及更低的显著性水平），说明社会地位对 X 世代、Y 世代、Z 世代上海市流动人口政治总体获得感、政治纵向获得感和政治预期获得感都具有显著影响。社会地位的提高能够显著地提高所有世代流动人口政治获得感，这与样本总体的情况一样，说明即使针对不同世代，社会地位对上海市流动人口政治获得感的显著影响并不会因此而显著不同，这也体现了社会地位对政治获得感影响的稳健性。同时，从系数值来看，社会地位对 X 世代、Y 世代、Z 世代上海市流动人口政治总体获得感的提升效应大致一样，其差异程度非常微小（分别为 0.083、0.081、0.091）。实际上，社会地位的提升，能够使得上海市流动人口 X 世代、Y 世代、Z 世代的政治总体获得感分别提升 8.65%、8.44%、9.53%（OR 值 -1）。而社会地位对这三个世代的政治纵向获得感和政治预期获得感的影响效应的差距也相对较小（政治纵向获得感分别是 0.124、0.123、0.129，政治预期获得感分别是 0.127、0.124、0.122）。社会地位的提高，能够使得 X 世代、Y 世代、Z 世代上海市流动人口政治纵向获得感分别提升 13.20%、13.09%、13.77%（OR 值 -1）；使得其政治预期获得感分别提升 13.54%、13.20%、12.98%（OR 值 -1）。社会地位对 X 世代、Y 世代、Z 世代上海市流动人口政治总体获得感、政治预期获得感和政治纵向获得感的提升效应的差距比较小。因此，一定程度而言，社会地位对上海市流动人口政治总体获得感、政治纵向获得感、政治预期获得感的影响效应并不存在显著的代际差异，即社会地位对上海市流动人口政治获得感的影响效应并不会因世代不同而显著不同。

综合以上，可以看到，社会地位对城市流动人口政治获得感的影响并不存在显著的代际差异，但其对经济获得感和社会获得感的影响效应都存在显著的代际差异。社会地位对城市流动人口的 X 世代经济总体获得感、经济纵向获得感、经济预期获得感、社会总体获得感的影响效应最大，其次为 Y 世代，再次为 Z 世代。而社会地位对 X 世代城市流动人口社会纵向获得感和社会预期获得感的提升效应远大于 Y 世代和 Z 世代流动人口。总体而言，社会地位对城市流动人口经济获得感和社会获得感的影响效应呈现对年长群体强，对年轻群体弱的特征。

表 6.10　上海市流动人口社会地位的影响因素模型（分世代）

模　型	模型 66 （X 世代）		模型 67 （Y 世代）		模型 68 （Z 世代）	
	系数	标准误	系数	标准误	系数	标准误
阈值：1	1.226***	0.514	3.512***	1.489	1.715***	0.856
2	1.796***	0.515	4.465***	1.490	2.620***	0.856
3	2.467***	0.516	5.329***	1.492	3.580***	0.858
4	3.037***	0.517	5.930***	1.494	4.338***	0.860
5	4.677***	0.521	7.441***	1.498	5.720***	0.864
6	5.729***	0.524	8.470***	1.502	6.663***	0.868
其他变量	控制	—	控制	0^a	控制	—
受教育程度	0.120***	0.032	0.239***	0.067	0.334***	0.065
健康状况	0.009	0.155	0.004	0.080	0.017	0.076
人均收入对数	0.281*	0.146	0.417***	0.077	0.152**	0.061
单位性质：国企事业单位等	0.265	0.275	0.174	0.149	−0.035	0.168
外资（合资）企业	0^a	—	0^a	—	0^a	—
私营企业	−0.451	0.605	0.207	0.342	0.126	0.289
个体户及其他	−0.697	0.608	−0.282	0.354	0.056	0.389
灵活就业人员	−0.244	0.568	0.041	0.317	−0.273	0.270
失业人员等	0.281	0.738	−0.068	0.428	−0.207	0.332

续表

模　型	模型 66 （X 世代）		模型 67 （Y 世代）		模型 68 （Z 世代）	
	系数	标准误	系数	标准误	系数	标准误
住房产权：自有住房	0.333***	0.083	0.374***	0.033	0.502***	0.074
无自有住房	0ᵃ	—	0ᵃ	—	0ᵃ	—
社会交往程度	0.207***	0.050	0.288***	0.063	0.231***	0.059
社区活动参与	0.167***	0.044	0.207***	0.072	0.265***	0.065
职工养老保险：有	0.599	0.707	0.184	0.306	0.205	0.228
没有	0ᵃ	—	0ᵃ	—	0ᵃ	—
职工医疗保险：有	0.790***	0.097	0.421***	0.043	0.297***	0.058
没有	0ᵃ	—	0ᵃ	—	0ᵃ	—
居住证：有	0.484***	0.044	0.361***	0.057	0.258***	0.055
没有	0ᵃ	—	0ᵃ	—	0ᵃ	—
住房公积金：有	0.248	0.279	0.165	0.188	0.077	0.192
没有	0ᵃ	—	0ᵃ	—	—	—
Cox 和 Snell	0.151		0.184		0.165	
Nagelkerke	0.165		0.199		0.179	
P（Test of Parallel Lines）	0.719		0.451		0.321	

注：*** 表示 $p<0.01$，** 表示 $p<0.05$，* 表示 $p<0.1$。
a 表示对照组。

二、人力资本间接效应的代际差异

人力资本对城市流动人口社会地位的影响也存在一定程度的代际差异。从模型 66、模型 67、模型 68（表 6.10）可以看到，健康状况的三个系数都在 0.1 的显著性水平下不显著，说明健康人力资本对 X 世代、Y 世代、Z 世代上海市流动人口社会地位都不具有显著的影响。这与样本总体的情况一致，不仅说明了健康人力资本对上海市流动人口社会地位影响的稳健性，也说明了健康人力资本对上海市流动人口社会地位的影响不存在显著的代际差异。但是，教育程度的情况与此不同。教育程度的三个系数都显著（0.01 显著性水平），说明教育人力资本的提高能够显著地提升 X 世代、Y 世代、Z 世代上海市流动人口社会地位。从系数值来看，若对教育人力资本对上海市不同世代的流动人口社会地位的影响效应排序，那么 X 世代最低（0.120）、Y 世代较高（0.239）、Z 世代最高（0.334）。教育人力资本的提升，能够使得 X 世代、Y 世代、Z 世代的社会地位提高的发生概率分别提高 12.75%、27.00%、39.65%（OR 值 −1，表 6.11）。这说明教育人力资本的提升对年龄相对更轻的流动人口的社会地位提升，发挥着越来越重要的作用。因此，人力资本对上海市流动人口社会地位的影响的代际差异主要体现在教育人力资本之中。关注 Z 世代流动人口的教育人力资本提升，对于提升其社会地位尤为重要。

在教育人力资本对城市流动人口社会地位代际差异影响与社会地位对城市流动人口经济获得感代际差异影响的共同作用之下，教育人力资本对城市流动人口经济总体获得感、经济纵向获得感和经济预期获得感的间接影响也存在一定程度的代际差异，其主要体现在三个方面。第一，教育人力资本对 X 世代经济总体获得感的间接影响效应为 0.047 2，略低于 Y 世代和 Z 世代流动人口（0.066 8、0.068 3，表 6.11）。第二，教育人力资本对 Y 世代经济纵向获得感的间接影响效应最大，为 0.075 7，对 Z 世代的间接效应次之为 0.069 7，而对 X 世代的间接效应最小，仅为 0.056 4。第三，教育人力资本对上海市流动人口经济预期获得感的间接影响效应依 X 世代（0.031 2）、Y 世代（0.057 5）、Z 世代（0.072 1）的顺序递增。可见，相对而言，教育人力资本对 X 世代上海市流动人口经济总体获得感、经济纵向获得感、经济预期获得感的间接影响效应都小于 Y 世代和 Z 世代流动人口。关注教育人力资本对 Y 世代和 Z 世代上海市流动人口经济获得感的间接提升作用具有相对更加重要的政策意义。

由于健康人力资本对城市流动人口社会地位的影响不显著，故也不存在健康人力资本对城市流动人口获得感的间接影响的代际差异。因此人力资本对城市流动人口获得感的间接影响代际差异主要体现在教育人力资本对城市流动人口经济获得感的间接影响之中。如前所述，教育人力资本对

X 世代城市流动人口经济获得感的间接提升效应小于 Y 世代和 Z 世代流动人口。

表 6.11 人力资本的效应汇总（分世代）

类　别			直接效应	社会地位效应	社会地位的获得感效应	间接效应	总效应
教育人力资本	经济总体获得感	X 世代	0.427 6	0.127 5	0.370 3	0.047 2	0.474 8
		Y 世代	0.360 7	0.270 0	0.247 3	0.066 8	0.427 5
		Z 世代	0.228 8	0.396 5	0.172 3	0.068 3	0.297 1
	经济纵向获得感	X 世代	0.333 8	0.127 5	0.442 0	0.056 4	0.390 2
		Y 世代	0.261 1	0.270 0	0.280 2	0.075 7	0.336 8
		Z 世代	0.190 1	0.396 5	0.175 9	0.069 7	0.259 8
	经济预期获得感	X 世代	0.303 4	0.127 5	0.244 8	0.031 2	0.334 6
		Y 世代	0.225 1	0.270 0	0.212 9	0.057 5	0.282 6
		Z 世代	0.172 3	0.396 5	0.181 8	0.072 1	0.244 4
健康人力资本	经济总体获得感	X 世代	1.040 1	—	0.370 3	—	1.040 1
		Y 世代	0.816 7	—	0.247 3	—	0.816 7
		Z 世代	0.456 4	—	0.172 3	—	0.456 4
	经济纵向获得感	X 世代	0.873 9	—	0.442 0	—	0.873 9
		Y 世代	0.534 2	—	0.280 2	—	0.534 2
		Z 世代	0.367 5	—	0.175 9	—	0.367 5
	经济预期获得感	X 世代	0.770 0	—	0.244 8	—	0.770 0
		Y 世代	0.555 8	—	0.212 9	—	0.555 8
		Z 世代	0.275 1	—	0.181 8	—	0.275 1
	社会总体获得感	X 世代	1.054 4	—	0.404 9	—	1.054 4
		Y 世代	0.658 6	—	0.209 2	—	0.658 6
		Z 世代	0.321 8	—	0.203 2	—	0.321 8
	社会纵向获得感	X 世代	0.813 0	—	0.439 1	—	0.813 0
		Y 世代	0.505 3	—	0.227 5	—	0.505 3
		Z 世代	0.328 4	—	0.239 9	—	0.328 4

续表

类　别			直接效应	社会地位效应	社会地位的获得感效应	间接效应	总效应
健康人力资本	社会预期获得感	X 世代	0.587 2	—	0.348 5	—	0.587 2
		Y 世代	0.404 9	—	0.242 3	—	0.404 9
		Z 世代	0.317 8	—	0.249 8	—	0.317 8
	政治总体获得感	X 世代	0.673 6	—	0.086 5	—	0.673 6
		Y 世代	0.436 2	—	0.084 4	—	0.436 2
		Z 世代	0.308 7	—	0.095 3	—	0.308 7
	政治纵向获得感	X 世代	0.549 6	—	0.132 0	—	0.549 6
		Y 世代	0.410 6	—	0.130 9	—	0.410 6
		Z 世代	0.244 8	—	0.137 7	—	0.244 8
	政治预期获得感	X 世代	0.625 8	—	0.135 4	—	0.625 8
		Y 世代	0.400 7	—	0.132 0	—	0.400 7
		Z 世代	0.295 6	—	0.129 8	—	0.295 6

三、经济条件间接效应的代际差异

家庭人均收入和住房产权等经济条件方面可行能力对城市流动人口社会地位的影响也存在一定程度的代际差异。从模型 66、模型 67、模型 68（表6.10）可以看到，就业单位性质的各个系数都在 0.1 的显著性水平下不显著，说明就业单位性质对 X 世代、Y 世代、Z 世代上海市流动人口社会地位都不具有显著的影响。这与样本总体的情况一致，不仅说明了就业单位性质对上海市流动人口社会地位影响的稳健性，也说明了就业单位性质对上海市流动人口社会地位的影响不存在显著的代际差异。但是，家庭人均收入和住房产权的情况与此不同。家庭人均收入的三个系数都显著（0.01 显著性水平），说明家庭人均收入的提高能够显著地提升 X 世代、Y 世代、Z 世代上海市流动人口社会地位。从系数值来看，家庭人均收入对上海市流动人口社会地位的影响效应最强的是 Y 世代（0.417），其次是 X 世代（0.281），再次是 Z 世代（0.152）。家庭人均收入的提高，使得 X 世代、Y 世代、Z 世代上海市流动人口社会地位提高的发生概率分别提升 32.45%、51.74%、16.42%（OR值 -1，表 6.12）。因此，家庭人均收入对上海市流动人口社会地位的影响效应存在较大程度的代际差异，关注其对 Y 世代上海市流动人口社会地位的意义更为重要。

同时，住房产权的三个系数都在 0.01 显著性水平下显著，说明住房产权对 X 世代、Y 世代、Z 世代上海市流动人口社会地位的提升具有显著的作用。从系数值来看，住房产权对上海市流动人口社会地位的影响效应依 X 世代（0.333）、Y 世代（0.374）、Z 世代（0.504）的顺序递增。自有住房的获得，使得 X 世代、Y 世代、Z 世代上海市流动人口社会地位提高的发生概率分别提升 39.51%、45.35%、65.20%（OR 值 -1，表 6.12）。这说明，保障住房产权对提升相对年轻的流动人口社会地位具有更加突出的现实意义。因此，住房产权对上海市流动人口社会地位的影响也存在显著代际差异。由此可见，经济条件对上海市流动人口社会地位的代际差异影响主要体现在家庭人均收入和住房产权之中。

在家庭人均收入和住房产权等经济条件对城市流动人口社会地位代际差异影响与社会地位对城市流动人口经济总体获得感代际差异影响的共同作用之下，经济条件等方面可行能力对城市流动人口经济总体获得感的间接效应也存在一定程度的代际差异，其主要体现在两个方面。一方面，家庭人均收入的提升，对 X 世代和 Y 世代上海市流动人口经济总体获得感的间接提升效应分别为 0.120 2、0.128 0，两者之间的差距相对较小，并都远远大于家庭人均收入对 Z 世代上海市流动人口经济总体获得感的间接影响效应（0.028 3，表 6.12）。说明家庭人均收入对相对较年轻的流动人口经济总体获得感的间接提升效应相对较小。另一方面，住房产权对 X 世代上海市流动人口经济总体获得感的间接影响效应最大，为 0.146 3，该效应远远大于 Y 世代和 Z 世代流动人口（0.112 2、0.112 3，表 6.12）。这说明住房产权对年龄相对较大流动人口经济总体获得感的间接影响效应最大。可见，总体来看，家庭人均收入和住房产权都对 X 世代上海市流动人口经济总体获得感的间接影响效应都较大。因此，关注家庭人均收入和住房产权等经济条件对 X 世代上海市流动人口经济总体获得感的间接影响作用具有相对更加重要的政策意义。

因此，家庭人均收入和住房产权等经济条件对城市流动人口获得感的间接影响的代际差异主要体现在经济总体获得感之中。但是，家庭人均收入和住房产权对城市流动人口经济总体获得感的间接影响效应的代际差异特征也不完全相同。因此，需要聚焦不同类型经济条件对不同世代的城市流动人口经济总体获得感的影响效应差异，有针对性地制定相关政策来有效提升其获得感。

表 6.12　经济条件的效应汇总（分世代）

类　别			直接效应	社会地位效应	社会地位的获得感效应	间接效应	总效应
家庭人均收入	经济总体获得感	X 世代	0.573 0	0.324 5	0.370 3	0.120 2	0.693 2
		Y 世代	0.437 6	0.517 4	0.247 3	0.128 0	0.565 6
		Z 世代	0.329 8	0.164 2	0.172 3	0.028 3	0.358 1
住房产权	经济总体获得感	X 世代	0.304 7	0.395 1	0.370 3	0.146 3	0.451 0
		Y 世代	0.548 1	0.453 5	0.247 3	0.112 2	0.660 3
		Z 世代	1.027 9	0.652 0	0.172 3	0.112 3	1.140 2

四、社会融入间接效应的代际差异

社会交往程度和社区活动参与等社会融入方面可行能力对城市流动人口社会地位的影响也存在显著的代际差异。从模型66、模型67、模型68可以看到（表6.10），社会交往程度和社区活动参与的所有系数都在0.01的显著性水平下显著，说明社会交往程度的提高和社区活动参与的拓展都能够显著地提高 X 世代、Y 世代、Z 世代上海市流动人口社会地位。这与样本总体的情况一致，说明了社会交往程度和社区活动参与对上海市流动人口社会地位影响的稳健性。从系数值来看，社会交往程度对上海市流动人口社会地位的影响效应最明显的是 Y 世代（0.288），其次是 Z 世代（0.231），再次是 X 世代（0.207）。社会交往程度的提高，会使得 X 世代、Y 世代、Z 世代上海市流动人口社会地位提高的发生概率分别提升 23.00%、33.38%、25.99%（OR 值 −1，表 6.13）。而从系数值来看，社区活动参与对上海市流动人口社会地位的影响效应最大的是 Z 世代（0.265），其次是 Y 世代（0.207），再次是 X 世代（0.167）。社区活动参与度的拓展，会使得 X 世代、Y 世代、Z 世代上海市流动人口社会地位提高的发生概率分别提升 18.18%、23.00%、30.34%（OR 值 −1，表 6.13）。可见，社会融入方面可行能力对上海市流动人口社会地位的影响存在显著的代际差异，但社会交往程度和社区活动参与对上海市流动人口社会地位影响的代际差异完全不同，凸显了社会融入对上海市流动人口社会地位代际差异影响的维度差异性。因此，关注不同维度社会融入对各个世代流动人口社会地位的影响效应差异，对于有效提升流动人口社会地位尤为关键。

在社会交往程度和社区活动参与等社会融入方面可行能力对城市流动人口社会地位代际差异影响与社会地位对城市流动人口获得感代际差异影响的共同作用之下，社会融入等方面可行能力对城市流动人口获得感的间接效应也存在一定程度的代际差异，其主要体现在三个方面。一是经济获得感，社会交往程度的提高，对上海市流动人口经济总体获得感和经济纵向获得感的间接提升效应都依 X 世代（0.085 2、0.101 7）、Y 世代（0.082 5、0.093 5）、Z 世代（0.044 8、0.045 7）的顺序递减，但是，其对 X 世代和 Y 世代上海市流动人口两者之间的效应差距较小。而社区活动参与对上海市流动人口经济总体获得感和经济纵向获得感的间接影响效应也依 X 世代（0.067 3、0.080 4）、Y 世代（0.056 9、0.064 4）、Z 世代（0.052 3、0.053 4）的顺序递减。而社会交往程度对 Y 世代的上海市流动人口经济预期获得感的间接影响效应最大（0.071 1），其次是 X 世代（0.056 3），再次是 Z 世代（0.047 2）。社区活动参与对上海市流动人口经济预期获得感的间接影响效应依 X 世代（0.044 5）、Y 世代（0.049 0）、Z 世代（0.055 2）的顺序递增。可见，社会交往程度和社区活动参与对上海市流动人口经济总体获得感、经济纵向获得感和经济预期获得感间接影响的世代特征也不相同。

二是社会获得感，社会交往程度的提高，对上海市流动人口社会总体获得感和社会纵向获得感的间接提升效应都表现为 X 世代最强（0.093 1、0.101 0），Y 世代次之（0.069 8、0.075 9），Z 世代再次（0.052 8、0.062 4）的态势。而社会交往程度对 X 世代和 Y 世代上海市流动人口社会预期获得感的间接提升效应大致持平（分别为 0.080 2、0.080 9），并远远大于其对 Z 世代流动人口的效应（0.064 9）。社区活动参与的情况与社会交往程度完全不同。社区活动参与对 Y 世代流动人口社会总体获得感、社会纵向获得感和社会预期获得感具有最弱的间接提升效应（分别是 0.048 1、0.052 3 和 0.055 7），对 X 世代社会总体获得感和社会纵向获得感的影响要大于 Z 世代（对 X 世代是 0.073 6、0.079 8，对 Z 世代是 0.061 7、0.072 8），而对 Z 世代的社会预期获得感的影响要大于 X 世代（分别是 0.075 8、0.063 4）。可见，社会交往程度和社区活动参与对上海市流动人口社会总体获得感、社会纵向获得感和社会预期获得感间接影响的世代特征完全不同。

三是政治获得感，社会交往程度的提高，对上海市流动人口三个世代的政治总体获得感、政治纵向获得感和政治预期获得感的间接提升效应都呈现出 Y 世代最强（0.028 2、0.043 7、0.044 1），Z 世代次之（0.024 8、0.035 8、0.033 7），Z 世代最弱（0.019 9、0.030 4、0.031 1）的结构特征。而社区活动参与对上海市流动人口政治总体获得感、政治纵向获得感和政治预期获得感的间接影响效应都依 X 世代（0.015 7、0.024 0、0.024 6）、Y 世代（0.019 4、0.030 1、0.030 4）、Z 世代（0.028 9、0.041 8、0.039 4）的顺序小幅递增。然而，社会交往程度和社区活动参与对各个世代上海市流动人口总体政治获得感、政治纵向获得感、政治预期获得感的间接影响效应都较小，且存在代际差异，并且都远小于其对经济获得感和社会获得感的间接影响效应。

综合以上，可以看到，社会交往程度和社区活动参与对各个世代城市流动人口所有获得感指标都具有显著的间接影响，但是，都存在代际差异。因此，需要关注不同类型的社会融入可行能力对不同世代城市流动人口获得感的间接提升效应差异，从而更加有效地制定相关政策来提升流动人口获得感。

表 6.13　社会融入的效应汇总（分世代）

类　别			直接效应	社会地位效应	社会地位的获得感效应	间接效应	总效应
社会交往程度	经济总体获得感	X 世代	0.275 1	0.230 0	0.370 3	0.085 2	0.360 3
		Y 世代	0.186 5	0.333 8	0.247 3	0.082 5	0.269 0
		Z 世代	0.137 7	0.259 9	0.172 3	0.044 8	0.182 5
	经济纵向获得感	X 世代	0.129 8	0.230 0	0.442 0	0.101 7	0.231 5
		Y 世代	0.128 6	0.333 8	0.280 2	0.093 5	0.222 1
		Z 世代	0.136 6	0.259 9	0.175 9	0.045 7	0.182 3
	经济预期获得感	X 世代	0.158 4	0.230 0	0.244 8	0.056 3	0.214 7
		Y 世代	0.145 7	0.333 8	0.212 9	0.071 1	0.216 8
		Z 世代	0.153 7	0.259 9	0.181 8	0.047 2	0.200 9
	社会总体获得感	X 世代	0.117 4	0.230 0	0.404 9	0.093 1	0.210 5
		Y 世代	0.119 6	0.333 8	0.209 2	0.069 8	0.189 4
		Z 世代	0.115 2	0.259 9	0.203 2	0.052 8	0.168 0
	社会纵向获得感	X 世代	0.123 0	0.230 0	0.439 1	0.101 0	0.224 0
		Y 世代	0.116 3	0.333 8	0.227 5	0.075 9	0.192 2
		Z 世代	0.120 8	0.259 9	0.239 9	0.062 4	0.183 2
	社会预期获得感	X 世代	0.128 6	0.230 0	0.348 5	0.080 2	0.208 8
		Y 世代	0.158 4	0.333 8	0.242 3	0.080 9	0.239 3
		Z 世代	0.123 0	0.259 9	0.249 8	0.064 9	0.187 9
	政治总体获得感	X 世代	0.140 0	0.230 0	0.086 5	0.019 9	0.159 9
		Y 世代	0.141 1	0.333 8	0.084 4	0.028 2	0.169 3
		Z 世代	0.144 5	0.259 9	0.095 3	0.024 8	0.169 3
	政治纵向获得感	X 世代	0.135 4	0.230 0	0.132 0	0.030 4	0.165 8
		Y 世代	0.149 1	0.333 8	0.130 9	0.043 7	0.192 8
		Z 世代	0.159 5	0.259 9	0.137 7	0.035 8	0.195 3
	政治预期获得感	X 世代	0.142 2	0.230 0	0.135 4	0.031 1	0.173 3
		Y 世代	0.144 5	0.333 8	0.132 0	0.044 1	0.188 6
		Z 世代	0.141 1	0.259 9	0.129 8	0.033 7	0.174 8

续表

类　别			直接效应	社会地位效应	社会地位的获得感效应	间接效应	总效应
社区活动参与	经济总体获得感	X 世代	1.044 2	0.181 8	0.370 3	0.067 3	1.111 5
		Y 世代	1.479 4	0.230 0	0.247 3	0.056 9	1.536 3
		Z 世代	1.083 4	0.303 4	0.172 3	0.052 3	1.135 7
	经济纵向获得感	X 世代	0.670 3	0.181 8	0.442 0	0.080 4	0.750 7
		Y 世代	1.261 4	0.230 0	0.280 2	0.064 4	1.325 8
		Z 世代	0.775 4	0.303 4	0.175 9	0.053 4	0.828 8
	经济预期获得感	X 世代	0.653 7	0.181 8	0.244 8	0.044 5	0.698 2
		Y 世代	0.887 0	0.230 0	0.212 9	0.049 0	0.936 0
		Z 世代	0.620 9	0.303 4	0.181 8	0.055 2	0.676 1
	社会总体获得感	X 世代	0.885 1	0.181 8	0.404 9	0.073 6	0.958 7
		Y 世代	1.467 0	0.230 0	0.209 2	0.048 1	1.515 1
		Z 世代	2.028 3	0.303 4	0.203 2	0.061 7	2.090 0
	社会纵向获得感	X 世代	0.471 1	0.181 8	0.439 1	0.079 8	0.550 9
		Y 世代	0.733 3	0.230 0	0.227 5	0.052 3	0.785 6
		Z 世代	1.151 1	0.303 4	0.239 9	0.072 8	1.223 9
	社会预期获得感	X 世代	0.625 8	0.181 8	0.348 5	0.063 4	0.689 2
		Y 世代	0.827 6	0.230 0	0.242 3	0.055 7	0.883 3
		Z 世代	1.040 1	0.303 4	0.249 8	0.075 8	1.115 9
	政治总体获得感	X 世代	2.313 5	0.181 8	0.086 5	0.015 7	2.329 2
		Y 世代	2.330 1	0.230 0	0.084 4	0.019 4	2.349 5
		Z 世代	1.729 2	0.303 4	0.095 3	0.028 9	1.758 1
	政治纵向获得感	X 世代	2.834 4	0.181 8	0.132 0	0.024 0	2.858 4
		Y 世代	2.861 3	0.230 0	0.130 9	0.030 1	2.891 4
		Z 世代	1.481 8	0.303 4	0.137 7	0.041 8	1.523 6
	政治预期获得感	X 世代	2.333 4	0.181 8	0.135 4	0.024 6	2.358 0
		Y 世代	2.360 2	0.230 0	0.132 0	0.030 4	2.390 6
		Z 世代	1.454 7	0.303 4	0.129 8	0.039 4	1.494 1

五、制度适应间接效应的代际差异

职工养老保险、职工医疗保险、居住证和住房公积金等方面可行能力对城市流动人口社会地位的影响也存在一定程度的代际差异。从模型 66、模型 67、模型 68 可以看到（表 6.10），职工养老保险和住房公积金两个指标的各个系数都在 0.1 的显著性水平下不显著，说明职工养老保险和住房公积金都对 X 世代、Y 世代、Z 世代上海市流动人口社会地位都不具有显著的影响。这与样本总体的情况一致，不仅说明了职工养老保险和住房公积金对上海市流动人口社会地位影响的稳健性，也说明了职工养老保险和住房公积金都对上海市流动人口社会地位的影响不存在显著的代际差异。但是，职工医疗保险和居住证的情况与此不同。职工医疗保险在三个模型中的系数都在 0.01 显著性水平下显著，说明职工医疗保险能够显著地提升 X 世代、Y 世代、Z 世代上海市流动人口社会地位。从系数值来看，职工医疗保险对上海市流动人口社会地位的影响效应表现出对 X 世代最大（0.790），Y 世代次之（0.421），Z 世代最小（0.297）的特征。实际上，参与职工医疗保险，会使得 X 世代、Y 世代、Z 世代上海市流动人口社会地位提高的发生概率分别提升 120.34%、52.35%、34.58%（OR 值 -1，表 6.14）。这说明职工医疗保险对年龄相对较大的流动人口社会地位的影响效应相对更大，年龄越小，影响越弱。

同时，居住证的三个系数都在 0.01 显著性水平下显著，说明居住证对 X 世代、Y 世代、Z 世代上海市流动人口社会地位也具有显著的影响。从系数值来看，居住证对上海市流动人口社会地位的影响效应在 X 世代表现最明显（0.484），Y 世代次之（0.361），Z 世代再次（0.258）。获得居住证，会使得 X 世代、Y 世代、Z 世代上海市流动人口社会地位提高的发生概率分别提升 62.26%、43.48%、29.43%（OR 值 -1，表 6.14），这说明居住证对提升年龄相对较大的流动人口社会地位具有更加突出的现实意义。此外，值得注意的是，居住证对 X 世代、Y 世代、Z 世代上海市流动人口社会地位的影响效应都远小于职工医疗保险，凸显职工医疗保险对于提升上海市流动人口社会地位的重要性和关键性。由此可见，职工医疗保险和居住证等制度适应因素都对上海市流动人口社会地位的影响效应存在显著代际差异，都呈现出对年长者影响大，对年轻者影响小的重要特征。因此，需要关注职工医疗保险和居住证等制度适应因素对年龄相对较大的流动人口社会地位的重要作用及其政策意义。

表 6.14　制度适应的效应汇总（分世代）

类　　别		直接效应	社会地位效应	社会地位的获得感效应	间接效应	总效应
职工养老保险	政治总体获得感 X 世代	0.576 2	—	0.086 5	—	0.576 2
	Y 世代	0.364 8	—	0.084 4	—	0.364 8
	Z 世代	0.261 1	—	0.095 3	—	0.261 1
职工医疗保险	政治总体获得感 X 世代	0.585 7	1.203 4	0.086 5	0.104 1	0.689 8
	Y 世代	0.243 6	0.523 5	0.084 4	0.044 2	0.287 8
	Z 世代	0.246 1	0.345 8	0.095 3	0.033 0	0.279 1
居住证	社会预期获得感 X 世代	0.280 2	0.622 6	0.348 5	0.217 0	0.497 2
	Y 世代	0.481 4	0.434 8	0.242 3	0.105 4	0.586 8
	Z 世代	0.321 8	0.294 3	0.249 8	0.073 5	0.395 3
	政治总体获得感 X 世代	0.770 0	0.622 6	0.086 5	0.053 9	0.823 9
	Y 世代	1.003 7	0.434 8	0.084 4	0.036 7	1.040 4
	Z 世代	0.740 2	0.294 3	0.095 3	0.028 0	0.768 2
	政治纵向获得感 X 世代	0.491 8	0.622 6	0.132 0	0.082 2	0.574 0
	Y 世代	0.866 4	0.434 8	0.130 9	0.056 9	0.923 3
	Z 世代	0.413 4	0.294 3	0.137 7	0.040 5	0.453 9
	政治预期获得感 X 世代	0.678 7	0.622 6	0.135 4	0.084 3	0.763 0
	Y 世代	1.066 8	0.434 8	0.132 0	0.057 4	1.124 2
	Z 世代	0.698 9	0.294 3	0.129 8	0.038 2	0.737 1
住房公积金	政治总体获得感 X 世代	0.345 8	—	0.086 5	—	0.345 8
	Y 世代	0.238 6	—	0.084 4	—	0.238 6
	Z 世代	0.266 2	—	0.095 3	—	0.266 2

在职工医疗保险和居住证等制度适应可行能力对城市流动人口社会地位代际差异影响与社会地位对城市流动人口社会预期获得感、政治总体获得感代际差异影响的共同作用之下，制度适应等方面可行能力对城市流动人口社会预期获得感和政治获得感的间接效应也存在一定程度的代际差异，其主要体现在两个方面。一方面，职工医疗保险的参与，对 X 世代城市流动人口政治总体获得感的间接提升效应为 0.104 1，远高于 Y 世代的 0.044 2 和 Z 世代的 0.033 0。这说明职工医疗保险对相对较年长的流动人口政治总体获得感的间接影响效应相对更大。另一方面，居住证对上海市流动人口社会预期获得感、政治总体获得感、政治纵向获得感、政治预期获得感的间接影响效应都依 X 世代（0.217 0、0.053 9、0.082 2、0.084 3）、Y 世代（0.105 4、0.036 7、0.056 9、0.057 4）、Z 世代（0.073 5、0.028 0、0.040 5、0.038 2）的顺序递减。这说明，关注居住证等制度适应因素对 X 世代城市流动人口社会预期获得感、政治总体获得感、政治纵向获得感和政治预期获得感的间接影响作用具有相对更加重要的政策意义。

因此，制度适应对城市流动人口获得感的间接影响的代际差异主要体现在职工医疗保险和居住证两个方面。职工医疗保险对城市流动人口政治总体获得感与居住证对城市流动人口社会预期获得感、政治总体获得感、政治纵向获得感、政治预期获得感的间接影响效应都表现为对年长者明显而对年轻者不明显的特征。因此，需要重点关注职工医疗保险和居住证等制度适应因素对 X 世代城市流动人口社会预期获得感和政治获得感的间接影响效应，有针对性地制定相关政策来有效提升其获得感。

第三节　可行能力总效应及其结构的代际差异

在人力资本、经济条件、社会融入和制度适应等方面可行能力对城市流动人口获得感的直接影响代际差异与社会地位的中介作用的叠加影响之下，可行能力对城市流动人口获得感的总效应及其效应结构也存在较大程度的代际差异。

一、人力资本总效应及结构的代际差异

人力资本对城市流动人口获得感的总效应及效应结构的代际差异体现在两方面。一方面，健康人力资本只对城市流动人口经济获得感、社会获得感、政治获得感产生直接影响，因而，健康人力资本对城市流动人口获得感的总效应的代际差异就等同于其直接效应的代际差异，即健康人力资本对城市流动人口所有维度获得感的影响效应都表现为对 X 世代最大，Y 世代次之，Z 世代再次。例如，健康人力资本的提高分别使得 X 世代、Y 世代、Z 世代上海市流动人口经济总体获得感提高 104.01%、81.67%、45.64%（表 6.11）。

另一方面，教育人力资本对城市流动人口获得感总效应的代际差异体现在经济获得感之中，主要呈现三个方面的特征。第一，教育人力资本对 X 世代、Y 世代、Z 世代城市流动人口经济总体获得感、经济纵向获得感、经济预期获得感的直接效应都在其总效应之中占据主导地位，这使得教育人力资本对城市流动人口经济获得感的总效应的代际差异与其直接效应保持一致，即教育人力资本对城市流动人口经济总体获得感、经济纵向获得感、经济预期获得感的总效应都依 X 世代、Y 世代、Z 世代的顺序递减（表 6.11）。第二，对于不同世代城市流动人口，其间接作用在其总效应之中的比重存在较大差异。教育人力资本对 X 世代、Y 世代、Z 世代上海市流动人口经济总体获得感的直接提升效应与间接效应之比分别为 1 : 0.110 4、1 : 0.185 2、1 : 0.298 5，这说明对上海市流动人口的不同世代而言，教育人力资本对越年轻的群体的经济总体获得感间接影响效应越大。相应地，教育人力资本对上海市流动人口经济总体获得感的直接效应在其总效应之中的比重依 X 世代、Y 世代、Z 世代的顺序呈降序排列（具体为 90.06%、84.37%、77.01%）。经济纵向获得感和经济预期获得感的情况与此相类似。教育人力资本对上海市流动人口经济纵向获得感和经济预期获得感的直接效应在其总效应之中的比重同样也依 X 世代、Y 世代、Z 世代的顺序呈降序排列（对经济纵向获得感的直接影响比重分别为 85.55%、77.52%、73.17%，对经济预期获得感的直

接影响比重分别为 90.68%、79.65%、70.50%）。可见，关注教育人力资本对 Z 世代城市流动人口经济获得感的间接提升作用具有相对更加重要的政策意义。第三，在间接效应的叠加之下，相对于直接效应来说，教育人力资本对城市流动人口经济获得感总效应在不同世代之间的差距有所缩小。例如，教育人力资本对 X 世代、Y 世代、Z 世代上海市流动人口经济总体获得感的总提升效应分别为 0.334 6、0.282 6、0.244 4，三者之比为 1∶0.84∶0.73，而其三者的直接效应之比为 1∶0.74∶0.57。可见，教育人力资本对城市流动人口经济获得感的直接效应、间接效应、总效应及其结构都存在一定程度的代际差异，因此，需要根据教育人力资本对城市流动人口经济获得感影响的代际差异性，采取相关对策以有效提升流动人口经济获得感。

二、经济条件总效应及结构的代际差异

家庭人均收入和住房产权等经济条件对城市流动人口获得感的总效应及效应结构存在一定程度的代际差异，主要体现在家庭人均收入和住房产权对其经济总体获得感影响的代际差异之中，以上海市为例，其主要特征包括三个方面。

第一，家庭人均收入和住房产权对 X 世代、Y 世代、Z 世代上海市流动人口经济总体获得感的总效应的代际差异情况与其直接效应相一致。家庭人均收入的提高，能够使得上海市 X 世代、Y 世代、Z 世代的流动人口经济总体获得感的总提升效应顺次降低（分别为 0.693 2、0.565 6、0.358 1，表 6.12）。而住房产权的获得，会使得上海市 X 世代、Y 世代、Z 世代的流动人口经济总体获得感的总提升效应顺次不断提高（分别为 0.451 0、0.660 3、1.140 2，表 6.12）。家庭人均收入和住房产权在经济总体获得感中的直接效应都在其总效应中占据主导地位。

第二，从效应结构来看，家庭人均收入对 X 世代、Y 世代、Z 世代上海市流动人口经济总体获得感的间接影响效应与直接影响效应之比分别为 1∶0.209 8、1∶0.292 5、1∶0.085 8，这说明家庭人均收入对 Y 世代城市流动人口经济总体获得感间接影响效应发挥了相对更为重要的作用。而住房

产权对上海市流动人口经济总体获得感的间接影响效应与直接影响效应之比依 X 世代、Y 世代、Z 世代的顺序呈降序排列（0.480 1∶1，0.204 7∶1，0.109 3∶1），这说明住房产权对上海市流动人口经济总体获得感间接作用对于 X 世代最大，Y 世代次之，Z 世代最小，关注住房产权对 X 世代城市流动人口经济总体获得感的间接提升作用具有相对更加重要的政策意义。

第三，在间接效应的叠加之下，相对于直接效应来说，家庭人均收入对 Z 世代与 Y 世代流动人口经济总体获得感的总效应差距，与 X 世代和 Y 世代之间的差距相比有所扩大。家庭人均收入对 X 世代、Y 世代、Z 世代上海市流动人口经济总体获得感的总效应的三者之比为 1∶0.82∶0.52，而其三者的直接效应之比为 1∶0.76∶0.56。而住房产权，相对于直接效应来说，对上海市流动人口经济总体获得感的总效应在不同世代之间的差距有所缩小。住房产权对 X 世代、Y 世代、Z 世代上海市流动人口经济总体获得感的总效应的三者之比为 1∶1.46∶2.53，而其三者的直接效应之比为 1∶1.80∶3.37。可见，家庭人均收入和住房产权等经济条件对上海市流动人口经济总体获得感的直接效应、间接效应、总效应及其结构都存在一定程度的代际差异，因此，需要根据不同类型经济条件对城市流动人口经济总体获得感影响的代际差异特征，采取相关对策以有效提升流动人口经济总体获得感。

三、社会融入总效应及结构的代际差异

社会融入方面可行能力对城市流动人口获得感的总效应及效应结构存在一定程度的代际差异，以上海市为例，这主要体现在以下三个方面。

第一，从社会融入对经济获得感的总效应来看，社会交往程度的提高，会使得 X 世代、Y 世代、Z 世代的上海市流动人口经济总体获得感的提升效应顺次递减（分别为 0.360 3、0.269 0、0.182 5，表6.13）。而社会交往程度对 X 世代和 Y 世代经济纵向获得感和经济预期获得感的总效应的差距较小（X 世代是 0.231 5、0.214 7，Y 世代是 0.222 1、0.216 8），但其都大于 Z 世代流动人口（0.182 3、0.200 9）。这说明社会交往程度对 Z 世代上海市流动人口经济获得感的总效应相对较小。而社区活动参与对上海市 Y 世代流动

人口经济总体获得感、经济纵向获得感、经济预期获得感的总效应最高，分别是 1.536 3、1.325 8、0.936 0，并大幅度超过 X 世代（1.111 5、0.750 7、0.698 2）和 Z 世代（1.135 7、0.828 8、0.676 1），即社会交往程度和社区活动参与对城市流动人口经济获得感的总效应的代际差异特征也完全不同。

　　从社会融入对经济获得感的效应结构代际差异来看，尽管社会交往程度和社区活动参与对所有世代城市流动人口经济获得感的直接效应都在其总效应之中占据主导地位，但是，其间接效应对于不同世代流动人口的影响完全不一样。总的来看，社区活动参与对 X 世代、Y 世代、Z 世代上海市流动人口经济总体获得感、经济纵向获得感、经济预期获得感的间接效应相对较小，其在总效应之中的占比绝大多数不超过 10%，这使得社区活动参与对上海市流动人口经济获得感的总效应的代际差异特征与其直接效应的情况保持一致。社会交往程度对上海市流动人口经济总体获得感的间接效应与其直接效应之比 X 世代最低（0.31），Y 世代最高（0.41），Z 世代居于二者之中（0.33），由于直接效应相对较大以及代际差异也不小，社会交往程度对上海市流动人口经济总体获得感的总效应的代际特征与其直接效应的情况保持一致。与此不同的是，社会交往程度对上海市流动人口经济纵向获得感的间接效应与其直接效应之比依 X 世代（0.78）、Y 世代（0.73）、Z 世代（0.33）的顺序降序排列，且由于其直接效应之间的代际差异比较小，这就使得社会交往程度对上海市流动人口经济纵向获得感的总效应代际差异特征发生了彻底转变，由社会交往程度对 Z 世代流动人口经济纵向获得感的直接效应大于 X 世代和 Y 世代，转变为社会交往程度对 Z 世代流动人口经济纵向获得感的总效应小于 X 世代和 Y 世代。而经济预期获得感的情况与此类似。社会交往程度对三个世代流动人口经济预期获得感的间接效应与其直接效应之比分别为 X 世代 0.36、Y 世代 0.49、Z 世代 0.31，且由于其直接效应之间的代际差异比较小，这就使得社会交往程度对上海市流动人口经济预期获得感的总效应代际差异特征由对 Y 世代流动人口经济预期获得感的直接效应相对最小，转变为相对最大。由此可见，社会交往程度和社区活动参与对城市流动人口经济获得感的总效应及其结构特征的代际差异也完全不同。

　　第二，从社会融入对社会获得感的总效应来看，社会交往程度的提高，会使得上海市流动人口中的 X 世代社会总体获得感、社会纵向获得感的提升效应最强（0.210 5、0.224 0）、其次为 Y 世代（0.189 4、0.192 2），再次为 Z 世代（0.168 0、0.183 2，表 6.13）。而社会交往程度的提高，会使得上海市 Y 世代流动人口获得最强的社会预期获得感提升，提升效应为 0.239 3，其次是 X 世代（0.208 8），再次是 Z 世代（0.187 9，表 6.13）。这说明社会交往程度对 Z 世代上海市流动人口社会总体获得感、社会纵向获得感、社会预期获得感的总效应相对最小。社区活动参与对上海市流动人口社会总体获得感、社会纵向获得感、社会预期获得感的总效应在 X 世代分别表现为0.958 7、0.550 9、0.689 2，Y 世代分别表现为 1.515 1、0.785 6、0.883 3、Z世代分别表现为 2.090 0、1.223 9、1.115 9（表 6.13），说明社区活动参与对上海市年轻世代的流动人口社会获得感的总效应总是大幅超年长世代的重要特征。可见，社会交往程度和社区活动参与对城市流动人口社会获得感的总效应的代际差异特征也完全不同。

　　从社会融入对社会获得感的效应结构代际差异来看，与经济获得感的情况相类似的是，尽管社会交往程度和社区活动参与对所有世代城市流动人口社会获得感的直接效应都在其总效应之中占据主导地位，但是，其间接效应对于不同世代流动人口的影响也完全不一样。总的来看，社区活动参与对 X世代、Y 世代、Z 世代上海市流动人口社会总体获得感、社会纵向获得感、社会预期获得感的间接效应在总效应之中的占比绝大多数也没有超过 10%，故而社区活动参与对上海市流动人口社会获得感的总效应的代际差异特征与其直接效应的情况保持一致。社会交往程度对 X 世代和 Y 世代上海市流动人口社会总体获得感和社会纵向获得感的间接效应都相对较大，并且，这种间接效应与其直接效应之比依 X 世代（0.79、0.82）、Y 世代（0.58、0.65）、Z 世代（0.46、0.52）的顺序递减，且由于其直接效应之间的代际差异比较小，这就使得社会交往程度对上海市流动人口社会总体获得感和社会纵向获得感的总效应呈现出依 X 世代、Y 世代、Z 世代的顺序递减的特征。而与此不同的是，社会交往程度对 X 世代上海市流动人口社会预期获得感的间接效应与其直接效应之比（0.62）大于 Y 世代（0.51）和 Z 世代（0.53），且由于社会交往程度对 Z 世代流动人口社会预期获得感的提升效应都相对最小，这就使得社会交往程度对 Z 世代上海市流动人口社会预期获得感的总效应与对 X 世代和 Y 世代的总效应之间的差距，比直接效应差距更大。由此可见，社会交往程度和社区活动参与对城市流动人口社会获得感的总效应及其结构特征的代际差异特征也完全不同。

第三，从社会融入对政治获得感的总效应来看，社会交往程度的提高，使得 Y 世代和 Z 世代上海市流动人口政治总体获得感和政治纵向获得感的提升效应大致一样（Y 世代为 0.169 3、0.192 8，Z 世代为 0.169 3、0.159 3），都远大于 X 世代（0.159 9、0.165 8，表 6.13）。而社会交往程度对 Y 世代政治预期获得感的总效应最强（0.188 6），Z 世代次之（0.174 8），X 世代再次（0.173 3）。这说明社会交往程度对 X 世代上海市流动人口政治获得感的总效应相对较小。而社区活动参与的拓展，对 X 世代和 Y 世代上海市流动人口政治总体获得感、政治纵向获得感、政治预期获得感的总提升效应大致一样（X 世代为 2.329 2、2.858 4、2.358 0，Y 世代为 2.349 5、2.891 4、2.390 6），都远大于 Z 世代（1.758 1、1.523 6、1.494 1），这说明社区活动参与对 Z 世代流动人口政治获得感的作用相对较小，即社会交往程度和社区活动参与对城市流动人口政治获得感的总效应的代际差异特征也完全不同。

从社会融入对政治获得感的效应结构代际差异来看，与经济获得感和社会获得感的情况相类似的是，社会交往程度和社区活动参与对所有世代城市流动人口经济获得感的直接效应都在其总效应之中占据主导地位，但是，其间接效应对不同世代流动人口的影响也完全不一样。总的来看，社区活动参与对所有世代的所有政治获得感维度的间接效应相对较小，其在总效应之中的占比绝大多数不超过 3%，这使得社区活动参与对政治获得感的总效应的代际差异特征与其直接效应的情况保持一致。

社会交往程度对上海市流动人口政治总体获得感的间接效应与其直接效应之比，Y 世代最高（0.20），Z 世代次之（0.17），X 世代最低（0.14），且由于其直接效应之间的代际差异比较小，这就使得社会交往程度对上海市流动人口政治总体获得感的总效应代际差异呈现 X 世代影响程度小于 Y 世代和 Z 世代。与此相类似的是，社会交往程度对上海市流动人口政治纵向获得感和政治预期获得感的间接效应与其直接效应之比，Y 世代（0.29、0.31）高于 X 世代（0.22、0.22）和 Z 世代（0.22、0.24），且由于其直接效应之间的代际差异比较小，这就使得社会交往程度对上海市流动人口政治纵向获得感和政治预期获得感的总效应代际差异特征发生了一定转变，与其直接效应的代际差异特征都不再全然相同。可见，社会交往程度和社区活动参与对城市流动人口政治获得感的总效应及其结构特征的代际差异特征也完全不同。

总而言之，社会交往程度和社区活动参与等社会融入方面可行能力对城市流动人口经济获得感、社会获得感、政治获得感的直接效应、间接效应、总效应及其结构都存在一定程度的代际差异，因此，需要关注不同类型社会融入对城市流动人口获得感影响及其机制的代际差异，采取更有效的政策措施来提升流动人口获得感。

四、制度适应总效应及结构的代际差异

职工养老保险、职业医疗保险、居住证和住房公积金等制度适应方面的可行能力对城市流动人口获得感的总效应及效应结构也存在一定程度的代际差异。以上海市为例，制度适应的代际差异主要体现在以下四个方面。

第一，职工养老保险和住房公积金对各个世代的政治总体获得感都不具有显著的间接影响，因而，其对城市流动人口政治总体获得感的直接效应就等同于其总效应。

第二，从总效应来看，职工医疗保险对上海市流动人口政治总体获得感的影响效应对 X 世代最强（0.689 8）、Y 世代次之（0.287 8）、Z 世代再次（0.279 1，表 6.14），其中，Y 世代和 Z 世代之间的效应差距较小。而居住证对社会预期获得感、政治总体获得感、政治纵向获得感、政治预期获得感的总效应都呈现 Y 世代最明显（0.586 8、1.040 4、0.923 3、1.124 2），X 世代次之（0.497 2、0.823 9、0.574 0、0.763 0），Z 世代最次的特征。职工医疗

保险和居住证对城市流动人口获得感的总效应的代际差异特征不同。

第三，从效应结构来看，职工医疗保险和居住证的直接效应都在其总效应中占据主导地位，但是，其效应结构也存在较大程度的代际差异。职工医疗保险对 X 世代、Y 世代、Z 世代的政治总体获得感的间接效应与直接效应之比分别为 0.18∶1、0.18∶1、0.13∶1，即职工医疗保险对 X 世代和 Y 世代上海市流动人口政治总体获得感间接效应的现实意义相对更大。居住证对 X 世代、Y 世代、Z 世代上海市流动人口社会预期获得感的间接影响效应与直接影响效应之比分别为 0.77∶1、0.22∶1、0.27∶1，这说明居住证对 X 世代社会预期获得感的间接提升效应发挥了非常重要的现实作用。居住证对 X 世代政治总体获得感、政治纵向获得感和政治预期获得感的间接影响效应与直接影响效应之比（0.07、0.17、0.12）都略大于 Y 世代（0.04、0.10、0.05）和 Z 世代（0.04、0.10、0.05）。这说明，相对而言，居住证对 X 世代上海市流动人口政治获得感的间接效应具有相对较为重要的意义。因此。关注职工医疗保险和居住证对 X 世代城市流动人口社会预期获得感、政治获得感的间接作用具有相对更加重要的政策意义。

第四，在间接效应的叠加之下，职工医疗保险对 Y 世代上海市流动人口政治总体获得感的总效应大于 Z 世代，这与直接效应的情况略有不同。而从直接效应来看，居住证对不同世代上海市流动人口社会预期获得感的总效应的差距有所缩小，具体而言，对 X 世代、Y 世代、Z 世代上海市流动人口社会预期获得感的直接效应之比为 1∶1.72∶1.15，在间接效益的叠加影响之下，其总效应的三者之比为 1∶1.18∶0.80，并使得对 X 世代的总效应大于 Z 世代。而相对于直接效应来说，居住证对 X 世代上海市流动人口政治总体获得感的总效应与 Y 世代之间的差距大大缩小，但 Z 世代的总效应却与 X 世代和 Y 世代之间的差距有所扩大。居住证对 X 世代、Y 世代、Z 世代上海市流动人口政治总体获得感的直接效应之比为 1∶1.30∶0.96，而其总效应的三者之比为 1∶1.26∶0.93。居住证对 X 世代流动人口社会预期获得感的间接效应占其总效应的 43.64%，其占比相对较大一些。而居住证对 X 世代、Y 世代、Z 世代上海市流动人口政治总体获得感、政治纵向获得感、政治预期获得感的间接效应在其总效应之中的占比都相对较小，其间接影响效应所发挥的作用都难以改变直接影响效应的主导地位。

可见，职工医疗保险和居住证等制度适应方面可行能力对城市流动人口社会预期获得感、政治总体获得感、政治纵向获得感、政治预期获得感的直接效应、间接效应、总效应及其结构都存在一定程度的代际差异，因此，需要关注不同类型制度适应类型对城市流动人口获得感影响的代际差异特征，采取相关对策以有效提升流动人口获得感。

第七章　提高城市流动人口
获得感的对策思考

当前，城市流动人口经济获得感、社会获得感、政治获得感等各个维度的获得感仍然处于较低水平，具有"相对低水平性"的显著特征。一定程度而言，年轻的城市流动人口获得感低于年长群体，并存在一定程度的性别差异、户籍分化、婚姻状况异质性和受教育程度分层等方面的问题，需要采取更加具有针对性的政策措施，以有效提升城市流动人口获得感和促进新型城镇化可持续发展。

第一节　健康为本：着力提升城市流动人口人力资本

人力资本对城市流动人口经济获得感、社会获得感、政治获得感都具有重要的影响。然而，教育人力资本和健康人力资本对城市流动人口经济获得感、社会获得感、政治获得感的影响完全不同，凸显了人力资本对城市流动人口获得感影响的类型分化性。因此，需要根据不同类型人力资本的具体影响机制，采取有针对性的措施着力提升城市流动人口人力资本，以有效促进其获得感的提高。

一、健康为本：全面提升流动人口健康人力资本

尽管健康人力资本不能通过社会地位间接来提升城市流动人口经济获得感、社会获得感、政治获得感，然而，健康人力资本却对城市流动人口获得感的所有维度都有显著的正向直接影响，即提高健康人力资本能够显著直接提升城市流动人口的各类获得感。与教育人力资本相比，健康人力资本对城

市流动人口获得感的影响范围更广。相对而言，健康人力资本比教育人力资本对城市流动人口获得感具有为更为重要的现实意义。所以，需要坚持"健康为本"的原则，着力全面提升城市流动人口健康人力资本，以促进其获得感的有效提升，主要包括以下几个方面。

首先，依托工会，逐步探索和建立城市流动人口健康服务支持机制。具体而言，包括两方面内容：一方面，以工会为核心主体，开展流动人口基本状况和健康服务普查，对所辖区域内流动人口的群体特征和健康状况进行全面摸排和分析，为城市流动人口健康服务和支持机制建设铺垫实践基础。另一方面，以基层工会为基本立足点，设立专门为流动人口提供健康服务的社会工作者岗位，为有需要的流动人口提供必要的支持。同时，可以考虑搭建流动人口健康服务咨询热线和微信公众号等，拓展流动人口健康服务的获得渠道，从而促进城市流动人口健康状况的改善和健康人力资本的提高，以持续提高其获得感。例如，在上海市等超大型城市，工会组织已经逐步建立了多层次的组织机构体系，为相关从业人员提供了多方面支持。

其次，立足社区，建立城市流动人口心理健康支持机制。城市流动人口在流入地城市面临经济、社会、文化等各个方面的适应和压力问题，其心理健康也面临较大的风险，故需要立足社区，建立行之有效的城市流动人口心理健康支持机制，着力提升其心理健康水平，从而促进其健康人力资本的有效提升。可以考虑立足社区社会组织，通过政府购买社会服务等形式，以社区为基本服务单位，为城市流动人口提供心理疏导、压力纾解、心理咨询、心理支持等方面的具体服务，建立心理服务平台和具体机制，从而为有需要的流动人口提供现实的心理服务支持，缓解其心理健康、减低其心理焦虑、提升其心理素质，以全面提高城市流动人口心理健康和健康人力资本水平。

再次，不同行业和职业的流动人口的健康状况不尽相同，而且，他们面临的工作压力和健康风险也不同。故需要坚持对焦群体的治理机制，重点关注工作时间较长群体、夜间工作群体、户外工作群体等流动人口健康问题。通过基层工会、基层妇联组织、社区居委会等相关机构，为这些特定行业和职业的流动人口群体提供相关健康支持服务，比如免费体检、职业病排查、心理咨询与疏导等相关服务和支持，从而为其降低健康风险和提升健康人力资本提供坚实的支持。有条件的城市和地方政府，可以以基层工会为主要抓手，逐步探索流动人口重点群体健康服务支持机制，为这些健康风险较高的群体提供行之有效的健康服务支持，从而促进其获得感的提高。

最后，影响城市流动人口健康人力资本的因素较为多元的，城市地方政府和相关部门应该依托建设健康中国的国家战略，结合流动人口的具体特征和现实需求，制定系统的一揽子计划，以更加有效地提升城市流动人口健康人力资本和获得感。

二、多措并举：提升流动人口教育人力资本

尽管教育人力资本对城市流动人口社会获得感和政治获得感都不具有显著的正向影响，然而，教育人力资本（受教育程度）的提高却能够直接显著提高城市流动人口经济总体获得感、经济纵向获得感、经济预期获得感。教育人力资本对城市流动人口社会地位具有显著的影响效应，并通过社会地位的中介作用而间接影响城市流动人口经济总体获得感、经济纵向获得感、经济预期获得感，从而使得教育人力资本对城市流动人口经济获得感具有直接和间接的双重效应。因此，着力提升城市流动人口教育人力资本，对提升其经济获得感也具有重要的现实意义。

为此，一方面，应加大流动人口教育培训等方面的支持力度，通过政府购买服务等方式，委托专业社会组织为有现实需要的流动人口提供相关专业技能培训，从而提高其职业发展能力和专业技术水平，从而提高其教育人力资本。另一方面，可以考虑建构城市流动人口教育人力资本提升的长效机制。例如，由地方政府主导，地方人力资源和社会保障等相关部门具体负责，与相关高校建立长期合作，专门针对流动人口开设成人高考培训、在职硕士研究生学位教育以及各种相关的专业或职业培训，逐步探索具有城市特色的流动人口职业教育体系和学历提升体系，从而拓展流动人口教育人力资本提升的渠道和路径，以促进其教育人力资本的全面提升和经济获得感的持续提高。

第二节　尽力而为：不断改善城市流动人口的经济条件

家庭人均月收入、就业单位性质、住房产权等经济条件因素对城市经济获得感、社会获得感、政治获得感等各方面的获得感的影响都较为有限。但是，经济条件是城市流动人口在流入地城市立足的基本条件，其对流动人口社会地位具有重要的意义。此外，家庭人均月收入和住房产权都对城市流动人口经济总体获得感具有直接的显著影响作用，也会通过社会地位这一中介作用而间接影响其经济总体获得感。因此，也需要立足城市发展情况，尽力而为，不断着力改善城市流动人口经济条件。

一、路径创新：提升流动人口家庭收入

家庭人均月收入是影响城市流动人口社会地位的重要因素，对其经济总体获得感具有直接和间接的双重影响效应，因此，需要创新路径，不断提高城市流动人口家庭收入。第一，可以考虑制定城市流动人口创业支持政策。地方政府可以从减免税收、提供相关场地租赁优惠支持、创业技能培训等方面提供全面的支持，为流动人口创业提供坚实的实际帮助，以促进城市流动人口通过创业而提高其经济收入。第二，立足社区，为中老年流动人口和流动人口随迁家属提供社区保安、社区保洁、社区绿化维护等相关就业机会和公益性就业岗位，逐步建立流动人口就业社区支持机制，促进中老年流动人口就业，从而提高其家庭收入。第三，逐步拓展社会保障体系覆盖范围，将符合条件的流动人口纳入最低社会保障、临时救助、医疗救助等社会救助的覆盖范围，缓解流动人口家庭经济困难，从而改善其经济条件，以提升其获得感。第四，利用多渠道提升流动人口专业技能和人力资本，为其提升就业质量和提高经济收入铺垫坚实基础，从而提高其获得感。

二、加大支持：提高流动人口自有住房拥有率

自有住房产权不仅是城市流动人口经济条件的重要体现，也对其经济总

体获得感具有直接影响效应，并通过社会地位的中介作用而间接影响城市流动人口经济总体获得感，因而，采取相关政策，着力提升城市流动人口自有住房拥有率也尤为重要。第一，地方政府可以结合流动人口群体特征及其购房需求，适当降低城市购房资格条件，以提升城市流动人口自有住房拥有率。例如，对于个体户等流动人口群体，可以考虑根据居住证持有时长来限定其购房资格，放开社会保险缴纳的相关要求等，使得这些无法缴纳职工社会保险但在流入地城市长期居留并具有定居意愿的流动人口群体能够拥有购房资格，从而提高该群体自有住房拥有率。第二，拓展住房保障体系覆盖范围，逐步将部分流动人口纳入经济适用房和共有产权房等的覆盖范围，有条件的城市可以逐步探索流动人口住房保障体系，着力提升流动人口住房拥有率和居住质量，以提升流动人口经济总体获得感。第三，制定相关流动人口购房支持措施，为流动人口购房提供相关支持。例如，可以根据城市发展的需要，减免部分流动人口购房的部分税收，以降低其购房成本，从而促进城市流动人口自有住房拥有率的提高，使得流动人口的获得感能够持续提升。

第三节　多维推进：全面促进城市流动人口社会融入

社会交往程度和社区活动参与等社会融入因素不仅是影响流动人口市民化程度以及新型城镇化发展质量的核心方面，也对城市流动人口获得感具有显著的影响。社会交往程度和社区活动参与等社会融入因素不仅对城市流动人口各维度的获得感具有显著的直接影响，而且，也会通过社会地位的中介作用而间接影响城市流动人口各项获得感，即社会融入对城市流动人口获得感具有直接和间接的双重影响效应。并且，相对于人力资本、经济条件和制度适应等方面可行能力，社会融入对城市流动人口获得感的影响范围更广，其影响效应也相对较大。因此，相对而言，社会融入对城市流动人口获得感具有相对更为重要的现实意义，故需要多维推进，全面提升其社会融入，以有效促进城市流动人口经济获得感、社会获得感、政治获得感的全面提高。

一、群体聚焦，多渠道提高流动人口社会交往程度

社会交往程度不仅是流动人口社会资本的重要方面，对其市民化程度和获得感都相当重要。而影响城市流动人口社会交往程度的因素是多方面的，需要根据流动人口不同群体的具体特征，多维推进，采取多种方法拓展其社会交往范围和提升其社会交往程度。

首先，对于有稳定职业的流动人口群体，应该充分发挥单位工会的作用，以促进其与单位员工等群体的社会交往程度。单位工会应该充分发挥其功能，关心单位内部的流动人口员工，关注其社会交往的现实需求及其多元化特征，采取各种方式以提升城市流动人口社会交往程度。单位工会可以考虑组织单位员工开展文娱活动、团建活动、联谊活动等，为流动人口员工提供与单位其他员工、联谊单位员工等人员交往的机会和平台，拓展其社会交往程度。同时，也可以考虑建立微信群和公众号等平台，拓展单位流动人口社会交往的渠道，从而促进其社会交往程度的提高。

其次，对非稳定就业等流动人口群体，可以考虑以社区为基本立足点，立足社区居委会，拓展其社会交往程度。社区居委会可以关注以社区内部非稳定就业流动人口社会交往等方面的现实需要，采取定期举办社区文娱活动、社区互助活动等多种形式，为流动人口提供与本社区当地居民交往的机会，以促进非稳定就业流动人口群体的社会交往。

再次，地方基层共青团组织和妇联等单位，也可以根据自身的工作范围，为相关流动人口提供必要的服务支持，以拓展流动人口社会交往程度。比如，地方基层共青团组织可以重点关注青年流动人口，结合其社会交往需要的主要特征，立足其恋爱与婚姻等方面的需要，组织婚恋交友等活动，为其提供更多的社会交往机会和平台。而地方基层妇联可以重点关注女性流动人口的主要特征及其现实的社会交往需要，为辖区内的女性流动人口提供更多为交友、交流、婚恋等机会，以提高女性流动人口社会交往程度，从而全面提升其获得感。

最后，影响流动人口社会交往程度的因素还涉及社区环境等多个方面。

地方政府和相关部门可以通过改善城市基础设施建设和社区环境等，为城市流动人口社会交往提供良好的外部环境，以全面促进流动人口社会交往程度的提高等。

二、因地制宜，多形式提升社区活动参与水平

社区活动参与是城市流动人口社会融入的重要方面，对其获得感也具有重要的现实意义。提高流动人口社区活动参与，可以从两个方面来考虑。一方面，社区居委会、社区物业、社区业主委员会、社区社会组织等相关机构，可以结合自身的情况，设置相关的志愿者岗位，为流动人口提供一些相关志愿者服务的机会和岗位，促进流动人口参与社区管理和相关服务，增进其与社区居民的交流和交往。另一方面，街道和社区居委会等可以通过购买社会服务等形式，委托专业社会组织，立足社区，结合当地风土人情，开展多形式的文娱活动，吸引流动人口参与各种活动。这不仅有利于社区的文化建设，也可以为流动人口提供更多与社区居民交流和交往的机会，从而提高其社区活动参与水平和社会交往程度，以有效提升其获得感。

第四节　重点聚焦：提升城市流动人口的制度适应

制度适应不仅反映了流动人口在流入地城市的公共服务获得状况和权益享有程度，而且对其获得感具有重要的影响。因而，需要聚焦制度适应中的关键因素，以不断提升城市流动人口制度适应水平，从而促进其获得感的有效提升。

一、核心对焦，全面提升流动人口居住证可及性

相对于职工养老保险、职工医疗保险、住房公积金等制度适应因素而言，居住证对流动人口获得感具有更为重要的现实意义。居住证对城市流动人口社会预期获得感、政治总体获得感、政治纵向获得感、政治预期获得感都具有直接和间接的双重影响效应，因此，需要核心对焦，不断提升流动人

口居住证可及性，从而提升城市流动人口获得感。

一方面，居住证获取条件偏高、办理程序较为烦琐、获得时间相对较长等因素仍然制约着流动人口的居住证可及性，因而，需要进一步简化居住证办理程序，减少不必要材料的提供要求，全面实现居住证办理"一次性"要求，提高其管理和服务的人性化水平，甚至可以考虑取消居住登记等要求，允许流动人口直接办理居住证，降低其获得居住证的时间成本和其他隐性成本。从而全面提高流动人口居住证可及性，为其需要的满足铺垫坚实基础。另一方面，居住证的标识性和使用受限性也是制约流动人口居住证办理积极性的重要方面。因此，需要根据实际情况，对居住证的形式及签注制度进行类型化管理，尽量减弱其身份标识性和融入区隔性。从形式上完善居住证的标识和管理，可以将居住证名称改为"居住身份证"，形式上趋近身份证，并赋予其居民身份证的相关功能等。此外，对居住证年度签注制度进行差别化管理。可以根据实际需要和现实情况，综合考虑流动人口就业、住所、流入时间等条件，制定类型化和差别化的签注制度。例如，将签注年限分为一年、三年、五年等，以减少签注给部分流动人口带来的心理上的身份标识感，提升流动人口办理居住证的积极性，促进居住证可及性的有效提升，以有效提升其获得感。

二、二维拓展，不断提升流动人口社会保险参保率

职工养老保险、职工医疗保险、住房公积金等制度适应因素对城市流动人口政治总体获得感也具有显著的影响效应，因而，提升其社会保险参保率和住房公积金获得水平等也是提升城市流动人口获得感的重要内容。一方面，可以考虑逐步改进居住证的主要功能，使持居住证的流动人口获得社会保险的参保资格，以提升城市流动人口社会保险可及性。地方政府可以在综合考虑人口老龄化程度、经济社会发展阶段、新型城镇化发展进程的基础上，根据居住证类型化管理的基本原则，梯次化地扩展流动人口可获得的服务和福利类型。例如，根据居住证签注制度的类型性，逐步赋予流动人口居民养老保险、居民医疗保险、社会救助等相关福利和服务获取资格，拓展流

动人口可获得权益的类型，使其基本公共服务和社会权益可获得类型逐步与当地居民趋同，从而提升城市流动人口社会保险参保率。另一方面，加大监督力度，充分保障流动人口社会保险基本权益。人力资本和社会保障等部门应该建立定期检查机制和不定期抽查机制，对辖区内用人单位为流动人口员工缴纳社会保险的情况进行检查和监督，加大监督力度，充分保障流动人口社会保险等方面权益的实现，以有效提升其获得感水平。

第五节　协调支持：全面提高城市流动人口社会地位

社会地位对城市流动人口各类获得感都具有显著的正向效应。城市流动人口获得感具有社会分层的显著特征，因而，着力提高其社会地位，是提高城市流动人口获得感的核心内容，主要包括以下两个方面。

一、特征对焦，聚焦流动人口的个体差异

性别、户籍等是影响城市流动人口社会地位的重要个体特征因素。因此，需要根据城市流动人口个体特征，重点对焦，采取相关措施以提升其社会地位。相对于女性而言，城市男性流动人口的社会地位相对更低，因而，需要重点关注男性流动人口的社会地位问题。同时，相对而言，农业户籍流动人口的社会地位也低于居民户籍和非农业户籍群体，即城市流动人口存在社会地位的户籍分化问题，因此，需要聚焦农业户籍城市流动人口社会地位问题，采取相关措施以着力提高农业户籍流动人口社会地位，以提升其获得感等。

二、重点关注，不断提升流动人口可行能力

人力资本、经济条件、社会融入、制度适应等可行能力是影响城市流动人口社会地位的重要因素。因此，需要根据可行能力对城市流动人口的具体影响机制，采取相关对策以有效提高城市流动人口社会地位。第一，人力资本中的教育人力资本（受教育程度）对城市流动人口社会地位具有显著的正向影响。

随着受教育程度的提高，城市流动人口社会地位也随之显著提高，故需要着力提升城市流动人口受教育程度和技能水平等，以促进其教育人力资本的提高。第二，经济条件中的家庭人均月收入和住房产权对城市流动人口社会地位也具有显著影响。故需要着力改善城市流动人口家庭经济状况，以及提升其自有住房拥有率，以提升其社会地位。第三，社会交往程度和社区活动参与等社会融入因素是影响城市流动人口社会融入的关键要素。随着社会融入程度的提高，城市流动人口社会地位也随之显著提高。于是，需要重点着力提升城市流动人口的社会交往程度和社区活动参与水平，促进其社会融入，从而有效提高其社会地位。第四，制度适应中的职工医疗保险和居住证对城市流动人口的社会地位也具有显著影响。相对于没有参与职工医疗保险和没有办理居住证的群体而言，已经参加职工医疗保险和办理居住证的城市流动人口的社会地位相对更高。因此，需要着力提高城市流动人口社会保险参保率和居住证可及性，促进其制度适应水平的提高，从而有效提升其社会地位，以增进城市流动人口经济获得感、社会获得感、政治获得感的全面提高。

总体来说，影响城市流动人口社会地位的因素也是较为多元的。地方政府和相关部门需要根据城市流动人口的具体特征，制定更加系统的"一揽子"计划，为城市流动人口社会地位的提升提供必要支持，以促进其获得感的改善和提高。

第六节　分类治理：有效提高不同世代流动人口获得感

人力资本、经济条件、社会融入、制度适应等各个方面可行能力对不同世代城市流动人口经济获得感、社会获得感、政治获得感的影响效应存在较大程度差异。因此，需要聚焦城市流动人口获得感影响机制及其效应的代际差异，坚持分类治理原则，有侧重点地采取相关措施以有效提升不同世代特大城市流动人口获得感。

（一）有的放矢，重点提升年长流动人口人力资本

教育人力资本和健康人力资本对不同世代的城市流动人口获得感影响的

显著性仍然与样本总体的情况一致，但其对不同世代城市流动人口获得感的影响效应却完全不同。一方面，教育人力资本对城市流动人口经济总体获得感、经济纵向获得感、经济预期获得感的直接效应和总效应都呈现越年长者越明显的显著特征。因此，需要重点关注年龄相对较大的流动人口的教育人力资本提升问题，需要结合年龄较大的流动人口的年龄结构、生活习惯、职业特征等方面的特殊性，采取相应对策以更加有效地提升其人力资本。可以考虑以提升专业技能和职业素养等方面为重点，为其提供相关培训，从而促进其经济获得感的提高。另一方面，健康人力资本对年长的流动人口的经济获得感、社会获得感和政治获得感的直接效应更明显。因而，需要重点关注年龄相对较大的流动人口的心理健康问题及其健康人力资本的提升。可以考虑聚焦年龄较大的流动人口所面临的经济压力、家庭负担、子女教育等方面现实问题，通过政府购买服务等形式，引入相关专业服务组织，有针对性地为这一群体提供相关心理支持服务，纾解其心理压力和提升其心理健康水平，从而提升其健康人力资本，以促进其获得感的有效提升。

（二）类型对焦，关注不同世代流动人口的核心经济需要

家庭人均收入和住房产权等经济条件方面可行能力对城市流动人口经济总体获得感的影响也存在显著的代际差异，因此，需要根据不同类型经济条件因素，对不同世代城市流动人口经济总体获得感的提升效应，采取有针对性措施以有效提升流动人口获得感。一方面，家庭人均收入对城市流动人口中年长者的经济总体获得感的影响效应更明显。因此，需要重点采取措施来提高年长者群体流动人口家庭收入。相关部门可以考虑充分发挥工会、妇联及社区居委会等相关组织的作用，为年龄较大的流动人口及其家庭无业成员提供相关就业信息和工作机会等，拓展其收入来源和就业机会，从而提升其家庭收入和经济总体获得感。另一方面，住房产权对城市流动人口中的年轻人群的经济总体获得感的影响效应更明显。换言之，自有住房仍然是流动人口获得感的核心来源，因此，需要立足现有住房保障体系，不断提升相对较年轻的流动人口的自有住房拥有率，以提升其经济获得感。城市相关部门可以充分考虑年轻流动人口的住房需求及其定居意愿等特征，为其在公共租赁

住房、共有产权住房等相关住房保障政策方面提供一定程度的倾斜性支持，提升居住质量和自有住房拥有率等，从而不断提升其获得感。

（三）特点分析，全面提升各世代流动人口社会融入

社会交往程度和社区活动参与等社会融入方面的可行能力对城市流动人口获得感的影响也存在不同程度的代际差异，但其对不同世代城市流动人口的经济获得感、社会获得感、政治获得感都具有相对较大的影响效应。因此，需要根据不同世代流动人口的生活方式和行为习惯，采取相关措施全面着力提升流动人口的社会融入。社区居委会、工会、妇联等相关组织和部门，应该充分在了解不同世代流动人口的年龄特征、工作模式、兴趣爱好等方面差异的基础上，举办更加有针对性的社会融入活动。例如，针对 X 世代流动人口，社区居委会及相关社会组织可以考虑在社区举办广场舞等相关文化娱乐活动，以促进其社区活动参与和社会融入。而对于 Z 世代这类年龄相对较轻的流动人口，工会及妇联等组织可以立足其兴趣爱好，举办户外拓展、徒步郊游、网络游戏竞技比赛等相关活动，以促进其社会交往程度的提升和社会融入等。

（四）重点关注，着力提升不同世代流动人口的制度适应

职工养老保险、职工医疗保险、居住证和住房公积金等制度适应方面的可行能力对城市流动人口获得感的影响也存在代际差异，因而，需要聚焦不同类型制度适应因素对不同世代的流动人口获得感的意义，采取相对应措施以有效提升其获得感。一方面，职工养老保险、职工医疗保险和住房公积金对年轻的城市流动人口政治总体获得感的影响效应更低。因而，需要重点关注年龄较大的城市流动人口社会保险和住房公积金等方面权益的保障情况问题。事实上，相对而言，X 世代流动人口的社会保险等方面的权益保障情况劣于 Y 世代和 Z 世代流动人口，故人力资源和社会保障等相关部门需要加大监督力度，强化部门责任，以及充分发挥工会的作用，重点关注 X 世代这类年长的流动人口社会保险参保和住房公积金获取的情况，以不断提高其获得感。另一方面，居住证对 Y 世代城市流动人口社会预期获得感和政治获得感的影响效应最大。因此，全面提升 Y 世代流动人口居住证办理率，对提升

流动人口获得感具有相对更为重要的意义。相关部门可以进一步简化居住证办理流程，采取无纸化办理方式等，为 Y 世代流动人口办理居住证提供合理便利，提升其居住证办理率，从而不断促进流动人口获得感水平的持续有效提升。

　　总而言之，人力资本、经济条件、社会融入、制度适应等方面的可行能力对城市流动人口获得感的影响效应存在代际差异，需要根据其影响机制及效应的代际差异特征，分类治理，核心对焦，有效地提升城市流动人口的可行能力，以促进其获得感的全面提升。

第八章 结论与展望

本章对研究进行归纳总结，并对研究的价值进行简要提炼。在此基础上，对研究的不足之处进行剖析，以期为进一步推进流动人口获得感研究和其他群体获得感研究提供相关参考。

第一节 研究的主要结论

本研究立足对上海市和长三角地区其他城市的流动人口的问卷调查数据，基于可行能力理论，建立可行能力、社会地位与流动人口获得感的影响机制理论框架，并对上海市流动人口获得感的主要特征和影响机制进行实证研究。在此基础上，提出继续提高城市流动人口获得感的对策建议。主要结论包括以下几个方面。

第一，从可行能力理论视角来看，人力资本、经济条件、社会融入、制度适应等方面可行能力都对上海市流动人口经济获得感、社会获得感、政治获得感产生重要的现实影响，但对各个不同维度的可行能力的作用机制完全不同。

就人力资本而言，健康人力资本对城市流动人口的各类获得感都具有显著的直接影响效应。而教育人力资本对上海市流动人口经济总体获得感、经济纵向获得感、经济预期获得感具有直接影响，并通过社会地位的中介作用而间接影响其经济总体获得感、经济纵向获得感、经济预期获得感。但是，教育人力资本对上海市流动人口社会获得感和政治获得感的影响都不显著。因此，人力资本对城市流动人口获得感的影响存在类型分化特征，健康人力资本的影响范围相对更广。

从经济条件来看，家庭人均月收入、住房产权和就业单位性质等经济条件对上海市流动人口获得感的影响较为有限。但家庭人均月收入和住房产权等却都对上海市流动人口经济总体获得感具有直接和间接的双重影响效应。尤其是住房产权，其对上海市流动人经济总体获得感的提升效应也相对较大，并大于制度适应等相关作用效应；而且，住房产权对提升上海市流动人口社会地位具有显著的效应。因此，着力提升城市流动人口家庭收入和自有住房获得率，对提升其经济总体获得感也具有重要的意义。

从社会融入的作用看，社会交往程度和社区活动参与等社会融入因素对上海市流动人口所有类型的获得感都既有直接的显著影响，也有间接的显著影响。从影响范围来看，社会融入对上海市流动人口获得感的影响范围比人力资本、经济条件、制度适应等方面的可行能力更广。同时，社区活动参与对上海市流动人口所有类型的获得感的影响总效应都大于人力资本、经济条件、制度适应等方面可行能力的影响效应。所以，相对于人力资本、经济条件和制度适应等方面的可行能力而言，社会融入对城市流动人口获得感具有相对更为重要的现实意义，凸显社会融入作用的关键性，而社会融入因素中的社区活动参与的影响效应相对更大，其现实意义也更为重要。

而制度适应对上海市流动人口获得感的影响范围相对有限，主要包括其对社会预期获得感、政治总体获得感、政治纵向获得感、政治预期获得感都具有显著的影响，凸显制度适应对上海市流动人口获得感影响的政治性。制度适应因素中的居住证对上海市流动人口社会预期获得感、政治总体获得感、政治纵向获得感和政治预期获得感的具有直接和间接的双重影响。

第二，人力资本、经济条件、社会融入、制度适应等方面的可行能力对上海市流动人口的经济获得感、社会获得感、政治获得感的直接影响效应、间接影响效应、总效应及其结构都存在显著的代际差异，而且，其代际差异性相对较为复杂。因此，需要根据可行能力对城市流动人口获得感的影响机制及效应的代际差异特征，分类治理，核心对焦，有效地提升城市流动人口的可行能力，以促进流动人口获得感的全面提升。

第三，上海市流动人口经济获得感、社会获得感、政治获得感都处于较低水平，而且都低于长三角其他地区流动人口，故而特大城市流动人口的获得感具有相对低水平性的重要特征。从获得感的各个维度来看，上海市流动人口经济总体获得感的水平相对最低；而经济纵向获得感、社会总体获得感、社会预期获得感也不高；政治总体获得感和政治预期获得感的水平相对高一点；经济预期获得感、社会预期获得感、政治预期获得感三者之间的差距很小，并且，相对最高。由此可见，上海市流动人口各个维度获得感的水平也不尽相同。所以，需要根据各个维度获得感的主要影响因素，采取相应措施以继续提高城市流动人口经济获得感、社会获得感和政治获得感。此外，城市流动人口年轻世代的获得感还在一定程度上整体低于年长世代，并存在一定程度的性别、户籍、婚姻、受教育程度等方面的个体分化现象。

总体而言，人力资本、经济条件、社会融入、制度适应等方面可行能力确实都对城市流动人口获得感具有重要的现实影响，但其不同方面可行能力的作用机制和具体效应并不相同。所以，需要具体根据各个方面可行能力的作用机制，着力提升城市流动人口人力资本，不断改善城市流动人口经济条件，全面促进城市流动人口社会融入，提升城市流动人口的制度适应，全面提高城市流动人口社会地位，有效提高不同世代流动人口获得感，进一步提高城市流动人口获得感。

第二节　研究的贡献与价值

本研究首次对流动人口获得感进行了实证研究，为学界深入了解城市流动人口获得感的主要特征及其影响机制提供了重要参考，其贡献与价值主要体现在以下三个方面。

一、理论框架的创新性

本研究在吸取相关获得感研究经验的基础上，结合流动人群的具体特征和现实问题，从经济获得感、社会获得感、政治获得感等多个维度来测量获得感，并且，将各个维度分为总体获得感、纵向获得感和预期获得感等多个方面。获得感的多维度测量，丰富了流动人口获得感的内容，拓展了流动人口获得感的测量维度，为充分了解获得感及其机制铺垫了重要的现实基础。

更加重要的是，本研究立足可行能力理论，从人力资本、经济条件、社会融入、制度适应四个维度来测量可行能力。尝试并建构了包含可行能力、社会地位、流动人口获得感的理论框架。此外，基于问卷调查数据，建构相关实证模型，对上海市流动人口获得感的具体影响机制进行了实证分析。相对而言，本研究较为深入地呈现和揭示了人力资本、经济条件、社会融入、制度适应等可行能力对城市流动人口获得感的具体作用机制。这不仅充实了流动人口研究的内容，也拓展了流动人口获得感影响机制的理论框架。而且，该理论框架等也能为流动人口的其他相关议题的研究以及其他群体获得感影响机制的研究提供重要的参考和范式借鉴。

二、研究方法的多样性

综合运用多种方法进行研究，有助于研究深度和广度的拓展。本研究用均值分析、频数分析、交叉表分析、卡方检验等方法对流动人口获得感的主要特征进行分析。同时，基于文献分析建立流动人口获得感影响因素的理论框架，采用有序多分类 logistic 回归模型等方法建立实证分析模型，并运用可行能力理论对实证结果进行理论解释。多种研究方法的综合运用使得研究的深度和广度大为拓展。在此基础上，结合已有研究经验，本研究提出进一步提升流动人口获得感的对策建设，使得书中提出的对策更加具有针对性，其科学性和可行性也大为提高。

三、研究资料的贡献性

本研究丰富了获得感、流动人口等研究领域的内容、资料、数据等。本研究的对象为城市流动人口获得感，能够丰富我国关于获得感和流动人口等领域的研究文献。同时，本研究在上海市和长三角地区其他城市开展了问卷调查，能够充实我国流动人口、新生代流动人口、获得感等研究领域的资料和数据等，也能够为未来进行各种对比研究提供重要资料和借鉴等。

第三节　研究不足与展望

　　尽管本研究对城市流动人口获得感的主要特征和影响机制进行了较为深入的研究，但由于受到疫情等多种原因的影响，本研究仍然存在多个方面的不足，有待未来继续拓展，主要包括以下三个方面。

一、测量维度的有限性

　　尽管本研究从多个维度对流动人口获得感进行测量。然而，由于获得感研究兴起的时间相对较短，到目前为止，获得感研究尚未形成较为统一和成熟的测量体系。因而，本研究对于获得感的测量维度，也可能存在相对有限性，难以囊括获得感的所有内容。期待未来能够继续完善流动人口获得感的测量体系，再进行更加深入的研究。

二、数据样本的区域性

　　由于受到疫情的影响，加上项目经费相对有限，个人研究经验也相对不足，本研究的问卷调查的难度较大。项目组坚持尽力而为的原则，在上海市和长三角其他城市开展了流动人口问卷调查，共收回问卷 1 800 余份。但一定程度而言，数据的样本量仍然有待增加。并且，样本主要立足长三角地区，使得数据具有明显的区域性特征，也使得难以进行东、中、西部之间的地区差异比较分析。期待未来能够开展更大规模、更广地域、更加科学的相关调查，以进一步拓展研究深度。

三、研究方法的实证性

　　本研究主要以实证研究为主。一定程度而言，研究方法具有单一性等问题。期待未来能够采取个案研究等方法进行深入的质性研究，以进一步拓展研究深度。此外，本研究仅仅从可行能力理论视角建构了流动人口获得感影响机制的一个理论框架。由于研究问题的复杂性，可以探索其他的相关研究框架，期待未来能够对相关问题进行拓展性的研究。

附录：2020 年长三角流动
人口状况调查问卷

先生 / 女士，您好：

我们是城市流动人口研究项目组的研究人员。

为了解我国城市流动人口及其获得感的情况，我们在上海、江苏、浙江、安徽等长三角地区城市开展一项"流动人口状况及其获得感"的问卷调查。该调查结论有可能成为国家制定政策的依据，为广大朋友们带来生活福利。本次调查为匿名调查，所有信息将根据《保密法》相关规定严格保密。所获数据仅用于科学研究和教学使用，绝不泄露给商业机构。

非常感谢您的大力支持。

城市流动人口研究项目组

2020 年 11 月

A. 个人基本情况

A1. 目前居住的城市是：_____（下拉列表）。

A2. 您的户籍所在：_____省 _____市（下拉列表）。

A3. 您出生于：_____年（下拉列表）。

A4. 性别：1. 女　　　2. 男

A5. 民族：1. 汉族　　2. 少数民族

A6. 您的户口状况是：1. 农业　　2. 非农业　　3. 居民

A7. 您的受教育程度是：

1. 没上过学　　2. 小学　　　3. 初中　　　4. 高中

5. 中专／技校／职高　　　　　　　6. 大学大专

7. 大学本科　　　　　　　　　　　8. 研究生及以上

A8. 您的政治面貌：

1. 中共党员　　　　2. 共青团员　　　　3. 普通群众　　　　4. 民主党派

A9. 您的婚恋状况是：

1. 未婚，也无恋爱对象　　　　　　2. 未婚，但有恋爱对象

3. 已婚　　　　　　4. 离异　　　　　5. 丧偶

A9.1（选 3 的回答）您的初婚年龄是_____年。

A10. 您全家总人口有_____人，目前与您共同居住的有_____人。

A11. 如果已婚，您有_____个孩子；其中男孩____个，18 周岁以下____个。

A12. 您是哪一年到目前城市的：_____年。

A13. 2019 年您家平均每月总收入大约是_____元；

2019 年您家平均每月的总支出大约是_____元；

最近半年（2020 年 2—7 月），您家平均每月的总收入大约是_____元（注意：包括在城里工作的收入和家乡的收入）。

A14. 您是否愿意把户口迁入目前居住的城市？

1. 愿意，但是不符合本地落户的条件

2. 愿意，也符合本地落户的条件

3. 愿意，已经在准备或申请落户

4. 不愿意

5. 考虑过，但是觉得没有必要

6. 没有考虑过

A15. 如果符合城市落户条件，您最倾向于将户口落在哪里？

1. 目前工作城市　　2. 家乡省会城市　　3. 家乡地级市　　　4. 家乡县城

5. 其他城市

A16. 目前，您有以下生活习惯吗（可多选）？

1. 吸烟　　　　　2. 喝酒　　　　　3. 熬夜　　　　　4. 从不运动

5. 不按时吃饭　　　6. 以上都没有

A17. 您认为自己现在的健康状况如何？

1. 非常健康　　　　2. 健康　　　　　3. 一般　　　　　4. 比较不健康

5. 非常不健康

A18. 总体而言，您对当前的生活感觉怎样：

1. 非常不幸福　　　2. 不幸福　　　　3. 一般　　　　　4. 幸福

5. 非常幸福

A19. 就目前形势看，您对未来中国经济社会发展是否有信心？

1. 很有信心　　　　2. 有信心　　　　3. 一般　　　　　4. 不太有信心

5. 很没信心

A20. 就目前情况看，您对自己家庭的未来生活是否有信心？

1. 很有信心　　　　2. 有信心　　　　3. 一般　　　　　4. 不太有信心

5. 很没信心

A21. 你现在居住的小区类型：

1. 城中村　　　　　2. 工业园区　　　3. 住宅小区　　　4. 农村

5. 郊区　　　　　　6. 市中心　　　　7. 其他

A22. 您正在居住的房子是：

1. 单位宿舍　　　　　　　　　　2. 租住私人房屋

3. 政府提供公租房　　　　　　　4. 自购商品房

5. 自购保障性住房　　　　　　　6. 自购小产权住房

7. 自家建房　　　　　　　　　　8. 借住房

9. 工作场所　　　　　　　　　　10. 其他非正规居所

A23. 去年下半年（2019 年 7—12 月）您的主要就业情况是：

1. 在单位或公司正常上班　　　　2. 自己做小生意、开店等

3. 打零工　　　　　　　　　　　4. 送外卖或快递等

5. 开网约车、载客等　　　　　　6. 保洁、保姆等家政工

7. 其他工作　　　　　　　　　　8. 在家，一直没有去工作

9. 失业了，还没找到工作

A24. 今年上半年（2020年2—7月）您的主要就业情况是：

1. 在单位或公司正常上班　　　　2. 自己做小生意、开店、小工厂等

3. 打零工　　　　　　　　　　　4. 送外卖或快递等

5. 开网约车、载客等　　　　　　6. 保洁、保姆等家政工

7. 其他工作　　　　　　　　　　8. 在家，一直没有去工作

9. 失业了，还没找到工作

（模块甄别）

A24 选 2、3、4、5、6，跳至"自营和自雇"模块

A24 选 8、9，跳至"失业专题"模板

B. 自营和自雇就业

B1. 您是什么时候开始从事目前这份工作的：_____年_____月。

B2. 您现在每天工作_____个小时。

B3. 在此之前，您是否在正规工厂或企业里面工作过：1. 是　　2. 否

B4. 与原来工作相比，您这份工作有哪些优点：

1. 收入比原来高　　2. 时间更加自由　　3. 工作更加轻松　　4. 不用交社保

5. 工作时间短　　　6. 能够照顾家庭　　7. 更有干劲

B5. 您从事这一行，是否需要技术：

1. 需要较高技术　　2. 需要很少技术　　3. 不需要技术

B6. 总的来说，您对目前这份工作是否满意：

1. 很不满意　　　2. 不太满意　　　3. 比较满意　　　4. 很满意

B7. 未来一年内，您是否打算去找一份正式的工作：1. 是　　2. 否

B8. 目前，您具体从事什么职业：

1. 小生意或小商贩　　　　　　　2. 小工厂

3. 电商　　　　　　　　　　　　4. 网约车司机

5. 快递、外卖员　　　　　　　　6. 有手艺的小工匠

7. 其他（请注明）_____

（小商贩、小生意等个体经营者回答）

B9. 最近半年，您每月的平均成本是_____元，除去成本和税费每个月平均净赚_____元。

B10. 您是否有固定的经常场所：1. 是　　2. 否

B11. 您是否有营业执照：1. 是　　2. 否

B12. 与去年相比，最近半年的生意，受疫情影响多大，有什么变化？

1. 没变化　　　　　　　　　2. 减少 20% 以下

3. 减少 20%—50%　　　　　4. 减少 50%—70%

5. 减少 70% 以上

B13. 与 3—4 月相比，现在（6—7 月），您的生意如何变化？

1. 没变化　　　2. 销售减少了　　　3. 销售增加 1%—20%

4. 销售增加 20%—50%　　　　5. 销售增加 50% 以上

（滴滴、外卖、快递、零工等回答）

B14. 您主要利用哪个网上平台寻找客户？

1. 滴滴　　　　2. 美团　　　3. 饿了么　　　4. 蜂鸟

5. 菜鸟　　　　6. 其他_____

B15. 最近一个月，您平均每天的接单多少____单；每单均价是____元。

C. 就业情况（选择模块）

C1. 您目前这份工作开始于_____年。

C2. 您是通过什么途径进入目前的工作单位的：

1. 自己直接找的　　2. 熟人介绍　　　3. 职业中介　　　4. 劳务派遣

5. 校园招聘　　　6. 其他

C3. 您目前工作的职业属于下列哪类：

1. 生产工人　　　2. 后勤服务人员　　3. 专业技术人员　4. 基层管理人员

5. 中高层管理者　6. 销售人员　　　7. 办公室工作人员

8. 其他（请注明）_____

C4. 您目前所在企业的性质：

1. 国有企业　　　2. 集体企业　　　3. 民营企业　　　4. 港资

5. 台资　　　　　6. 日资　　　　　7. 韩资　　　　　8. 美国投资

9. 欧洲投资　　　10. 个体户　　　　11. 中外合资

12. 其他（请注明）_____

C5. 您的企业所属产业是：

1. 制造业　　　　2. 建筑业　　　　3. 服务业　　　　4. 农业

5. 政府部门

C5.1 如果是制造业，那么具体行业是：

1. 纺织、服装、皮革、制鞋等制造业

2. 计算机、通信、电器和电子设备制造业

3. 机械、汽车、装备制造业

4. 食品饮料药品加工业

5. 家具、玩具、办公用品制造业

6. 金属加工行业

7. 化工、橡胶、塑料等行业

8. 其他（请注明）_____

C5.2 如果是服务业，那么属于：

1. 住宿餐饮等　　　　　　　　2. 批发和零售业

3. 旅游、文化和体育等行业　　4. 美容美发休闲等行业

5. 政府部门和社会组织等服务行业　6. 金融、保险、证券等行业

7. 教育、科技、培训等行业　　8. 家政、维修、物业等居民服务业

9. 咨询和商务服务业　　　　　10. 交通运输、仓储和邮政业

11. 房地产业　　　　　　　　　12. 其他服务业（请注明）_____

C6. 您所在这家企业或单位的规模是_____人。

C7. 您目前在本企业是否签订书面劳动协议或者合同：

1. 与本企业签订的固定期劳动合同　2. 与本企业签订无固定期劳动合同

3. 与劳务公司签订的劳务派遣合同　4. 未签订劳动合同

C8. 在您目前的工作中，以下的事情在多大程度上由自己来决定的？

	1. 完全由自己决定	2. 部分由自己决定	3. 完全由他人决定
a. 工作任务的内容	1	2	3
b. 工作进度的安排	1	2	3
c. 工作量 / 工作强度	1	2	3

C9. 您目前专业技术层级是：

1. 无专业技术层级　　　　　　2. 技术工人

3. 初级专业技术职称　　　　　4. 中级专业技术职称

5. 高级专业技术职称　　　　　6. 其他

C10. 在您看来，要做好目前这份工作，是否需要接受专门的训练或培训：

1. 是　　　　　　　　　　　　2. 否

C11. 掌握目前这份工作所需的主要技能，您花了多少时间：

1. 1 天以内（含 1 天）　　　　2. 1 周以内（含 1 周）

3. 1 周—1 个月　　　　　　　4. 1—3 个月

5. 3—12 个月　　　　　　　　6. 1 年以上

7. 3 年以上

C12. 您目前掌握的这些工作技能主要是从哪里获得的（可多选）：

1. 自己边干边学　　　　　　　2. 企业 / 单位内部培训

3. 跟师傅学　　　　　　　　　4. 学校教育

5. 商业性质的职业技能培训班　6. 政府公共技能培训服务

C13. 您在目前企业工作期间，是否接受过企业提供的技能培训（可多选）：

1. 有，脱产培训　　　　　　　2. 有，在岗培训

3. 有，岗前培训　　　　　　　4. 没有接受过

C14. 据您的了解，目前您所在的企业现在的经营状况怎样：

1. 经营非常好　　2. 经营比较好　　3. 经营比较差　　4. 经营非常差

5. 不清楚

C15. 您目前所在企业的全面开工时间：

1. 2 月份　　　　2. 3 月份　　　　3. 4 月份　　　　4. 5 月份

5. 6 月份　　　　6. 7 月份　　　　7. 还未开工

C16. 与疫情前（正常时期）相比，您目前所在企业的产能或营业额恢复了多少：

1. 恢复了 30% 以下　　　　　　2. 恢复了 31%—50%

3. 恢复了 51%—70%　　　　　　4. 恢复了 71%—99%

5. 已完全恢复　　　　　　　　　6. 超过疫情前的产能 / 营业情况

C17. 与疫情前（正常时期）相比，您目前所在企业的用工规模如何变化：

1. 用工人数减少了 10%　　　　　2. 减少 11%—30%

3. 减少了 31%—50%　　　　　　4. 减少了 51%—70%

5. 减少了 70% 以上　　　　　　 6. 没有减少

7. 用工人数增加了

C18. 疫情期间，您目前所在的企业采取了哪些应对措施（可多选）：

1. 裁员　　　　　　2. 采用劳务派遣、共享员工等灵活用工方式

3. 降低薪酬待遇　　4. 停薪留职　　5. 推行自动化、无人化工作

6. 实行线上办公　　7. 弹性工作制　8. 其他（请注明）＿＿＿＿＿

C19. 2020 年 3—5 月（复工以来），您一般每周上班＿＿＿＿＿天；一般每个月休息＿＿＿＿＿天；一般每天工作＿＿＿＿＿小时。

疫情之前的正常时期，2019 年下半年您一般每周上班＿＿＿＿＿天；一般每个月休息＿＿＿＿＿天；一般每天工作＿＿＿＿＿小时。

C20. 您目前的工资计算方式是：

1. 完全是计件或根据业务量提成　　2. 固定月薪

3. 基本工资＋加班费　　　　　　　4. 基本工资＋产量或销售量提成

5. 按小时计算　　6. 其他（请注明）＿＿＿＿＿

C21. 您目前工作的工资标准是如何确定的：

1. 完全由企业（雇主）决定

2. 个人与企业（雇主）协商决定

3. 职工集体（代表）和企业（雇主）谈判

4. 企业工会和企业谈判

5. 不清楚

C22. 2020 年 3—5 月（复工以来）您拿到手的平均工资为_____元/月，其中：基本工资（底薪）为_____元/月；加班工资为_____元/月；提成收入_____元/月；其他收入_____元/月。

2019 年疫情发生之前（正常时期），您拿到手的平均工资为_____元/月，其中：基本工资（底薪）为_____元/月；加班工资为_____元/月；提成收入_____元/月；其他收入_____元/月。

C23. 疫情期间，您是否采用过在家或其他地点远程工作的方式：

1. 是　　　　　　　　　2. 否

C23.1 如果您采用了，您的工作有什么变化？

a. 工作和生活平衡	1. 改善　2. 恶化　3. 无变化
b. 工作压力	1. 减小　2. 增加　3. 无变化
c. 工作效率	1. 提升　2. 降低　3. 无变化
d. 工资收入	1. 增加　2. 降低　3. 无变化
e. 工作满意度	1. 提高　2. 降低　3. 无变化

C24. 2020 年，您是否因为疫情而失业？

1. 否　　　　　　　2. 是，失业的天数为_____天

C25. 2020 年，您是否因为疫情被留职停薪？

1. 否　　　　　　　2. 是，留职停薪的天数为_____天

C26. 2020 年，您是否因为疫情被拖欠工资？

1. 否　　　　　　　2. 是，被拖欠的工资总额为_____元

C27. 2020 年复工以来，您所在的企业是否提供了口罩、消毒液等防疫用品？

1. 提供了充足的防疫用品　　　2. 提供了防疫用品，但仍短缺

3. 没有提供防疫用品　　　　　4. 所在岗位不需要防疫用品

C28. 您所在企业是否有工会：

1. 有工会但您非会员　　　　　　　　2. 有工会，您也是会员

3. 没有工会　　　　　　　　　　　　4. 不清楚

C28.1 如果有工会，您是否参加过工会选举：

1. 参加过　　　　2. 没有参加过

C28.2 如果有工会，工会负责人身份是：

1. 一般员工　　　2. 底层管理或技术人员　　　　　3. 中层管理人员

4. 高层管理人员　　5. 不清楚

C29. 您所在企业是否有党组织：

1. 有党组织，我也在党支部　　　　　2. 有党组织，但我不在支部

3. 没有党组织　　　　　　　　　　　4. 不清楚

C30. 疫情期间，您在企业是否遭到下列歧视（可多选）：

1. 性别歧视　　　2. 年龄歧视　　　3. 户籍歧视

4. 地域歧视　　　5. 健康歧视　　　6. 没有遭到歧视

C31. 在未来一年内您主动离职的可能性：

1. 非常小　　　2. 较小　　　3. 不好说　　　4. 较大

5. 非常大

C32. 您目前工作的企业中，如下人群的数量怎样：

	没有	小部分	一半左右	一多半	几乎都是	不清楚
a. 您的朋友	1	2	3	4	5	6
b. 您的老乡	1	2	3	4	5	6
c. 本地人	1	2	3	4	5	6
d. 大学生	1	2	3	4	5	6
e. "90后"年轻人	1	2	3	4	5	6
f. 50岁以上者	1	2	3	4	5	6
g. 女性员工	1	2	3	4	5	6

C33. 最近半年，您有经常担心被裁员或者失业吗？

1. 完全不担心　　　2. 不太担心　　　3. 担心　　　　4. 非常担心

C34. 就目前情况来看，假如您被裁员或者失业，在附近再找一份工作困难吗？

1. 很困难　　　　2. 有点困难　　　3. 不困难　　　　4. 比较容易

C35. 请您对目前工作的满意度进行评价：

1. 非常满意　　　2. 比较满意　　　3. 一般　　　　4. 不太满意

5. 非常不满意

D. 社会保障（选择模块）

D1. 您目前是否参加下述社会保障

社会保障	1. 是否参与		2. 何处参与	
	1. 是　　2. 否		1. 务工地　　2. 户籍地	
a. 城乡居民养老保险				
b. 城镇职工基本养老保险				
c. 机关事业单位养老保险				
d. 城乡居民医疗保险				
e. 城镇职工基本医疗保险				
f. 公费医疗保险				
g. 失业保险				
h. 工伤保险				
i. 生育保险				
j. 住房公积金				

D2. 疫情期间社会救助获得情况

a.	您是否领取过失业保险	是	否
b.	您是否领取过失业救助	是	否
c.	您是否领取过生活救助	是	否
d.	您是否领取过医疗救助	是	否

D3. 最近半年疫情期间您的社会保障缴费有没有变化?

1. 完全没有变化   2. 缴费减少   3. 暂时中断缴费   4. 完全中断缴费

D4. 目前医疗、养老和失业三项保险中，大致个人承担费用相当于月工资的 11%（其中 8% 是养老保险）。您认为相对于您的收入，目前的社会保障缴费中个人承担的费用?

1. 太高了   2. 有点高了   3. 能够接受   4. 有点低了

5. 太低了

D5. 如果可以选择，您是否愿意退出职工社会保险?

1. 目前企业没有给缴纳，我个人希望缴纳

2. 我觉得很有必要，我不想退保

3. 我觉得缴费比例过高，我想退保

4. 我觉得以后很难领到保险，我想退保

E.　家庭专题（选择模块）

E1. 本人、配偶、子女或家庭其他成员的基本信息（代际关系）

A1. 与被访者关系 1. 本人 2. 配偶 3. 子女 4. 媳婿 5. 父母 / 公婆 / 岳父母 6. 兄弟姐妹及配偶 7. 孙辈 8.（外）祖父母 9. 其他	A2. 性别 1. 男 2. 女	A3. 出生年月	A4. 受教育程度 1. 未上过学 2. 小学 3. 初中 4. 高中或中专 5. 大专或本科 6. 硕士或硕士以上
A5. 户口登记类型 1. 农业 2. 非农业 3. 农业转居民 4. 非农业转居民	A6. 婚姻状况 1. 未婚 2. 初婚 3. 再婚 4. 离婚 5. 丧偶	A7. 户口所在省市	A8. 经济上是否独立 1. 是 2. 否

（获取家庭总人数、所需赡养人数情况）

E2. 疫情期间孩子和谁在一起：

1. 妈妈和爸爸　　2. 妈妈或爸爸　　3. 爷爷奶奶　　4. 外公外婆

5. 亲戚朋友

E3. 疫情期间，您家里是否有宽带网络？

1. 一直都有　　2. 刚开始没有后来安装　　3. 一直没有

E4. 疫情期间，您家里是否有电脑、平板、手机等网课设备？

1. 一直都有　　2. 刚开始没有后来安装　　3. 一直没有

E5. 您如何评价孩子在家上网课？

1. 很好　　2. 比较好　　3. 一般　　4. 比较差

5. 非常差

E6. 您如何评价上网课期间教师的表现？

1. 很好　　2. 比较好　　3. 一般　　4. 比较差

5. 非常差

E7. 您如何评价上网课期间学校的安排？

1. 很好　　2. 比较好　　3. 一般　　4. 比较差

5. 非常差

E8. 这段时间您和孩子的关系如何？

1. 很好　　2. 比较好　　3. 一般　　4. 比较差

5. 非常差

E9. 这段时间家人之间的关系如何？

1. 很好　　2. 比较好　　3. 一般　　4. 比较差

5. 非常差

E10. 您孩子在上网课以后视力有没有受到影响？

1. 很大影响　　2. 有些影响　　3. 没有影响

E11. 疫情期间您觉得您家孩子总体上：

1. 更健康了　　2. 和以前一样　　3. 不健康了

E12. 疫情结束以后，您是否考虑以下事情？

题　　目	选　　项	
a. 为孩子选择更好的学校？	1. 是	2. 否
b. 为孩子教育迁移户口？	1. 是	2. 否
c. 为孩子教育购买学区房？	1. 是	2. 否
d. 让孩子接受私立教育？	1. 是	2. 否
e. 为孩子提供课外辅导？	1. 是	2. 否
f. 为孩子教育搬到大城市？	1. 是	2. 否

E13. 您退休后在哪些方面需要子女赡养（多选）：

1. 经济支持　　　2. 生活照料　　　3. 情感支持　　　4. 都不需要

E14. 退休后是否需要照看孙子女：1. 是　　2. 否

E15. 您退休之后希望在什么地方养老：

1. 现居住地　　　2. 跟随子女　　　3. 回老家

E16. 您觉得下列人士可以信任的程度如何：

	绝大多数不可信	多数不可信	一般	多数可信	绝大多数可信
a. 邻居					
b. 亲戚					
c. 同事					
d. 老同学					
e. 在外地相遇的同乡（同市县）					
f. 同村居民					
g. 陌生人					

F. 居住专题

F1. 最近这些年，你们家是否在老家建新房：

1. 没有建房　　　　　　　　2. 2010 年及以前建房

3. 2011—2015 年建房　　　　4. 2016—2020 年建房

F2. 如果有建新房，建筑面积大概是_____平方米；当时，大概总花费_____万元。

F3. 你们家是否已经在下列地点购买商品房：

1. 目前工作的城市　　　　　　2. 老家省会城市

3. 老家地级市　　　　　　　　4. 老家县城

5. 老家乡镇　　　　　　　　　6. 其他城市（填写城市名称）_____

7. 目前没有购买商品房

F4. 如果购买了商品房，那么买房时间是_____年；房屋面积是_____平方米；购买时总价_____万元；当时按揭贷款_____万元，借款_____万元；如果有贷款，每月还贷_____元。（注：如果有多套，只填写第一套。）

F5. 您近期是否有打算在下列地方购买商品房或者自建住房？

1. 目前工作城市　2. 老家省会城市　3. 老家地级市　　4. 老家县城

5. 老家乡镇　　6. 其他城市　　7. 老家农村自建新房

8. 目前没有购买或建房的打算

F6. 您是否愿意把户口迁入到目前居住的城市？

1. 愿意，但是不符合本地落户的条件

2. 愿意，也符合本地落户的条件

3. 愿意，已经在准备或申请落户　　4. 不愿意

5. 考虑过，但是觉得没有必要　　　6. 没有考虑过

F7. 如果符合落户条件，您最倾向于将户口落在哪里？

1. 目前工作城市　2. 家乡省会城市　3. 家乡地级市　　4. 家乡县城

5. 其他城市

F8. 您是否已经在目前所在城市办理了居住证？

1. 没有办理　　2. 已经办理

F8.1 第一次办理居住证是_____年，上一次办理（续签）居住证是_____年，目前持有的居住证期限是_____年。

F9. 您认为办理居住证的便利程度是？

1. 非常方便　　2. 比较方便　　3. 一般　　　4. 比较不方便

5. 非常不方便

F10. 您认为目前办理居住证存在的问题是（可多选）?

1. 准入条件太高　　2. 需要材料太多　　3. 办理流程太烦琐

4. 居住登记时间（到可以申请居住证的时间）过长　　5. 其他

F11. 您今后是否打算在本地长期居住（5年以上）?

1. 打算　　　　　　　　　　2. 打算返回家乡

3. 打算去其他地方打工　　　　4. 没想好

G. 迁移专题

G1. 您家是否拥有可以耕种的土地？若有，包括自有土地和承包他人土地，合计大约有_____亩。

G2. 过去12个月，您当前生活的家庭是否开展了以下农林牧渔生产，如种地、管理果树、采集农林产品、养鱼、打渔、养牲畜等?

1. 是　　　　　　　　2. 否（跳答）

G3. 过去12个月，您家哪些家庭成员负责自家农业方面的生产活动（可多选）?

1. 祖父母　　　　　2. 父母　　　　　3. 配偶　　　　　4. 子女或媳婿

5. 孙辈　　　　　　6. 兄弟姐妹　　　7. 其他

G4. 2019年，您家里的农业生产毛收入总共约有_____万元。

G5. 您的家庭居住的所在地是_____

1. 农村　　　　　　2. 乡镇　　　　　3. 县城　　　　　4. 大中城市市区

5. 大中城市城乡结合部　　　　　6. 大中城市远郊区

G6. 您第一次长期（半年以上）外出流动（进入县级及以上城市）是_____年。

G7. 以下与您一起在户籍地（老家）生活（同灶吃饭）的家人有哪些（可多选）?

1. 配偶　　　　　　　　　　2. 子女

3. 媳婿   4. 父母 / 公婆 / 岳父母

5. 兄弟姐妹   6. 外 / 祖父母

7. 孙辈 / 外孙辈   8. 其他

G8. 家里决定家人都离开老家，迁移出来工作生活的主要原因是什么（限选 3 项）？

1. 家里土地少，没事干   2. 老家没有工作机会

3. 家人能力强，能外出   4. 家里人口少，可以来

5. 孩子老人需要照顾   6. 小孩长大，老人去世

7. 老家没学校，带孩子上学   8. 其他原因，请注明_____

G9. 家人决定离开老家房子，选择新的长期生活地主要取决于哪些因素（限选 3 项）？

1. 工作就业   2. 亲戚好友   3. 老乡聚集   4. 户口政策

5. 福利保障   6. 孩子教育   7. 文化习惯   8. 城市环境

9. 其他因素

G10. 家人离开老家的迁移决策，主要由谁决定（可多选）？

1. 本人   2. 配偶   3. 子女   4. 媳婿

5. 父母 / 公婆 / 岳父母   6. 外 / 祖父母   7. 其他

G11. 这次新型冠状病毒疫情，是否会影响您及家人在城市生活定居？

1. 不会   2. 会，城市不安全

3. 会，失业风险大   4. 会，孤立无援

5. 会，其他原因_____

H. 公共卫生及健康服务

H1. 目前，您有没有患以下疾病（可多选）：

1. 长期慢性病   2. 重症疾病   3. 职业病   4. 身体残疾

5. 以上都没有

H2. 如果您有吸烟历史，您吸烟____年；您每天平均抽烟____根。

H3. 如果您有饮酒历史，您喝酒＿＿＿年；您平均每个月喝酒＿＿＿次；您平均每次喝白酒＿＿＿两，啤酒＿＿＿瓶，红酒＿＿＿瓶。

H4. 过去一年内，您在本地接受过＿＿＿次免费体检（注意：没有则填写"0"）。

H5. 职业性有害因素接触史：

工作类型	接触何种职业性有害物质	是否定期体检
目前或最近工作		1. □是　　2. □否
上一份工作		1. □是　　2. □否

H6. 近半年生病＿＿＿次，其中去医院就诊＿＿＿次；总共花费＿＿＿元，其中个人支付总额＿＿＿元。

H7. 过去半年，您是否有过下列情形：

	1. 从来没有	2. 偶尔有	3. 一般	4. 经常有	5. 非常频繁
a. 因担忧而失眠	1	2	3	4	5
b. 总是感到有压力	1	2	3	4	5
c. 做事时能够集中注意力	1	2	3	4	5
d. 觉得在生活中是个有用的人	1	2	3	4	5
e. 能够面对问题	1	2	3	4	5
f. 觉得对需要决策的事情能做出决定	1	2	3	4	5
g. 觉得不能克服困难	1	2	3	4	5
h. 总的来说心情还是愉快的	1	2	3	4	5
i. 能够享受日常的生活	1	2	3	4	5
j. 觉得心情不愉快和情绪低落	1	2	3	4	5
k. 对自己失去信心	1	2	3	4	5
l. 想到自己是一个没有价值的人	1	2	3	4	5

I. 社会融入（选择模块）

I1. 在日常生活中，您和本地居民来往的频繁程度：

1. 没有来往　　　2. 较少　　　　3. 一般　　　　4. 较多

5. 很多

I2. 您是否同意以下说法：

	1. 完全不同意	2. 不同意	3. 一般	4. 比较同意	5. 完全同意
a. 我喜欢我现在居住的地方	1	2	3	4	5
b. 我愿意融入本地人，成为其中一员	1	2	3	4	5
c. 我已经习惯按照本地的习惯办事	1	2	3	4	5
d. 我觉得我已经是本地人了	1	2	3	4	5
e. 我经常参加社区活动	1	2	3	4	5

I3. 您是否同意以下说法：

	1. 完全不同意	2. 不同意	3. 一般	4. 比较同意	5. 完全同意
a. 您对自己的经济状况相当满意。	1	2	3	4	5
b. 您对自己的社会地位相当满意。	1	2	3	4	5
c. 您对自己的生活质量相当满意。	1	2	3	4	5
d. 对自己获得的公共服务和权利保障相当满意。	1	2	3	4	5
e. 近3年来，您的经济状况大为改善。	1	2	3	4	5
f. 近3年来，您的社会地位大幅度提高了。	1	2	3	4	5
g. 近3年来，您的生活质量大幅度提高了。	1	2	3	4	5
h. 近3年来，您获得的公共服务和权利保障大幅度增加了。	1	2	3	4	5
i. 未来3年，您相信您的经济状况会大为改善。	1	2	3	4	5

续表

	1. 完全不同意	2. 不同意	3. 一般	4. 比较同意	5. 完全同意
j. 未来 3 年，您相信您的生活质量会大幅度提高。	1	2	3	4	5
k. 未来 3 年，您相信您的社会地位会大幅度提高。	1	2	3	4	5
l. 未来 3 年，您相信您获得的公共服务和权利保障会大幅度增加。	1	2	3	4	5

J. 失业专题（选择模块）

J1. 在您的上一份工作中，您是否签订书面劳动协议或者合同：

1. 与本企业签订的固定期劳动合同　2. 与本企业签订无固定期劳动合同

3. 与劳务公司签订的劳务派遣合同　4. 未签订劳动合同　　5. 不清楚

J2. 在您的上一份工作中，您所在企业大约有____人。

J3. 在您的上一份工作中，您所在企业的性质：

1. 国有企业　　　2. 集体企业　　　3. 私营企业　　　4. 港资

5. 台资　　　　　6. 日资　　　　　7. 韩资　　　　　8. 美国投资

9. 欧洲投资　　　10. 个体户　　　11. 中外合资　　　12. 其他

J4. 在您的上一份工作中，您一般每周上班____天；一般每个月休息____天；一般每天工作____小时。

J5. 您的上一份的平均月工资是____元，其中：基本工资为____元；加班工资为____元；其他收入____元。

J6. 您的上一份工作是什么时候开始的：____年____月。

您的上一份工作是什么时候结束的：____年____月。

J7. 您目前没有工作的主要原因是什么？

1. 受疫情影响，企业倒闭（回答 7.1）

2. 受疫情影响，企业效益不好，被辞退（回答 7.1）

3. 受疫情影响，个人无法复工，被辞退

4. 受疫情影响，企业减少招工，找不到工作

5. 家庭原因（包括怀孕、结婚、带孩子、家务劳动等）

6. 健康原因

7. 其他

J8. 您是否获得企业的经济赔偿金？

1. 没有　　　　　　2. 有，获得足额赔偿金

3. 有，获得部分赔偿金

（经济补偿应按劳动者在本单位工作的年限，每满一年支付一个月工资的标准向劳动者支付。六个月以上不满一年的，按一年计算；不满六个月的，向劳动者支付半个月工资的经济补偿。）

J8.1 您是否在政府部门进行失业登记？

1. 是　　　　　　　2. 否

J9. 疫情期间，您领过失业保险金吗？

1. 没有　　　　　　2. 有，每月失业保险金数额为＿＿＿元

J10. 疫情期间，您是否获得以下补助？（可多选）

1. 失业补助金　　2. 临时补贴　　　3. 一次性生活补助

J11. 在没有工作期间，生活费的主要来源是？（可多选）

1. 失业保险金和救济金　　　　　2. 社会救济

3. 积蓄　　　　　　　　　　　　4. 亲友接济

5. 临时性工作收入　　　　　　　6. 其他家庭成员的收入

7. 借债　　　　　　8. 租金收入、金融产品收入（股票、基金等）

9. 其他

J12. 自从无工作后，您有没有找过工作？

1. 有　　　　　　　2. 没有（回答12.1）

J12.1 您没有找工作的主要原因是（最多选3项）：

1. 没有合适的工作　　　　　　　2. 找不到任何工作

3. 缺乏学历／技能／经验　　　　4. 年龄太小

5. 年龄太大　　　　　　　　　　6. 其他种类的歧视

7. 为了照顾小孩　　　　　　　8. 为了照顾家中其他人

9. 正在培训 / 学习　　　　　　10. 受自身健康状况的限制

11. 准备筹备创业　　　　　　　12. 其他

J13. 您是不是在找一份全职工作（每周工作 35 小时以上）?

1. 是　　　　　　　2. 否　　　　　　3. 是不是全职工作不重要

J14. 接下来，您打算在哪里找新工作?

1. 在家乡或所在省份就近就业

2. 前往珠三角、长三角等经济发达地区就业

3. 没有想好

K. 生育专题（选择模块）

K1. 您是在什么时候生育的第一个孩子：＿＿＿ 岁（生育时候的年龄）。

K2. 您是否打算生二胎?

1. 不打算　　　　　2. 已生二胎　　　3. 在准备生二胎

K3. 如果可以选择，您希望生育 ＿＿＿＿ 个孩子，其中男孩 ＿＿＿＿ 个。

K4. 如果可以选择，只生育 1 个孩子，您更加喜欢：

1. 男孩　　　　　　2. 女孩　　　　　3. 无所谓

K5. 如果可以选择，您希望在什么时候生育第一个孩子?

1. 婚后 1 年内　　2. 婚后 1—2 年内　3. 婚后 2—3 年内

4. 婚后 3—4 年内　5. 婚后 4—5 年内　6. 其他 / 不适用

K6. 您生育孩子的主要动机是什么?

1. 传宗接代　　　　2. 养儿防老　　　3. 增加劳动力

4. 调剂家庭生活气氛，维持夫妻感情

5. 尽家庭社会责任　　　　　　6. 其他

K7. 如果再生一个孩子的话，有谁可以帮你们带?

1. 爷爷奶奶　　　　　　　　2. 外公外婆

3. 亲戚　　　　　　　　　　4. 没人帮忙，得请保姆

参考文献

[印] 阿马蒂亚·森：《以自由看待发展》，任赜、于真译，北京：中国人民大学出版社 2002 年版，第 102 页。

白积洋：《迁移者的空间选择机制分析——基于人力资本和社会资本视角》，载《西南科技大学学报（哲学社会科学版）》2009 年第 12 期，第 57—63 页。

白秀银、康健：《以基本公共服务均等化增强民族地区群众获得感》，载《人民论坛·学术前沿》2020 年第 17 期，第 112—115 页。

毕清波：《党员干部的"获得感"尤为重要》，载《人民论坛》2020 年第 Z2 期，第 110—111 页。

卜禾、吴桐、王晔安：《提升残疾人获得感的多阶段小组：一项随机对照试验》，载《社会工作》2021 年第 3 期，第 25—39、107—108 页。

蔡昉：《劳动力迁移的两个过程及其制度障碍》，载《社会学研究》2001 年第 4 期，第 44—51 页。

蔡思斯：《社会经济地位、主观获得感与阶层认同——基于全国六省市调查数据的实证分析》，载《中共福建省委党校学报》2018 年第 3 期，第 96—104 页。

曹现强、李烁：《获得感的时代内涵与国外经验借鉴》，载《人民论坛·学术前沿》2017 年第 2 期，第 18—28 页。

陈波：《"文化空间获得感"及其发展向度》，载《人民论坛》2020 年第 17 期，第 132—133 页。

陈丹引：《数字获得感：基于数字能力和数字使用的青年发展》，载《中国青年研究》2021 年第 8 期，第 50—57、84 页。

陈浩、葛亚赛：《基于可行能力的失地农民市民化测度及其影响因素研究》，载《华中农业大学学报（社会科学版）》2016 年第 6 期，第 17—25、142—143 页。

陈沛然：《员工获得感及其镜像研究的管理启示》，载《甘肃社会科学》2020 年第 3 期，第 208—214 页。

陈卫、郭琳、车士义：《人力资本对流动人口就业收入的影响——北京微观数据的考察》，载《学海》2010 年第 1 期，第 112—117 页。

陈喜强、姚芳芳、马双：《区域一体化政策、要素流动与居民获得感提升——基于政策文本的量化分析》，载《经济理论与经济管理》2022 年第 6 期，第 96—112 页。

陈永涌、任梓荣：《中国梦与国民的幸福工程："积极型社会"的建构》，载《青海社会科学》2019 年第 5 期，第 147—151 页。

陈元欣、邱茜：《我国体育场馆公共服务居民获得感的时代意蕴、内涵特征、评价维度及其应用》，载《体育科学》2020 年第 9 期，第 14—25、52 页。

成会君、李拓键、徐阳：《体育公共服务对农民健身获得感的影响机制研究——兼论均等化认知的中介效应》，载《沈阳体育学院学报》2021 年第 4 期，第 50—58 页。

程迪尔、刘国恩：《公共卫生服务均等化对民生获得感的影响研究》，载《统计与决策》2019 年第 5 期，第 117—120 页。

崔凯：《如何让民营企业有更多获得感》，载《人民论坛》2020 年第 9 期，第 100—101 页。

［美］德尼·古莱：《发展伦理学》，高括、温平、李继红译，北京：社会科学文献出版社 1985 年版，第 43—62 页。

邓卫文：《可行能力视角中的自由与自由视角下的发展——阿马蒂亚·森的自由发展观及其启示》，载《行政与法》2014 年第 4 期，第 65—68 页。

丁元竹：《让居民拥有获得感必须打通最后一公里——新时期社区治理创新的实践路径》，载《国家治理》2016 年第 2 期，第 18—23 页。

董洪杰、谭旭运、豆雪姣、王俊秀：《中国人获得感的结构研究》，载《心理学探新》2019 年第 5 期，第 468—473 页。

董瑛：《增强获得感：新时期反腐倡廉新理念》，载《人民论坛·学术前沿》2017 年第 2 期，第 40—48 页。

董瑛：《正风反腐视域下的获得感生成机理研究》，载《人民论坛·学术前沿》2020 年第 22 期，第 100—109 页。

段成荣、吕利丹、邹湘江：《当前我国流动人口面临的主要问题和对策——基于 2010 年第六次全国人口普查数据的分析》，载《人口研究》2013 年第 2 期，第 17—24 页。

段成荣、杨舸、张斐、卢雪和：《改革开放以来我国流动人口变动的九大趋势》，载《人口研究》2008 年第 6 期，第 30—43 页。

樊红敏、王新星：《地方政府疫情防控行为如何影响居民获得感？——基于公众满意度的实证调查》，载《河南师范大学学报（哲学社会科学版）》2022 年第 5 期，第 82—89 页。

范建丽、张新平：《人机协同视域下的学生获得感：构成与实现》，载《苏州大学学报（教育科学版）》2022 年第 1 期，第 75—85 页。

范召全、张华志、刘勇：《乡村振兴战略下四川涉藏地区增强居民获得感、幸福感、安全感的实现路径研究——基于城乡社区居民社会支持现状的调查分析》，载《民族学刊》2022 年第 2 期，第 19—26、135 页。

封铁英、刘媛：《新时代老年群体养老获得感：产生机理、逻辑进路与实现路径》，载《北京工业大学学报（社会科学版）》2022 年第 1 期，第 60—69 页。

高燕、孙根年：《连续性赛事举办地居民获得感研究——一个对居民有限理性的检验》，载《地域研究与开发》2022 年第 1 期，第 116—121 页。

龚紫钰、徐延辉：《农民工获得感的概念内涵、测量指标及理论思考》，载《兰州学刊》2020 年第 2 期，第 159—169 页。

郭郡郡、刘玉萍：《可行能力对流动人口城市居留意愿的影响》，载《城市问题》2019 年第 11 期，第 95—103 页。

郭利华、王飞：《可行能力视阈下牧区生态移民福利变化评价——以内蒙古、青海为例》，载《黑龙江民族丛刊》2017 年第 2 期，第 44—51 页。

何家军、陈颢若、张峻豪：《可行能力视角下三峡库区农村移民的福利变化研究》，载《湖北科技学院学报》2021年第2期，第12—78页。

侯斌：《就业能提升获得感吗？——基于对城市低保受助者再就业情况的考察》，载《兰州学刊》2019年第4期，第134—149页。

侯斌、慈勤英：《社会救助对受助者获得感的影响——基于"完善社会救助制度研究"调查数据的分析》，载《调研世界》2019年第7期，第23—28页。

胡洪曙、武锶芪：《基于获得感提升的基本公共服务供给结构优化研究》，载《财贸经济》2019年第12期，第35—49页。

胡怀国：《从新古典主义到阿马蒂亚·森的能力方法》，载《经济学动态》2010年第10期，第112—119页。

黄和平、孙晓东、邴振华、卢道典、姜红：《古镇乡村旅游发展的获得感评价与影响机制——基于上海朱家角、港西、周浦的实证分析》，载《经济地理》2020年第9期，第233—240页。

黄锟：《中国农民工市民化制度分析》，武汉大学2009年博士学位论文，第14—208页。

黄立清、林竹、黄春霞、刘金虎：《关于提升高校辅导员获得感的思考》，载《学校党建与思想教育》2019年第20期，第58—60页。

黄铭、温惠淇：《思政课增强学生获得感的着力点、支撑点和活跃点》，载《中国高等教育》2018年第8期，第31—32页。

黄平、E.克莱尔：《对农业的促进或冲击：中国农民外出务工的村级研究》，载《社会学研究》1998年第3期，第71—82页。

黄艳敏、张文娟、赵娟霞：《实际获得、公平认知与居民获得感》，载《现代经济探讨》2017年第11期，第1—10、59页。

季程远：《再分配改革与获得感：以免征农业税改革为例》，载《经济社会体制比较》2021年第5期，第29—40页。

季程远、胡悦：《经济发展与纵向获得感——基于全球面板数据的分析》，载《公共行政评论》2022年第2期，第4—21、195页。

冀慧珍：《获得感：少数民族流动人口城市融入的标尺》，载《西南民族大学学报（人文社会科学版）》2021 年第 2 期，第 40—47 页。

贾洪波：《基本医疗保险制度变迁与国民获得感提升》，载《社会科学辑刊》2022 年第 3 期，第 2、39—49 页。

贾洪波、周心怡：《城乡居民基本养老保险对参保者获得感的影响——基于 CSS2019 数据的准实验研究》，载《北京航空航天大学学报（社会科学版）》2023 年第 3 期，第 106—122 页。

姜劲、孙羽馨：《基于德尔菲法的深化医改群众"获得感"评估机制构建研究》，载《卫生软科学》2021 年第 5 期，第 41—44 页。

蒋永穆、张晓磊：《共享发展与全面建成小康社会》，载《思想理论教育导刊》2016 年第 3 期，第 74—78 页。

金伟、陶砥：《新时代民生建设的旨归：增强群众获得感、幸福感与安全感》，载《湖北社会科学》2018 年第 5 期，第 153—157 页。

金一斌：《富有时代感和获得感的学术大刊》，载《中国高等教育》2018 年第 24 期，第 64 页。

康来云：《获得感：人民幸福的核心坐标》，载《学习论坛》2016 年第 12 期，第 68—71 页。

李斌、张贵生：《居住空间与公共服务差异化：城市居民公共服务获得感研究》，载《理论学刊》2018 年第 1 期，第 99—108 页。

李超吉、王冰、张宇：《基于 WVS 的中国国民可行能力实证研究》，载《自然辩证法研究》2012 年第 2 期，第 120—125 页。

李臣之、阮沁汐、陈洁敏：《研究生学习获得感：问卷编制及发展特点》，载《教育科学》2022 年第 1 期，第 64—72 页。

李丹、杨璐、何泽川：《精准扶贫背景下西南民族地区贫困人口获得感调查研究》，载《四川大学学报（哲学社会科学版）》2018 年第 3 期，第 57—62 页。

李丹、张苗苗：《西南民族地区贫困人口获得感从何而来？》，载《财经问题研究》2018 年第 11 期，第 137—144 页。

李东平、田北海：《基本公共服务可及性如何影响农户获得感——基于湖北省 1 036 个农户样本的实证分析》，载《中国农村观察》2024 年第 1 期，第 22—44 页。

李东平、田北海：《民生获得感、政府信任与城乡居民选举参与行为——基于川、鲁、粤三省调查数据的实证分析》，载《学习与实践》2021 年第 9 期，第 31—41 页。

李锋：《新时代人民获得感再提升与民生政策调适》，载《云南社会科学》2018 年第 4 期，第 53—58 页。

李婕：《人口流向了哪里?》，载《人民日报（海外版）》2021 年 5 月 18 日第 11 版。

李磊：《获得感视域下的农民工超时劳动叙事——一项基于代际比较的质性研究》，载《安徽农业大学学报（社会科学版）》2020 年第 1 期，第 95—101、120 页。

李利平、王岩：《坚持共享发展：提高全民获得感的对策》，载《人民论坛》2016 年第 30 期，第 96—97 页。

李培志：《青年农民工融入城市社区的理论与实践思考》，载《社科纵横》2012 年第 11 期，第 43—45 页。

李鹏、柏维春：《人民获得感对政府信任的影响研究》，载《行政论坛》2019 年第 4 期，第 75—81 页。

李琦、倪志良：《公共服务支出提升了居民收入差距容忍度吗? ——基于公共服务获得感的中介效应研究》，载《经济问题探索》2021 年第 8 期，第 31—42 页。

李强彬、李佳桧：《村庄异质性、村民协商获得感与村委会工作满意度——基于 10 个乡镇 1 987 个样本的实证分析》，载《经济社会体制比较》2018 年第 4 期，第 81—90 页。

李涛、陶明浩、张竞：《精准扶贫中的人民获得感：基于广西民族地区的实证研究》，载《管理学刊》2019 年第 1 期，第 8—19 页。

李燕：《"互联网＋政务服务"公民获得感：理论内涵与测量维度》，载

《探索》2021 年第 4 期，第 133—145 页。

李烨：《智慧城市建设能提高居民获得感吗——基于中国居民的异质性分析》，载《吉林大学社会科学学报》2019 年第 6 期，第 107—119 页。

李玉水、韩雅清、王苑枚：《健康中国建设背景下医疗服务获得感的影响因素——基于福州市居民的问卷调查分析》，载《福建江夏学院学报》2021 年第 1 期，第 8—17 页。

李正彪：《简论阿马蒂亚·森理论对中国反贫困的启示》，载《中国青年政治学院学报》2003 年第 1 期，第 140—143 页。

李自强、叶伟娇、梁晶璇、陈佑成：《家庭农场资源拼凑对创业获得感的影响机制研究》，载《中国农业资源与区划》2021 年第 5 期，第 187—197 页。

栗波：《获得感：教师职业认同的时代建构》，载《教育理论与实践》2018 年第 38 卷第 29 期，第 36—38 页。

梁凯华、黎加厚：《极简培训：提升教师获得感的信息技术应用能力培训新方式》，载《电化教育研究》2021 年第 4 期，第 122—128 页。

梁土坤：《代际延续还是适应转化：新生代农民工主观幸福感研究——基于城市适应理论的实证分析》，载《中国青年研究》2018 年第 2 期，第 66—74 页。

梁土坤：《环境因素、政策效应与低收入家庭经济获得感——基于 2016 年全国低收入家庭经济调查数据的实证分析》，载《现代经济探讨》2018 年第 9 期，第 19—30 页。

梁土坤：《流动人口生育意愿：居住证的影响及机制》，载《青年研究》2022 年第 2 期，第 26—40、94—95 页。

梁土坤：《农村低收入群体经济获得感的内涵、特征及提升对策》，载《学习与实践》2019 年第 5 期，第 78—87 页。

梁土坤：《三维制约：社会政策对困难家庭经济获得感的影响机制研究》，载《华东经济管理》2019 年第 8 期，第 95—102 页。

梁土坤：《制度融入影响流动人口幸福感的机制及效应》，载《深圳大学学报（人文社会科学版）》2022 年第 6 期，第 107—118 页。

梁卫涛：《江西省萍乡市：加强公共文化服务体系建设改革创新　不断增强人民群众文化获得感幸福感》，载《党建》2021年第9期，第61—62页。

廖福崇：《公共服务质量与公民获得感——基于CFPS面板数据的统计分析》，载《重庆社会科学》2020年第2期，第115—128页。

刘澹远、陈始发：《公共性扶贫资源配置对农村贫困人口获得感的影响——基于贵州省国定贫困县的实证研究》，载《经济地理》2020年第9期，第168—175页。

刘嘉梅、程仕波：《提升高校辅导员获得感刍议》，载《学校党建与思想教育》2021年第17期，第81—82页。

刘金发：《更多—更可持续：土地流转中农民获得感的时空整合及提升路径》，载《山东社会科学》2020年第1期，第82—90页。

刘晶：《立德树人视域下的高校思政教育"获得感"》，载《山西财经大学学报》2022年第S2期，第51—53页。

刘宁、徐冉、肖少北、张兴慧、李兴睿、李玲：《海南省女性流动人口获得感的现状及其影响因素分析》，载《中国健康教育》2019年第8期，第716—721页。

刘蓉、晋晓妹、李明：《基本公共服务获得感"逆龄化"分布与资源配置优化——基于社会代际关系差异的视角》，载《经济研究参考》2022年第12期，第94—112页。

刘盛峰、朱祖林、郭允建、汤诗华、毕磊：《远程教育精准扶贫受众获得感测评》，载《中国远程教育》2020年第12期，第11—17页。

刘星：《获得感的内涵与评价指标体系构建》，载《老区建设》2019年第4期，第56—60页。

刘轩、马海韵：《返乡创业支持网络与创业获得感：基于资源、规模和经验的综合视角》，载《财贸研究》2020年第1期，第58—69页。

刘远风：《土地流转何以提升农民的获得感——基于产权认知的视角》，载《社会科学辑刊》2022年第3期，第71—78页。

刘远风、徐小玉：《医疗保险提高灵活就业人员的获得感了吗？——基于 CHFS2017 数据》，载《湖南农业大学学报（社会科学版）》2022 年第 6 期，第 97—104 页。

陆彬：《论可行能力视野中的发展——阿马蒂亚·森的发展思想探析》，载《云南行政学院学报》2006 年第 5 期，第 12—15 页。

路锦非：《社会救助中的民众获得感、幸福感、安全感研究——基于上海浦东新区的实证调查》，载《社会科学辑刊》2022 年第 3 期，第 60—70 页。

吕鹏、刘学：《如何提升市场信心：企业家能力与营商环境获得感的效应分析》，载《社会学评论》2020 年第 5 期，第 61—73 页。

吕诗蒙、张强：《获得感提升视域下我国体育公共服务发展的功能定位、现实困境与实施路径》，载《沈阳体育学院学报》2018 年第 6 期，第 73—79 页。

吕小康：《医患"获得感悖论"及其破局——兼论作为社会心理学议题的医患关系研究》，载《南京师大学报（社会科学版）》2019 年第 1 期，第 76—86 页。

吕小康、黄妍：《如何测量"获得感"？——以中国社会状况综合调查（CSS）数据为例》，载《西北师大学报（社会科学版）》2018 年第 5 期，第 46—52 页。

吕小康、孙思扬：《获得感的生成机制：个人发展与社会公平的双路径》，载《西北师大学报（社会科学版）》2021 年第 4 期，第 92—99 页。

吕小康、张子睿：《中国民众的医疗获得感及其影响因素》，载《西北师大学报（社会科学版）》2020 年第 1 期，第 99—105 页。

栾文敬、路红红、童玉林等：《社会资本、人力资本与新生代农民工社会融入的研究综述》，载《江西农业大学学报（社会科学版）》2012 年第 2 期，第 48—54 页。

罗叶、贺晓英、宁满秀：《新型农村社会养老保险制度对农村老人经济获得感的影响》，载《湖南农业大学学报（社会科学版）》2021 年第 22 卷第 1 期，第 63—69 页。

马红鸽、席恒：《收入差距、社会保障与提升居民幸福感和获得感》，载《社会保障研究》2020 年第 1 期，第 86—98 页。

马继迁、朱玲钰：《住房状况与青年获得感——基于 2016 年中国劳动力动态调查的数据》，载《常州大学学报（社会科学版）》2021 年第 4 期，第 65—73 页。

马永华：《论阿马蒂亚·森的可行能力理论及其现实意义》，载《南京航空航天大学学报（社会科学版）》2011 年第 3 期，第 58—63 页。

马永华：《森的可行能力理论及其农民问题》，载《常州大学学报（社会科学版）》2011 年第 2 期，第 25—28 页。

马用浩、由彦平：《社会转型视野中的"民工荒"现象》，载《求实》2005 年第 7 期，第 41—44 页。

毛寿龙、刘茜：《政府"放管服"改革及其"获得感"的秩序维度》，载《江苏行政学院学报》2018 年第 1 期，第 99—107 页。

缪小林、张蓉、于洋航：《基本公共服务均等化治理：从"缩小地区间财力差距"到"提升人民群众获得感"》，载《中国行政管理》2020 年第 2 期，第 67—71 页。

聂伟：《就业质量、获得感对农民工入户意愿的影响》，载《农业技术经济》2020 年第 7 期，第 131—142 页。

聂伟：《就业质量、生活控制与农民工的获得感》，载《中国人口科学》2019 年第 2 期，第 27—39、126 页。

聂伟、蔡培鹏：《让城市对青年发展更友好：社会质量对青年获得感的影响研究》，载《中国青年研究》2021 年第 3 期，第 53—60、119 页。

宁晶、隆学文：《基于获得感评估医改绩效——以北京市为例》，载《新视野》2018 年第 5 期，第 82—88 页。

潘建红、杨利利：《习近平"人民获得感思想"的逻辑与实践指向》，载《学习与实践》2018 年第 2 期，第 5—12 页。

彭宅文、岳经纶：《新医改、医疗费用风险保护与居民获得感：政策设计与机制竞争》，载《广东社会科学》2018 年第 4 期，第 182—192、256 页。

钱力、倪修凤：《贫困人口扶贫政策获得感评价与提升路径研究——以马斯洛需求层次理论为视角》，载《人文地理》2020 年第 6 期，第 106—114 页。

谯欣怡：《职业技能培训中贫困人口的获得感提升路径研究——基于广西百色贫困地区的调查》，载《职业教育研究》2021 年第 8 期，第 25—31 页。

秦国文：《改革要致力于提高群众获得感》，载《新湘评论》2016 年第 1 期，第 12—13 页。

邱伟国、袁威、关文晋：《农村居民民生保障获得感：影响因素、水平测度及其优化》，载《财经科学》2019 年第 5 期，第 81—90 页。

裘亦书、邝振华、姜红：《基于大数据的旅游公共服务获得感研究——以长三角城市群为例》，载《地域研究与开发》2021 年第 6 期，第 100—105 页。

曲夏夏：《社区医养结合影响老年人养老获得感的理论依据及验证方法》，载《山东社会科学》2019 年第 12 期，第 107—111 页。

任国强、崔婉婷、马自笑：《居民收入获得感的行业差距分析》，载《统计与决策》2021 年第 10 期，第 61—64 页。

任远、乔楠：《城市流动人口社会融合的过程、测量及影响因素》，载《人口研究》2010 年第 3 期，第 11—20 页。

任远、邬民乐：《城市流动人口的社会融合：文献述评》，载《人口研究》2006 年第 3 期，第 87—94 页。

商梦雅、李江：《农村宅基地制度对农户主观获得感、幸福感、安全感的影响》，载《西北农林科技大学学报（社会科学版）》2022 年第 4 期，第 60—71 页。

邵雅利：《地方政府跨区域合作的获得感提升机制研究——基于马克思交往思想视阈》，载《广西社会科学》2018 年第 11 期，第 129—133 页。

邵雅利：《共享发展增强人民获得感》，载《人民论坛》2018 年第 3 期，第 88—89 页。

邵雅利：《新时代人民主观获得感的指标构建与影响因素分析》，载《新疆社会科学》2019 年第 4 期，第 139—147 页。

沈澈：《跨国劳工移民的多维度获得感与国家认同——以在韩国就业的中国朝鲜族为例》，载《华侨华人历史研究》2022 年第 4 期，第 58—67 页。

沈立里、池忠军：《"去行政化"的限度：获得感视角下居委会社区治理困境论析》，载《理论月刊》2022 年第 3 期，第 49—57 页。

史鹏飞：《从群众获得感视角看全面建成小康社会》，载《人民论坛》2020 年第 36 期，第 67—69 页。

史鹏飞：《从社会心理学视角看获得感》，载《人民论坛》2020 年第 Z1 期，第 108—109 页。

苏岚岚、彭艳玲、孔荣：《农民创业能力对创业获得感的影响研究——基于创业绩效中介效应与创业动机调节效应的分析》，载《农业技术经济》2016 年第 12 期，第 63—75 页。

苏毓淞：《专栏导语：国家治理现代化与人民群众获得感》，载《公共行政评论》2022 年第 2 期，第 1—3 页。

孙婧芳：《农民工离市民化有多远？基于 Sen 的行为能力理论》，载《劳动经济研究》2018 年第 5 期，第 99—120 页。

孙远太：《城市居民社会地位对其获得感的影响分析——基于 6 省市的调查》，载《调研世界》2015 年第 9 期，第 18—21 页。

谭旭运：《获得感与美好生活需要的关系研究》，载《江苏社会科学》2021 年第 3 期，第 68—77 页。

谭旭运、董洪杰、张跃、王俊秀：《获得感的概念内涵、结构及其对生活满意度的影响》，载《社会学研究》2020 年第 5 期，第 195—217、246 页。

谭旭运、吕邈：《青年社会流动感知与获得感》，载《青年研究》2023 年第 2 期，第 40—49、95 页。

谭旭运、张若玉、董洪杰、王俊秀：《青年人获得感现状及其影响因素》，载《中国青年研究》2018 年第 10 期，第 49—57 页。

汤峰、苏毓淞：《"内外有别"：政治参与何以影响公众的获得感？》，载《公共行政评论》2022 年第 2 期，第 22—41、195—196 页。

唐将伟、寇宏伟、黄燕芬：《住房不平等与居民社会地位认知：理论机制与实证检验——来自中国社会综合调查（CGSS2015）数据的分析》，载《经济问题探索》2019 年第 7 期，第 35—44 页。

唐钧：《在参与与共享中让人民有更多获得感》，载《人民论坛·学术前沿》2017 年第 2 期，第 49—53、85 页。

唐有财、符平：《获得感、政治信任与农民工的权益表达倾向》，载《社会科学》2017 年第 11 期，第 67—79 页。

田旭明：《"让人民群众有更多获得感"的理论意涵与现实意蕴》，载《马克思主义研究》2018 年第 4 期，第 71—79 页。

万广南、魏升民、向景：《减税降费对企业"获得感"影响研究——基于认知偏差视角》，载《税务研究》2020 年第 4 期，第 14—21 页。

汪亭友：《"民生意识"：让人民有更多获得感》，载《党建》2016 年第 9 期，第 12 页。

汪永涛：《Z 世代亚文化消费的逻辑》，载《中国青年研究》2021 年第 11 期，第 88—95 页。

王春光：《温州人在巴黎：一种独特的社会融入模式》，载《中国社会科学》1999 年第 6 期，第 106—119 页。

王道勇：《论全面深化改革时期的获得感问题》，载《教学与研究》2017 年第 4 期，第 44—49 页。

王汉生等：《"浙江村"：中国农民进入城市的一种独特方式》，载《社会学研究》1997 年第 1 期，第 56—67 页。

王积超、闫威：《相对收入水平与城市居民获得感研究》，载《中央财经大学学报》2019 年第 10 期，第 119—128 页。

王瑾：《共享发展：让群众有更多的获得感》，载《当代世界与社会主义》2016 年第 2 期，第 37—43 页。

王俊秀、刘晓柳、谭旭运、苗瑞凯：《人民美好生活需要：内涵、体验与获得感》，载《红旗文稿》2019 年第 16 期，第 15—17 页。

王浦劬、季程远：《我国经济发展不平衡与社会稳定之间矛盾的化解机制分析——基于人民纵向获得感的诠释》，载《政治学研究》2019 年第 1 期，第 63—76、127 页。

王浦劬、季程远：《新时代国家治理的良政基准与善治标尺——人民获得感的意蕴和量度》，载《中国行政管理》2018 年第 1 期，第 6—12 页。

王思斌：《整合制度体系保障人民可持续的获得感》，载《行政管理改革》2018 年第 3 期，第 28—33 页。

王恬、谭远发、付晓珊：《我国居民获得感的测量及其影响因素》，载《财经科学》2018 年第 9 期，第 120—132 页。

王昕天、康春鹏、汪向东：《电商扶贫背景下贫困主体获得感影响因素研究》，载《农业经济问题》2020 年第 3 期，第 112—124 页。

王亚茹：《民生保障获得感、社会公平感对政府信任的影响研究》，载《湖北社会科学》2020 年第 4 期，第 18—27 页。

王美艳：《城市劳动力市场上的就业机会与工资差异——外来劳动力就业与报酬研究》，载《中国社会科学》2005 年第 5 期，第 36—46 页。

王艳丽、陈红：《城市社区居民获得感量表的编制》，载《心理与行为研究》2021 年第 5 期，第 665—670 页。

王艳萍：《阿马蒂亚·森的"能力方法"在发展经济学中的应用》，载《经济理论与经济管理》2006 年第 4 期，第 27—32 页。

王毅杰、丁百仁：《流动人口的社会融入、相对剥夺与获得感研究》，载《社会建设》2019 年第 1 期，第 16—29 页。

王瑜：《电商参与提升农户经济获得感了吗？——贫困户与非贫困户的差异》，载《中国农村经济》2019 年第 7 期，第 37—50 页。

王再军：《思政教育何以让学生更有获得感》，载《人民论坛》2019 年第 5 期，第 118—119 页。

王喆、管佩霞、刘玉洁、毛倩、乔晓伟、潘庆忠、王素珍：《农村居民获得感影响路径的实证分析——基于山东三地的调查》，载《湖北农业科学》2021 年第 15 期，第 199—203 页。

魏峰：《可行能力视角下新生代农民工城市融入问题研究——以重庆市为例》，重庆大学公共管理学院 2016 年博士学位论文。

文长春：《基于能力平等的分配正义观——阿马蒂亚·森的正义观》，载《学术交流》2011 年第 6 期，第 1—4 页。

文宏：《新时期我国主要矛盾视角下人民获得感的空间差序格局》，载《湖南师范大学社会科学学报》2020 年第 4 期，第 47—54 页。

文宏：《政治获得感评价指标体系与地区比较实证研究——基于因子分析和聚类分析》，载《经济社会体制比较》2020 年第 3 期，第 96—106 页。

文宏、林彬：《人民获得感：美好生活期待与国民经济绩效间的机理阐释——主客观数据的时序比较分析》，载《学术研究》2021 年第 1 期，第 66—73 页。

文宏、刘志鹏：《人民获得感的时序比较——基于中国城乡社会治理数据的实证分析》，载《社会科学》2018 年第 3 期，第 3—20 页。

邬小撑、陶安娜：《学生获得感：高校辅导员工作创新的着力点》，载《思想教育研究》2020 年第 12 期，第 136—140 页。

吴克昌、刘志鹏：《基于因子分析的人民获得感指标体系评价研究》，载《湘潭大学学报（哲学社会科学版）》2019 年第 3 期，第 13—20 页。

吴维煊：《"隐性获得感"是教师发展的原动力》，载《中国教育学刊》2019 年第 4 期，第 101 页。

吴怡萍、闵师：《进城务工提升了农民的获得感吗——基于中国家庭追踪调查数据的实证分析》，载《当代财经》2021 年第 2 期，第 15—26 页。

习近平：《决胜全面建成小康社会　夺取新时代中国特色社会主义伟大胜利》，载《人民日报》2017 年 10 月 28 日第 1 版。

项军：《客观"获得"与主观"获得感"——基于地位获得与社会流动的视角》，载《社会发展研究》2019 年第 2 期，第 135—153、245 页。

肖述剑：《人民获得感：新时代中国共产党执政的创新践行》，载《理论学刊》2019 年第 1 期，第 40—47 页。

谢春妮：《人民群众的获得感从何而来》，载《人民论坛》2018 年第 20 期，第 58—59 页。

谢刚、苗红娜：《社区公共参与何以增促居民的公共服务获得感?》，载《公共行政评论》2023 年第 2 期，第 157—173、199—200 页。

谢珍萍：《中华文化情境下青年美好生活获得感的构成及影响因素研

究》，载《新疆社会科学》2021 年第 4 期，第 132—141、170 页。

辛超丽：《乡村振兴背景下提升农民获得感的路径探析——基于马克思主义幸福观视角》，载《贵州社会科学》2021 年第 4 期，第 146—152 页。

辛秀芹：《民众获得感"钝化"的成因分析——以马斯洛需求层次理论为视角》，载《中共青岛市委党校·青岛行政学院学报》2016 年第 4 期，第 56—59 页。

熊建生、程仕波：《试论习近平关于人民获得感的思想》，载《马克思主义研究》2018 年第 8 期，第 105—114、160 页。

徐捷、楚国清：《北京市新生代农民工城市融入意愿研究》，载《北京青年政治学院学报》2013 年第 3 期，第 44—52 页。

徐瑞鸿：《融媒体时代高校思政课获得感提升探究——评〈融媒体环境下高校思政课改革创新研究〉》，载《教育发展研究》2022 年第 6 期，第 85 页。

徐玮、董婷婷：《农民工"可行能力"的贫困》，载《中国矿业大学学报：社会科学版》2009 年第 1 期，第 91—95 页。

徐延辉、李志滨：《社会质量与城市居民的获得感研究》，载《南开学报（哲学社会科学版）》2021 年第 4 期，第 169—181 页。

徐延辉、刘彦：《社会分层视角下的城市居民获得感研究》，载《社会科学辑刊》2021 年第 2 期，第 2、88—97 页。

许金如、刘卫琴，仇文利：《提升高校思政课获得感的三重维度》，载《广西社会科学》2020 年第 9 期，第 173—177 页。

［英］亚当·斯密：《国民财富的性质和原因的研究》，王亚南译，北京：商务印书馆 1972 年版，第 74 页。

阎国华、闫晨：《高校思政课获得感的师生互促视角探究》，载《思想理论教育导刊》2022 年第 6 期，第 98—104 页。

颜彩媛：《基于共享发展的高校贫困大学生获得感提升路径研究》，载《牡丹江教育学院学报》2019 年第 1 期，第 48—50 页。

阳义南：《获得感、公平度与国民幸福感提升——基于 CGSS 微观调查数据的分析》，载《社会科学辑刊》2022 年第 3 期，第 50—59 页。

阳义南：《民生公共服务的国民"获得感"：测量与解析——基于 MIMIC 模型的经验证据》，载《公共行政评论》2018 年第 5 期，第 117—137、189 页。

杨宝、李万亮：《公共服务的获得感效应：逻辑结构与释放路径的实证研究》，载《中国行政管理》2022 年第 10 期，第 135—143 页。

杨帆、章晓懿：《可行能力方法视阈下的精准扶贫：国际实践及对本土政策的启示》，载《上海交通大学学报（哲学社会科学版）》2016 年第 6 期，第 23—30 页。

杨海波、高兴民：《以高质量文化供给增强人民的获得感与幸福感》，载《出版广角》2019 年第 9 期，第 17—20 页。

杨金龙：《我国低收入群体获得感的提升机制——基于社会质量视角的分析》，载《吉林大学社会科学学报》2023 年第 4 期，第 64—78、239 页。

杨金龙、王桂玲：《农民工工作获得感：理论构建与实证检》，载《农业经济问题》2019 年第 9 期，第 108—120 页。

杨金龙、张士海：《中国人民获得感的综合社会调查数据的分析》，载《马克思主义研究》2019 年第 3 期，第 102—112、160 页。

杨璐璐、吴群、周应恒、邹伟、黄征学：《农村土地"三权分置"催生的农民获得感》，载《改革》2017 年第 1 期，第 32—48 页。

杨伟荣、张方玉：《"获得感"的价值彰显》，载《重庆社会科学》2016 年第 11 期，第 69—74 页。

杨云彦、陈金永：《转型劳动力市场的分层与竞争——结合武汉的实证分析》，载《中国社会科学》2000 年第 5 期，第 28—38 页。

叶静怡、王琼：《进城务工人员福利水平的一个评价——基于 Sen 的可行能力理论》，载《经济学（季刊）》2014 年第 4 期，第 1323—1344 页。

叶胥、谢迟、毛中根：《中国居民民生获得感与民生满意度：测度及差异分析》，载《数量经济技术经济研究》2018 年第 10 期，第 3—20 页。

叶战备：《可行能力视阈中的中国农民工问题研究》，载《学习与探索》

2009 年第 1 期，第 74—77 页。

　　于慧：《乡村名师专业发展获得感的样态与启示——基于自我觉察的视角》，载《教育发展研究》2021 年第 18 期，第 70—76 页。

　　于洋航：《城市社区公共服务、生活满意度与居民获得感》，载《西北人口》2021 年第 3 期，第 78—90 页。

　　袁方、史清华：《不平等之再检验：可行能力和收入不平等与农民工福利》，载《管理世界》2013 年第 10 期，第 49—61 页。

　　袁浩、陶田田：《互联网使用行为、家庭经济状况与获得感——一项基于上海的实证研究》，载《社会发展研究》2019 年第 3 期，第 41—60、243 页。

　　原光、曹现强：《获得感提升导向下的基本公共服务供给：政策逻辑、关系模型与评价维度》，载《理论探讨》2018 年第 6 期，第 50—55 页。

　　曾维伦：《"将改革进行到底"笔谈之五　切实增强人民的获得感》，载《重庆社会科学》2017 年第 8 期，第 14—15 页。

　　张安驰：《中国式分权下的经济发展与城市贫困人群获得感提升》，载《经济与管理评论》2020 年第 1 期，第 15—25 页。

　　张栋：《低保制度提升贫困群体主观幸福感、获得感、安全感了吗？——基于 CFPS 面板数据的实证分析》，载《商业研究》2020 年第 7 期，第 136—144 页。

　　张航：《浅析"让人民群众有更多的获得感"》，载《渤海大学学报（哲学社会科学版）》2016 年第 2 期，第 34—36 页。

　　张峻豪、何家军：《能力再造：可持续生计的能力范式及其理论建构》，载《湖北社会科学》2014 年第 9 期，第 41—47 页。

　　张明霞：《美好生活获得感的实践唯物主义审思》，载《学校党建与思想教育》2020 年第 7 期，第 28—32 页。

　　张品：《"获得感"的理论内涵及当代价值》，载《河南理工大学学报（社会科学版）》2016 年第 4 期，第 402—407 页。

　　张沁洁、张开云：《脱贫成效精准：脱贫户获得感测度及其影响因素》，载《重庆工商大学学报（社会科学版）》2022 年第 4 期，第 115—128 页。

张青卫：《获得感、幸福感、安全感的科学内涵与实践路径》，载《中国高校社会科学》2021年第3期，第51—58、158页。

张人则、于含英：《发展就是扩展自由——阿马蒂亚·森和他的〈以自由看待发展〉》，载《经济理论与经济管理》2002年第8期，第12—17页。

张少义：《让人民对改革有更多获得感》，载《红旗文稿》2018年第16期，第38—39页。

张姝、邓淑予：《教师培训获得感的内涵、结构及提升路径》，载《课程·教材·教法》2019年第7期，第138—143页。

张卫伟：《论人民"获得感"的生成：逻辑规制、现实困境与破解之道——学习习近平关于人民获得感的重要论述》，载《社会主义研究》2018年第6期，第8—15页。

张文宏、雷开春：《城市新移民社会融合的结构、现状与影响因素分析》，载《社会学研究》2008年第5期，第1—25页。

张文宏、袁媛：《特大城市居民资产拥有对获得感的影响》，载《江海学刊》2022年第4期，第106—115页。

张西明：《不断满足青海各族群众文化获得感幸福感》，载《党建》2020年第1期，第47页。

张晓：《思政课亲和力：素养、规律与获得感——基于高校教师的研究视角》，载《山西财经大学学报》2022年第11期，第121—126页。

张修昌：《新时代公民体育权分配与获得感的生成逻辑》，载《体育与科学》2021年第2期，第52—57页。

张益丽：《让乡村教师拥有更实在的获得感》，载《人民教育》2016年第20期，第8页。

张宇：《从"存在感"到"获得感"：寻找政策意见聚合的理性逻辑》，载《行政论坛》2019年第2期，第73—79页。

张正、金丽馥：《获得感研究述评与展望——基于2015—2020年文献CiteSpace可视化分析》，载《江苏大学学报（社会科学版）》2021年第5期，第91—101页。

张仲芳、刘星：《参加基本医疗保险与民众的"获得感"——基于中国综合社会调查数据的实证分析》，载《山东社会科学》2020年第12期，第147—152页。

赵定东、王奋宇：《关系的魅力与移民的社会适应：中哈移民的一个考察》，载《市场与人口分析》2004年第4期，第22—28页。

赵继涛、卢小君、费俊嘉：《东北地区基本公共服务公共获得感提升研究》，载《合作经济与科技》2021年第16期，第185—187页。

赵晶晶、李放、李力：《被征地农民的经济获得感提升了吗?》，载《中国农村观察》2020年第5期，第93—107页。

赵卫华：《消费视角下城乡居民获得感研究》，载《北京工业大学学报（社会科学版）》2018年第4期，第1—7页。

赵勇：《规范性与获得感：大城市"互联网＋政务服务"评估的两种价值取向》，载《上海行政学院学报》2022年第4期，第69—80页。

赵中源：《更多获得感的末端"梗阻"与突破——基于珠三角新农村建设示范村考察的思考》，载《学术研究》2019年第9期，第49—55、64页。

郑方辉、王佳兴、黄蓝：《乡村振兴：政府绩效目标、农民获得感与基层治理模式选择——以G省农村生活污水治理为例》，载《中国行政管理》2021年第10期，第57—64页。

郑方辉、朱鑫：《农村生活污水治理：为什么农民获得感不如预期?——基于G省的抽样调查》，载《广西大学学报（哲学社会科学版）》2021年第5期，第85—92页。

郑风田、陈思宇：《获得感是社会发展最优衡量标准——兼评其与幸福感、包容性发展的区别与联系》，载《人民论坛·学术前沿》2017年第2期，第6—17页。

郑建君：《中国公民美好生活感知的测量与现状——兼论获得感、安全感与幸福感的关系》，载《政治学研究》2020年第6期，第89—103、127—128页。

郑建君、马璇、刘丝嘉：《公共服务参与会增加个体的获得感吗?——基于政府透明度与信任的调节作用分析》，载《公共行政评论》2022 年第 2 期，第 42—59、196 页。

郑黎阳、张心灵：《订单农业参与行为能否提升农户经济获得感》，载《干旱区资源与环境》2021 年第 5 期，第 22—27 页。

中学语文编辑部：《2015 年十大流行语》，载《中学语文》2016 年第 4 期，第 11 页。

周海涛、张墨涵、罗炜：《我国民办高校学生获得感的调查与分析》，载《高等教育研究》2016 年第 9 期，第 54—59 页。

周敏、林闽钢：《族裔资本与美国华人移民社区的转型》，载《社会学研究》2004 年第 3 期，第 36—46 页。

周天芸：《数字普惠金融发展对居民获得感的影响研究》，载《求索》2023 年第 4 期，第 83—95 页。

周文文：《新的平等：阿马蒂亚·森的"可行能力平等"》，载《理论界》2005 年第 1 期，第 87—88 页。

周晓虹：《流动与城市体验对中国农民现代性的影响：北京"浙江村"与温州一个农村社区的考察》，载《社会学研究》1998 年第 5 期，第 58—71 页。

周毅：《中国人口流动的现状和对策》，载《社会学研究》1998 年第 3 期，第 83—91 页。

朱英格、董妍，张登浩：《主观社会阶层与我国居民的获得感：社会排斥和社会支持的多重中介作用》，载《中国临床心理学杂志》2022 年第 1 期，第 111—115 页。

朱莉、王顺琴：《重庆市江津白沙镇：让群众有更多的获得感》，载《党建》2016 年第 6 期，第 39 页。

朱平利、刘娇阳：《员工工作获得感：结构、测量、前因与后果》，载《中国人力资源开发》2020 年第 7 期，第 65—83 页。

朱秋莲：《我国农民工社会地位与社会资本》，载《求索》2012 年第 11 期，第 248—249 页。

祝仲坤、冷晨昕：《住房状况、社会地位与农民工的城市身份认同——基于社会融合调查数据的实证分析》，载《中国农村观察》2018年第1期，第96—110页。

邹星、黄晓园、王炳浩、王红崧：《乡村振兴背景下云南弥勒坝区农民获得感的评价》，载《西南林业大学学报（社会科学）》2021年第3期，第50—56页。

Appau, S., Churchill, S. & Farrell, L., "Social Integration and Subjective Wellbeing", *Applied Economics*, 2019, 51(16):1748—1761.

Balestrino, A. & Sciclone, N., "Should We Use Functionings Instead of Income to Measure Wellbeing? Theory and Some Evidence from Italy", *Rivista Internationale di Scienze Sociale*, 2001(3):3—22.

Becker, G. S., *Human Capital: A Theoretical and Empirical Analysis, with Special Reference to Education*, Chicago: University of Chicago Press, 1964, 1993(3rd ed).

Brandolini, A., "On Synthetic Indices of Multidi-mensional Well-being: Health and Income Inequalities in France, Germany, Italy and the United Kingdom", in Gotoh, R. & Dumouchel, P.(eds.), Against Injustice: The New Economics of Amartya Sen, Cambridge: Cambridge University Press, 2009.

Bucciol, A., Cicognani, S. & Zarri, L. "Social Status Perception and Individual Social Capital: Evidence from the US", *The B.E. Journal of Economic Analysis & Policy*, 2019, 20(1):210—220.

Chase-Lansdale, P. L. et al., "Effects Of A Two-generation Human Capital Program on Low-Income Parents' Education, Employment, And Psychological Wellbeing", *Journal of Family Psychology*, 2019, 33(4):433—443.

Di Tommaso, M. L., "Children Capabilities: A Structural Equation Model for India", *Journal of Socio- Economics*, 2007(3):436—450.

Fang, Z. & Sakellariou, C., "Social Insurance, Income and Subjective Well-

Being of Rural Migrants in China—An Application of Unconditional Quantile Regression", *Journal of Happiness Studies*, 2016, 17(4):1635—1657.

Haught, H. M., Rose, J., Geers, A. & Brown, J. A., "Subjective Social Status and Well-Being: The Role of Referent Abstraction", *The Journal of Social Psychology*, 2015, 155(4):356—369.

Herrero, J., Gracia, E., Fuente, A. & Lila, M., "Social Disorder, Social Integration, and Subjective Well-being among Latin-American Immigrants in Spain", *Anales de Psicología*, 2012, 28(2):78—92.

Inglehart, R., For, R., Peterson, C. & Welzel, C., "Development, Freedomand Rising Happiness: A Global Perspective(1981—2007)", *Perspectiveon Psychological Science*, 2008, 3(4):264—285.

Jackson, B., Richman, L., Smart, L., Onawa, L., Madeleine, S. & Twenge, J. M., "Experimental Evidence That Low Social Status is Most Toxic to Well-being When Internalized", *Self and Identity: The Journal of The International Society for Self and Identity*, 2015, 14(2):157—172.

Klasen, S., "Measuring Poverty and Deprivation South Africa", *Review of Income and Wealth*, 2000, 46(1):33—58.

Kollamparambil, U., "Happiness, Happiness Inequality and Income Dynamics in South Africa", *Journal of Happiness Studies: An Interdisciplinary Forum on Subjective Well-Being*, 2020, 21(2):201—222.

Lelli, S., "Factor Analysis vs. Fuzzy Sets Theory: Assessing the Influence of Different Techniques on Sen's Functioning Approach", https://core.ac.uk/download/pdf/7087826.pdf, 2001.

Martinet, E.C.A, "Multidimensional Assessment of Well-being based on Sen's Functioning Approach", *Rivista Internazionale di Scienze Sociali*, 2000(2):207—239.

Mauldin, T., Rudd, N. M. & Stafford, K. "The Effect of Human Capital on the Economic Status of Women Following Marital Disruption", *Home Economics*

Research Journal, 1990, 18(3):202—210.

Nussbaum, M. C., "Capabilities as Fundamental Entitlement: Sen and Social Justice", *Feminist Economics*, 2003, 9(2):33—59.

Quanda, Z. & Churchill, S. A., "Income Inequality and Subjective Wellbeing: Panel Data Evidence from China", *China Economic Review*, 2020, 60(C):1931—1955.

Sen, A., *Development as Freedom*, Oxford: Oxford University Press, 1999.

Sen, A., *Inequality Reexamined*, Oxford: Oxford University Press, 1992:51.

Sen, A., *Resources Values and Development*, Oxford: Basil Blackwell, 513—514.

Sen, A., *The Standard of Living*, Cambridge: Cambridge University Press, 1985:15.

Sibel E. & Ilmola-Sheppard, L., "Systems Thinking to Understand National Well-Being from a Human Capital Perspective", *Sustainability*, 2020, 12(5):1931.

Stolzenberg, R. M., "Occupations Labor Markets and the Process of Wage Attainment", *American Socio-logical Review*, 1975, 40(5): 645—665.

Turner, A., "Generation Z: Technology and Social Interest", *The Journal of Individual Psychology*, 2015, 71(2):103—113.

后 记

行文至此，本书也进入尾声。本书是在我所承担的上海市哲学社会科学规划项目"可行能力视域下特大城市流动人口获得感研究"的报告的基础上，经过修改而形成。受个人研究水平所限，不足之处在所难免，甚至可能存在一些值得商榷的地方，相关议题期待后续更加深入的研究。然而，对于个人而言，这是我真正意义上的第一本独立出版的著作，其对个人的科研生涯和职业发展等方面都具有重要的现实意义，至少包括以下几个方面。一是，从学术生涯的视角来看，自2014年开始，本人跟随导师关信平教授的步伐开始研究流动人口议题，历时十年，先后发表相关论文多篇并承担了多项关于流动人口的相关项目，流动人口研究逐渐成为个人主要研究方向之一，也使我获得了基本生存和人生发展的各项条件。但可惜的是，我从未形成任何一本相关著作。作为我的第一本关于流动人口研究的学术著作，可以说，这一本小书是我流动人口研究十年历程的一个见证，是我流动人口研究的一个阶段性总结，也是我流动人口研究的未来起点。二是，从人生阶段的视角来看，流动人口获得感研究项目于2018年获得立项，当时，正是我博士毕业开始从事师资博士后工作的重要阶段，面临着较大的生存和发展压力。尽管最初遭遇了挫折，但有幸的是，得遇多位教授的大力支持和帮助，终于渡过难关并在华东政法大学开启了新的职业生涯，进入了崭新的人生阶段。可以说，这一本小书的形成，见证了我从滑铁卢式的失败走向平稳发展阶段的关键人生历程。累败累战，努力总是可以改变很多东西的，有时候也是可以改变命运的。三是，从家庭生活的视角来看，该项目的研究报告初稿形成于2022年底，彼时女儿刚好呱呱落地，家庭新增了一个小成员。可以说，这一本小书，也见证了我的家庭成员从"二"到"三"的变化和幸福家庭生活的全面开启，是我家庭生活的无声的重要见证者。总而言之，这一本小书是我学术科研发展阶段、人生历程重要阶段和家庭生活新阶段的关键见证者和里程碑式的标志。本书能够出版，殊为不易，得益于众多师长、家人和亲朋好友的支持和帮助。

首先，我之所以能够走到今天，成为一名高校教师和科研工作者，乃至今天有机会独立出版这一本小书，最关键的是，当年导师关信平教授给予我读博的机会，并引领和指导我开始了科研工作。我考博三年，先后报考多个学校，并多次进入复试（面试），在我已经对读博不抱任何希望的时候，是关老师给了我一个改变命运的机会。"给希望读书，但却缺少机会的人继续读书的机会"，是关老师的教育理念。可以毫不夸张地说，如果没有关老师当年给予的机会，就不会有今天的我，我也不知道自己会在哪里。感激之情，难以言表！然而，尽管我比较努力，但是，离导师对我的希望和期待还相距甚远。科研路漫漫，吾需继续向前和不断努力，以求不至于浪费当年导师给予的机会以及多年的支持。

其次，能够走上科研之路，有赖于多位导师的指导和帮助。感谢尚珂教授当年循循善诱、无微不至、关怀备至的指导和多年以来的持续帮助，正是尚教授当年的指导为今天的研究铺垫了最坚实的基础，每周一次的指导情景仍然历历在目！感谢郭圣莉教授的一路支持，正是她以广阔的胸怀包容我，我才会来到上海，才有了今天的我；当年在天津西站第一次见面的场景宛如昨日。感谢陈功教授的宽容与指导，让我顺利完成在北京大学的访学历程。正是各位师长的支持和帮助，我才能一路向前，直至走到今天。

再次，感谢学院的支持，正是学院及任勇、胡志平、刘乐明等学院领导的大力支持，本书才获得了出版的机会。感谢格致出版社的潘丹榕和裴乾坤老师的辛苦付出，正是你们的辛苦付出，才使得本书最终得到面世。感谢学院张熹珂、周继武等老师在本书出版过程中的大力支持帮助。感谢张银老师、魏慧静老师、张笑丽老师等同窗好友在写作过程中的支持和协助。

复次，感谢家人的一路陪伴和支持，正是由于你们的支持和存在，为我的前行赋予了更加丰富的意义和不懈的内在动力。本书的出版，既是给自己的科研道路画上一个阶段性的分号，也算是送给家人的一个小礼物吧。人生不易，但愿我们都能且行且珍惜！

　　最后，需要感谢自己，正是自己的不断坚持，才让自己走到了今天。我曾经在人生不同阶段的路口，无数次失落过、无数次彷徨过、无数次犹豫过，但是，从来没有想过放弃，正是对命运的不甘和对有保障的稳定生活的渴望，使我一路坚持，一路不断前行，一路努力开拓，才有今天的自己，也才有了今天这一本小书。念念不忘，必有回响！尽管这本书是不完善的，仍然有很多可以和需要改进的地方，但其能够出版，实属不易。感谢自己，感谢一路给予支持和帮助的所有师友！

梁土坤

2024 年 5 月 25 日

图书在版编目(CIP)数据

城市流动人口获得感研究：基于上海及长三角其他城市的对比分析 / 梁土坤著. -- 上海：格致出版社：上海人民出版社，2024. -- ISBN 978-7-5432-3618-9

Ⅰ. C924.24

中国国家版本馆 CIP 数据核字第 2024QV0666 号

责任编辑　裴乾坤
封面设计　路　静

城市流动人口获得感研究
——基于上海及长三角其他城市的对比分析
梁土坤　著

出　　版　格致出版社
　　　　　上海人民出版社
　　　　　(201101　上海市闵行区号景路 159 弄 C 座)
发　　行　上海人民出版社发行中心
印　　刷　上海颛辉印刷厂有限公司
开　　本　720×1000　1/16
印　　张　17
插　　页　2
字　　数　286,000
版　　次　2024 年 10 月第 1 版
印　　次　2024 年 10 月第 1 次印刷
ISBN 978 - 7 - 5432 - 3618 - 9/C · 322
定　　价　78.00 元